COURS

DE THÈMES,

Par DANTAL.

TOME PREMIER.

COURS DE THÈMES,

RÉDIGÉ

D'APRÈS LE RUDIMENT DE LHOMOND,

A L'USAGE

DES CLASSES DE SEPTIÈME, SIXIÈME, CINQUIÈME
ET QUATRIÈME.

CINQUIÈME ÉDITION,

REVUE ET CORRIGÉE.

PAR PIERRE DANTAL.

TOME PREMIER.

Nocturnâ versate manu, versate diurnâ.

PARIS,

DE L'IMPRIMERIE D'AUG. DELALAIN,

LIBR.-EDIT., rue des Mathurins St.-Jacques, N° 5.

1829.

Toute contrefaçon de cet Ouvrage sera
poursuivie conformément aux lois.

Toutes mes Editions Classiques sont *stéréo-
typées d'après un procédé qui m'est particulier, et d'une supériorité incontestable*, sous le
rapport de l'exécution, de la correction, etc. ;
elles sont revêtuesdema griffe.

Auguste Delalain

PRÉFACE.

Je vais exposer en peu de mots les motifs qui m'ont engagé à composer cet ouvrage, le but que je me suis proposé, et les moyens que j'ai pris pour y parvenir.

La Grammaire de Lhomond étant la seule qui soit aujourd'hui en usage dans toutes nos écoles, j'ai cru qu'il ne serait pas inutile de composer un *Cours de Thèmes*, calqué sur les règles de cette Grammaire, que j'ai tâché de suivre pas à pas, en ajoutant néanmoins quelques petites augmentations et explications, dans les endroits qui m'ont paru insuffisans et obscurs.

Le but que je me suis proposé, a été de me rendre utile aux jeunes-gens, 1.° en leur donnant tout-à-la-fois un Rudiment et un Cours de thèmes adaptés aux règles ; de sorte qu'en faisant leur devoir, ils auront devant les yeux la règle et les exemples sur lesquels ils doivent le calquer ; 2.° en leur épargnant le temps qu'ils emploient à écrire, et qu'ils peuvent beaucoup mieux employer ailleurs. Je ne veux pas dire qu'on peut se dispenser absolument de leur dicter des thèmes : j'en sens toute l'utilité ; mais je pense que deux par semaine peuvent suffire pour les accoutumer à écrire sous la dictée de leurs maîtres, surtout si on a soin de leur en faire copier de temps en temps quelques-uns, pour leur apprendre à écrire correctement.

J'ai cru aussi rendre service à ceux qui sont chargés d'instruire les jeunes-gens, en leur épargnant le temps et la peine de préparer chaque jour des compositions à la portée de leurs élèves, ce qui est assez pénible. Quelque facilité qu'on ait, il faut du loisir pour préparer, et même pour transcrire des matières de composition, si l'on veut les calquer sur les règles, et les rendre supportables ; or, comme la plupart des professeurs ont ordinairement d'autres occupations, ou qu'ils sont quelquefois chargés de deux divisions, j'ai pensé qu'ils accueilleraient avec plaisir un Cours de Thèmes, propre à les soulager dans leurs fonctions, d'ailleurs si pénibles. Car, en supposant qu'on eût une provision de Thèmes bien préparés, la dictée exige encore du temps ; elle occasione des fautes dans les copies, et sert souvent de prétexte à la paresse : l'impression peut facilement remédier à tous ces inconvéniens.

M'étant proposé de suivre l'ordre du Rudiment de Lhomond, j'ai, comme lui, divisé mon ouvrage en trois parties, dont les deux premières, qui ont pour objet la Syntaxe, sont renfermées dans le premier volume, qui contient environ sept cents Thêmes ou Récapitulations, tous calqués sur les règles avec la plus grande exactitude.

La troisième partie, qui a pour objet la Méthode, et qui peut aller séparément, forme le second volume, contenant environ huit cent cinquante Thèmes ou Récapitulations, le tout adapté aux règles.

J'ai mis, au commencement de chaque Thème, l'explication de la règle, avec les exemples sur lesquels il a été rédigé ; et j'ai eu grand soin de ne pas devancer les règles, je veux dire , de ne pas mettre dans un Thème, une phrase, un membre de phrase, un mot, etc., dont la règle n'eût été expliquée auparavant ; et si quelquefois il m'en est échappé quelqu'un, j'ai tâché de l'expliquer par des notes que j'ai mises au bas de la page. Mais, malgré toutes les précautions que j'ai prises pour éviter cet écueil, contre lequel plusieurs maîtres infiniment plus habiles que moi ont échoué, je ne serai pas exempt de reproches ; c'est pourquoi je recevrai avec bien du plaisir les observations que l'on me fera, et j'en ferai usage dans les éditions subséquentes.

Un ouvrage de cette nature ne paraît rien au premier abord, mais il n'en est pas moins difficile à composer : « Il faut l'avouer, dit « l'auteur des *Observations sur l'instruction* « *publique*, rien n'est plus difficile que d'exé- « cuter un ouvrage élémentaire. Des livres « qui sont destinés pour les premières années, « méritent une attention toute particulière : « les phrases, les alinéa, les chapitres, les « volumes même, tout doit être très-court, « si l'on ne veut pas produire le dégoût. » On ne doit donc pas s'attendre à trouver ici un style suivi et élégant : cela est impossible, lorsqu'on veut suivre à la lettre les règles du Rudiment. La plupart des Thèmes de la première et de la seconde partie, ne sont que des phrases détachées. J'ai tâché de citer des traits historiques, autant que j'ai pu, afin que les enfans apprissent deux choses à-la-fois, sans négliger néanmoins d'adapter un fait suivi, toutes les fois que j'ai pu l'arranger à ma façon, sans le dépouiller de la vérité. J'ai mis le plus de suite qu'il m'a été possible dans les devoirs; mais la nécessité de représenter plusieurs fois l'exemple que j'avais pour objet, m'a fait souvent répéter la même chose en termes différens, et m'a empêché de mettre l'ordre et le naturel qu'on trouve dans les ouvrages d'un autre genre. J'en ai composé une grande partie d'anecdotes et de traits historiques, que j'ai adaptés, sans changer les faits, aux exemples que je voulais retracer.

J'ai ajouté au second volume un précis de l'Histoire d'Egypte, que j'ai beaucoup abrégé, mais sans omettre aucun fait essentiel.

On trouvera, à la fin de chaque volume, un petit Vocabulaire qui renferme tous les noms propres qui ne se trouvent pas dans les Dictionnaires.

COURS
DE THÊMES.

PREMIÈRE PARTIE.

PREMIÈRE RÈGLE.

Règle des Noms, ou *manière de joindre deux Noms ensemble.*

Manus *pueri.*

Pour joindre deux noms ensemble, nous mettons les particules *de, du, des,* entre les deux. En latin on met le second au génitif.

Exemple :

La main de l'enfant, *Manus pueri.*

THÊMES.

La lumière du jour. Les ténèbres de la nuit. La porte du ciel. Les fruits des arbres. La table du Seigneur. La porte du jardin. Les enfans des hommes. Le fruit du travail. Le soldat de l'armée. Les soldats des armées. Les troupeaux des montagnes. Les plumes des oiseaux. Les feuilles de l'arbre. Les arbres de la colline. Le Seigneur des armées. Le roi des anges et des hommes.

Les légumes des jardins. Les oiseaux des montagnes. Le temps de l'hiver. Les paroles de l'orateur. L'espérance des peuples. Les fruits des arbres. Les temples du Seigneur. Les instrumens de musique. Les préceptes de la grammaire. L'abrégé de l'Histoire. Les expériences de physique. Les régles de la rhétorique. Les sacrifices de Cybèle. La grandeur de la comète.

***

Les frères de la mère. Les sangliers de la forêt. Les vices des hommes. Les calamités de la guerre. La gloire des saints Les blessures du corps. Les plantes des jardins. L'exemple du sage. Les conseils des anciens. Les travaux de la guerre. Les statues du temple. Le père des enfans. La rigueur des jugemens de Dieu. La bonté du père de famille. Les malheurs de la république.

***

Au Créateur de l'univers. Au maître du monde. O séjour des bienheureux! O temple du Seigneur! A la clémence du prince. Les mœurs des peuples, Les coutumes des nations. O Dieu du ciel ! O Père des hommes ! Aux dieux et déesses des anciens. Aux âmes du purgatoire. Aux servantes de la maison. Aux membres du corps. Aux lacs de la plaine. Le bruit du tonnerre. La fertilité des champs.

***

Aux chênes de cette forêt. Aux cavernes des animaux sauvages. Aux tribus d'Israël. Les souffrances de Jésus. A Jésus sauveur. Les fenêtres de la maison. A la maison de la sœur. Les auteurs des hérésies. Les difficultés des thèses. Les trophées des héros. Aux poëmes de l'auteur. La pesanteur de l'air. Le nœud des énigmes. L'utilité des stratagèmes. Les couleurs de l'arc-en-ciel. La force des bœufs. La force de la vérité.

II.

Règle des Adjectifs, ou manière de joindre un Adjectif avec un Nom.

Pater *bonus.*

Tout adjectif se met au même genre, au même nombre et au même cas que le nom auquel il est joint.

Exemples :

Le père bon. *Pater bonus.* Du père bon. *Patris boni.* Au père bon, *Patri bono,* etc.

THÈMES.

Le frère bon. La sœur sage. La mère dévote. Les hommes savans. Des livres saints. Aux vertus rares. O race perfide! Des temps orageux. La table sainte. Au temple magnifique. A la gloire éternelle. La statue grande. La blessure mortelle. Des armes meurtrières. Aux peuples vaincus. Les lois justes. La mort imprévue. Aux peuples belliqueux des siècles passés.

La cruauté des animaux carnassiers. Aux cerfs légers des montagnes. Les soldats courageux des armées françaises. Les mois pleins de l'année civile. Aux écoliers sages du maître savant. Les temps heureux des siècles passés. Les exemples salutaires des hommes sages. O belles nuits du printemps! Aux beaux jours de l'été. A la récompense promise aux enfans studieux. A la gloire due à Dieu seul.

Les hommes prudens et sages du peuple victorieux. Les soldats hardis et intrépides du prince belliqueux. Les temples grands et magnifiques de

la ville riche et ancienne. Les conseils sages et
utiles des hommes prudens et expérimentés. Les
maîtres bons et faciles de la maison noble et illustre.
Les enfans sages et savans du père de famille. Aux
hommes sages et prudens de cette illustre nation.

La vie courte et misérable des enfans des hommes. Aux momens terribles de la mort incertaine
et assurée. Au temps court et précieux de l'éter-
nité longue et redoutable. O félicité incertaine et
chimérique des athées obstinés! O regrets super-
flus des tourmens éternels! Aux flammes venge-
resses des abîmes profonds et ténébreux. O jours
infortunés des joies passagères! A l'innocence rare
des premiers chrétiens.

O séjour fortuné de la joie et de la paix! Les
suites funestes des vices honteux. La caverne
obscure et effroyable de la forêt vaste et fertile.
Au port sûr et commode de la ville forte et marchande. Les eaux froides et glacées de la rivière
enflée et rapide. O montagnes superbes et inhabi-
tables de la province riche et fertile! Les campagnes fertiles de ce vaste empire.

Les villes prises et pillées du royaume conquis.
Les armes cruelles et meurtrières des soldats courageux. Aux combats longs et sanglans des nations
belliqueuses. O peuples vaincus et malheureux! La
beauté admirable des campagnes fleuries. Les bons
livres des élèves dociles et studieux. O les grandes
actions militaires de tous les généraux romains!
Des ouvrages attribués aux anciens rois égyptiens.

L'étonnante et véritable description des provinces riches et fertiles. Les belles statues des

Empereurs romains. Le sage et aimable enfant de la famille noble et ancienne. Les faux dieux des nations idolâtres. Les temples profanes des dieux et déesses du paganisme. La profonde politique des princes sages et prudens. A l'ambition démesurée des hommes avares et tenaces. O la grande folie des nations insensées !

III.

Degrés de Signification.

On distingue dans les Adjectifs trois degrés de signification. 1°. Le *positif*, qui n'est autre chose que l'adjectif simple, comme : saint, sainte, *sanctus, sancta* ; 2°. le *comparatif*, qui est la signification de l'adjectif dans un plus haut degré, comme : plus saint, *sanctior* ; 3°. le *superlatif*, qui est la signification de l'adjectif dans le plus haut degré, comme : *le plus saint, très-saint* ; *fort, bien, mon, ton, son, notre, votre*, devant un adjectif, marquent le superlatif : ainsi, *le plus sage, fort sage, bien sage, mon plus fidèle ami*, etc. , sont des superlatifs.

Règle des Comparatifs.

Doctior *Petro.*

Après un Comparatif exprimé par un seul mot latin, il faut mettre le nom à l'ablatif, en supprimant le *que*, ou bien exprimer le *que* par *quàm*, et mettre après, même cas que devant.

Exemples :

Plus savant que Pierre, *Doctior Petro.*
Paul est plus savant que Pierre, *Paulus est doctior quàm Petrus.*

THÈMES.

Vous êtes (1) plus grand que Paul. Je suis plus fort que votre frère. La maison de votre voisin est plus belle que la vôtre. L'armée romaine était plus courageuse que l'armée française. Rome fut plus forte que Carthage. Le tigre est pire que le lion. Le renard est plus petit que le loup. La terre est moins grande que le Soleil.

~~~~~~

Les vins de Bourgogne sont meilleurs que les vins d'Auvergne. Le pain est meilleur que la viande. La vertu est plus précieuse que la science. Le renard fut plus rusé que la cigogne. Les mœurs des nations modernes sont plus douces que les mœurs des anciens peuples. Le royaume de France est plus vaste et plus peuplé que l'empire autrichien.

~~~~~~

Scipion, général des Romains, a été plus grand et plus illustre qu'Alexandre-le-Grand, roi de Macédoine. Il a été plus heureux guerrier qu'Annibal, général des Carthaginois. La discipline des armées françaises est meilleure que la discipline des armées romaines. Les généraux Romains étaient cependant plus sévères que les généraux Français. Les troupes européennes sont plus redoutables que les troupes asiatiques.

---

(1) Nous avons fait entrer ici quelques pronoms personnels et possessifs, ainsi que plusieurs temps du verbe *sum*, ce qui semble anticiper, puisque nous n'en avons pas encore parlé; mais la règle le demande en quelque sorte.

I V.

Règle des Superlatifs.

Altissima *arborum*, ou *ex arboribus*, ou *inter arbores.*

Le Superlatif veut le nom pluriel qui le suit, et dont il prend le genre, au génitif ou à l'ablatif avec *e* ou *ex*, ou à l'accusatif avec *inter*.

Exemples :

Le plus haut des arbres, *Altissima arborum*, ou *ex arboribus*, ou *inter arbores.*

La rose est la plus belle des fleurs, *Rosa est (flos) pulcherrimus florum*, ou *ex floribus*, ou *inter flores.*

Le serpent est le plus rusé de tous les animaux, *Serpens est callidissimum omnium animantium*, ou *ex animalibus*, ou *inter animalia.*

THÊMES.

Annibal a été le plus célèbre des généraux de l'antiquité, le meilleur des guerriers et le plus profond des politiques. L'histoire de ce héros est, et sera la plus mémorable de toutes les histoires. L'Empire romain fut le plus redoutable de tous les empires. Les lois de la France sont les plus exactes de toutes les lois. Les Gaulois étaient autrefois les plus vaillans de tous les peuples de l'Occident.

Rome, autrefois la plus grande, la plus puissante et la plus superbe des villes de l'univers, le berceau des plus grands des héros et le siége des plus grands Empereurs, est aujourd'hui une ville très-médiocre. Démosthène était le plus éloquent des orateurs. Le Ciel était le plus ancien des dieux; Jupiter était le plus puissant. L'humilité est la plus belle de toutes les vertus.

V.

Règle des Pronoms adjectifs.

Pater *meus*, etc.

Les Pronoms adjectifs, personnels, démonstratifs ou possessifs, quand ils sont joints à un nom, s'accordent avec ce nom en genre, en nombre et en cas.

Exemples :

Mon père, *Pater meus*. Ma mère, *Mater mea*. Mon bras, *Bracchium meum*. Cet homme, *Hic homo*. Cette femme, *Hæc mulier*. Ce temple, *Hoc templum*, etc.

THÈMES.

Mon frère docile et sage. La maison de mon oncle vaste et agréable. La sœur de mon père prudent et sage. Le jardin de votre cousin, jeune homme doux et affable. Mon corps faible et languissant. Vos jambes maigres et décharnées. Nos prés verts et fleuris. Tes habits neufs. La campagne agréable de ton frère savant et studieux. Les conseils utiles de tes sages parens.

Les arbres de ce beau jardin. Les chambres de ce vaste château. Les fruits mûrs de tous ces grands arbres. Les belles fleurs de ces fertiles campagnes. Les temples anciens de cette ville superbe. Les superbes murailles de cette ancienne citadelle. Tous les pauvres habitans de ces vastes provinces. Nos voyageurs savans et fidèles. Les enfans dociles de cette famille respectable des anciens seigneurs de cette province.

Les grandes vertus de nos prédécesseurs. Les nombreuses victoires de nos armées courageuses. Ces trophées dressés à nos généraux victorieux.

Tous ces monumens élevés à la gloire de nos armées. Les beaux livres de nos maîtres sages et savans. Les carnages horribles de toutes ces guerres sanglantes. Les leçons salutaires de ces respectables vieillards. Les fruits de notre travail utile.

VI.

Règle du Qui *relatif, ou manière de joindre le* Qui *relatif avec le nom ou Pronom qui est devant, et que l'on appelle* antécédent.

Pater *qui*, etc.

On fait accorder en latin, *qui*, *quæ*, *quod*, en genre et en nombre avec son antécédent.

Exemples :

Le père qui, *Pater qui.* La mère qui, *Mater quæ.* Le temple qui, *Templum quod.*

THÈMES.

Moi qui.... Vous qui.... Le peuple qui.... Les hommes qui.... Les empires et les royaumes qui.... Ces soldats qui.... Les armées de cette nation qui.... Les braves Romains qui.... Les palais de nos anciens rois qui.... La beauté de ces édifices qui.... O siècles heureux de l'âge d'or qui....! O vertus aimables de ces sages législateurs qui....! Au moment de votre arrivée qui.... Aux heures de ces repas magnifiques qui....

Toutes les vertus héroïques de ce peuple qui.... Les grands exploits de ces armées qui.... Aux bords de ces fleuves rapides qui.... Le courage et les vertus de tous ces grands généraux qui.... La lâcheté de nos ennemis vaincus qui.... Les longues relations de ces voyageurs étrangers qui... Nos sœurs savantes qui.... Les vignes abondantes de tous ces beaux coteaux qui.... Les bêtes sauvages de toutes ces vastes forêts qui....

VII.

Règle générale pour tous les Verbes.

Ego *sum.*

Tout Verbe doit s'accorder en nombre et en personne avec son substantif.

Exemples :

Je suis, *Ego sum : ego* est du singulier, *sum* est aussi du singulier; *ego* est de la première personne, *sum* est aussi de la première personne. Donc *sum* s'accorde avec son nominatif *ego*, en nombre et en personne.

Vous êtes, *Tu es.* Il est, *Ille est.* Nous sommes, *Nos sumus.* Vous êtes, *Vos estis.* Ils sont, *Illi sunt.* J'aime, *Ego amo.* Tu aimes, *Tu amas.* Il aime, *Ille amat,* etc.

~~~~

J'étais. Nous étions. Vous avez été. Nous serons. Ils furent. Sois. Que nous soyons. Il fut, il était, il sera. Etre. Soyons. Vous aurez été. Qu'il ait été. Avoir dû être. J'aime. Nous avons lu. Lire. Etre présent. Avoir manqué. Nous aimons. Nous aurions aimé. Aime. Que j'aime. Que tu avertisses. Qu'il frappe. Nous serons. Il manquera. Il a assisté. Aimons. Lisons. Avertissons. Ecoutons. Nous aurions averti. Vous aurez écouté. Nous recevrons.

~~~~

Nos pères ont été. Nous serons. Le Seigneur est et il sera. Les siècles seront. Dieu était. La lumière qui fut. Les soldats qui furent courageux et hardis. Les forêts qui sont vastes et épaisses

Les villes qui étaient autrefois superbes et magnifiques. Ces princes qui furent grands et puissans. Les généraux de ces armées qui furent invincibles. Les lois de ce prince qui sont justes et sévères. Les enfans de votre frère qui sont sages et savans.

~~~~~~

Les savans auteurs qui ont lu et composé. Les sages monarques qui ont gouverné. Les armées nombreuses qui combattent et qui combattront. Les peuples malheureux qui pleureront. Les temps malheureux qui ont passé. Ces superbes monumens qui existent. Le maître sage qui avertissait. Votre père qui travaille et qui travaillera. Les sages de la Grèce qui ont écrit. Les Romains qui ont été vainqueurs de l'univers.

VIII.

Règle des Verbes Actifs.

Amo *Deum*.

Tout Verbe actif gouverne l'accusatif.

Exemples :

J'aime Dieu, *Amo Deum*. Vous instruisez les enfans, *Doces pueros*.

THÊMES.

J'aime les livres. Les maîtres avertissent les écoliers dociles. Nous aimons la vertu, source de tous les biens. Les enfans sages fuient le vice, principe de tous les maux. Vous lisez les livres saints. Nous avons reçu les sages conseils de nos parens. Vous avez écouté les mauvais discours de vos condisciples qui fréquentent la compagnie des méchans. Vous qui aimez les richesses et les honneurs, pratiquez la vertu, faites le bien, et fuyez le mal.
~~~~~~

Je récompenserai les écoliers qui pratiqueront la vertu, et qui observeront les règles établies; et je punirai ceux qui n'écouteront pas mes conseils, et qui ne suivront pas l'exemple des plus sages de la classe. Les méchans qui font le mal recevront un châtiment terrible. Les Grecs et les Romains ont écrit l'histoire de ces guerres sanglantes qui ont dévasté l'univers entier. Nous écrirons les belles actions des princes qui nous gouvernent.

~~~~~~

Dieu a créé le ciel, la terre, le soleil, la lune, les étoiles, les animaux, l'homme, et tout ce qui existe. Admirons la puissance et les ouvrages de ce grand architecte de l'univers. Tous les hommes ont admiré et admireront l'ordre et la beauté de ce grand ouvrage. Aimons la justice et la sagesse, vertus admirables. Louons ceux qui font du bien, et blâmons ceux qui font le mal. Imitons les bons, et fuyons la société des méchans.

IX.

Règle des Verbes Passifs.

Amor *à Deo.*

DE ou *par*, après un Verbe passif, s'exprime en latin par *à* ou *ab* avec l'ablatif (1), quand le nom qui suit est de chose animée, (*c'est-à-dire*, au nom d'homme ou de bête, car il n'y a d'animé que les hommes et les bêtes). Si le nom qui suit le verbe passif était de chose inanimée, on le mettrait à l'ablatif sans préposition.

Exemples :

Je suis aimé de Dieu, *Amor à Deo.* Je suis accablé de chagrin, *Mœrore conficior.*

____

(1) On met *a* devant une consonne et *ab* devant une voyelle et une *h.*
~~~~~~

THÈMES.

Cet arbre a été frappé de la foudre. Cette maison fut renversée par les vents. Vos livres ont été écrits par un célèbre historien. Vos paroles sont écoutées des personnes sages. Les méchans seront punis par la justice divine. Les exemples de vertu et de candeur étaient aimés de nos ancêtres. La vertu est estimée des méchans. Les vicieux sont, et seront méprisés de tous les hommes. La justice et la reconnaissance seront pratiquées des honnêtes gens.

———

Les affaires d'un honnête homme ne sont pas négligées de Dieu. La Gaule fut conquise par Jules-César. Carthage fut rasée par Scipion, général romain. Tout a été produit par la nature. La nature est embellie par les plantes et les fleurs. Tous les arbres de notre jardin ont été plantés par mon grand-père. Ce discours fut composé par un grand orateur. Les hommes furent submergés par les eaux du déluge universel.

X.

Règle des Verbes Déponens.

Imitor *patrem*, etc.

PARMI les Verbes déponens, les uns gouvernent l'accusatif; d'autres le datif; d'autres le génitif; et d'autres enfin l'ablatif.

Exemples :

J'imite mon père, *Imitor patrem*. Il flatte *ou* il caresse la nourrice, *Blanditur nutrici*. Ayez pitié des pauvres, *Miserere pauperum*. Je fais usage du lait, *Utor lacte*.

THÈMES.

Tous les hommes admirent ces grands généraux qui ont suivi les traces des anciens, et qui ont imité le courage et les vertus des premiers Romains. Nous caressons les jeunes-gens qui aiment l'étude. Votre père a pitié des malheureux. Nous faisons usage de vin et de viande. Nous oublierons les injures de nos ennemis, et nous nous souviendrons des services reçus. Nous promettons une grande-récompense aux écoliers-sages.

~~~~~~

Les hommes instruits admirent les talens et l'industrie de toutes les nations; ils imitent les bons exemples et les bonnes coutumes de tous les peuples. L'homme humain a pitié des indigens; il flatte la veuve et les orphelins. Servez-vous de la plume et du papier de votre frère. Cette nation jouit de la paix. Dieu aura pitié de notre faiblesse et de nos misères. Faites usage des bons conseils de vos sages parens.

XI.

Règle des Verbes Neutres.

Studeo *grammaticæ.*

La plupart des Verbes neutres gouvernent le datif.

Exemples :

J'étudie la grammaire; *Studeo grammaticæ.*
Nous favorisons la noblesse, *Favemus nobilitati.*
Il nuit aux autres, *Nocet aliis.*

THÈME.

Les savans et les politiques étudient les mœurs et les coutumes des nations étrangères. Les hommes
~~~~~~

ne résistent pas facilement aux attraits de la volupté. La fortune est capricieuse ; elle favorise les uns et nuit aux autres. Celui qui épargne les méchans nuit aux gens de bien. Les mauvais exemples nuisent à tous les hommes. Les maîtres chérissent les écoliers qui contentent leurs parens. Le roi favorise les gens de lettres.

XII.

Règle des Participes, Gérondifs et Supins.

Puer *audiens.*

Les *Participes* sont des adjectifs qui viennent des verbes : ils s'accordent en genre, en nombre et en cas, avec le nom auquel ils sont joints, et de plus ils gouvernent le même cas que le verbe d'où ils viennent ; c'est pour cela qu'on les nomme *participes*, parce qu'ils tiennent de l'adjectif et du verbe. Les *gérondifs* et les *supins* gouvernent aussi le même cas que le verbe d'où ils viennent.

Exemples :

L'enfant écoutant, devant écouter son maître, *Puer audiens, auditurus magistrum suum.* Un père étant aimé, devant être aimé de son fils, *Puer amatus, amandus à filio suo.*

THÈME.

Les ennemis méprisant l'enfance du prince, se sont emparés du royaume. Annibal, ravageant les provinces, battant les alliés du peuple romain, taillant en pièces les armées des consuls, brûlant les villages, saccageant les villes, égorgeant les habitans, avançait vers Rome. Les méchans frémissent, voyant l'échafaud. Les Anges tremblent, contemplant la majesté divine. Le soleil devant paraître, les ténèbres fuient. Imitant votre frère, vous serez loué des hommes sages.

XIII.

Règle des prépositions de , en *et* pour, *entre un nom et un infinitif.*

Hora *proficiscendi.*

DE entre un nom et un infinitif français , veut le verbe latin au gérondif en *di. En* , avec le participe présent, veut le gérondif en *do. Pour* , devant un infinitif se rend en latin par *ad* avec le gérondif en *dum.*

Exemples :

L'heure de partir approche , *Hora proficiscendi instat.* Votre frère se promène en lisant des fables, *Tuus frater ambulat legendo fabulas* Il lit pour apprendre l'histoire, *Legit ad discendum historiam.*

THÈME.

Le temps de lire les livres saints. L'heure de jouer est venue. Le moment de badiner viendra. Les savans lisent en marchant. Les enfans s'amusent en mangeant. Nous étudions pour apprendre les choses utiles et nécessaires. Je suis né pour vivre, je vis pour mourir, et je mourrai pour ressusciter. Le désir d'apprendre les choses utiles et nécessaires. Mon frère parle en dormant. Nous deviendrons savans en travaillant.

XIV.

Règle des adjectifs agréable à , *etc.*

Res jucunda *auditu.*

Après les Adjectifs *agréable à , admirable à , facile à* , etc. , l'infinitif français se rend en latin par le supin en *u.*

Exemple :

Chose facile à entendre, (*c'est-à-dire* , à être entendue), *Res jucunda auditu.*

THÈME.

Ces dogmes sont faciles à lire, mais ils sont difficiles à comprendre. Le discours de cet orateur était facile à entendre, mais il était difficile à retenir. La langue grecque est difficile à apprendre, et utile à savoir. Les vers de Virgile sont difficiles à traduire. Tous ces animaux étrangers étaient agréables à voir. Votre père fut témoin d'un fait horrible à raconter. Les bons domestiques sont rares à trouver.

=========================

XV.

Règle d'un verbe sur un autre verbe.

Eo *lusum.*

Quand deux Verbes français sont de suite, et que le premier signifie mouvement, comme *aller*, *venir*, etc., on met le second au supin en *um*, si le verbe latin en a un ; s'il n'en a point, on met l'infinitif français au gérondif en *dum* avec *ad* (1).

Exemples :

Je vais jouer, *Eo lusum.* Je vais étudier, *Eo ad studendum.*

THÈME.

Les gens sobres vont travailler, les ivrognes vont boire. Les écoliers diligens iront étudier, et les paresseux iront jouer. Les jeunes-gens libertins vont manger, boire et danser. Nous irons nous promener ensemble. Demain nous irons chasser. Ma sœur est allée cueillir des poires. Allons acheter un beau cheval. Ce docteur vient réfuter les faux raisonnemens des hérétiques. Les soldats vont sonner de la trompette. Vous venez apprendre vos leçons.

(1) Nous développerons cette règle dans la seconde partie, ainsi que plusieurs autres que nous n'avons fait qu'ébaucher.

XVI.

Des Adverbes.

L'ADVERBE est un mot indéclinable, qui se joint le plus souvent à un verbe, et qui en détermine la signification. *Ex.* : Il agit prudemment, *prudenter agit.* Il y a différentes sortes d'adverbes : les uns marquent le temps, les autres le lieu ; d'autres servent à interroger, à affirmer, à nier, d'autres marquent le doute, la ressemblance, l'union, la division, le nombre, la quantité, le désir, la manière ; d'autres enfin servent à montrer, à exhorter, etc. Parmi ces adverbes, les uns gouvernent le nominatif d'autres le génitif, d'autres le datif, et les autres l'accusatif.

Exemples :

Le jour de devant les calendes, *Pridiè calendarum,* ou *calendas.* (On sous-entend *antè.*) Voilà le roi, *Ecce rex.* Aller au-devant de lui, *Ire obviam illi.* Peu de vin, *Parùm vini,* etc.

THÈMES.

La veille des calendes j'achetai un perroquet ; le lendemain j'achetai un rossignol. Hier le rossignol chanta. Demain le perroquet bégayera, après-demain il parlera. Aujourd'hui j'achèterai une pie. Pourquoi ? A quoi bon cela ? Est-ce que vous aimez les oiseaux ? Oui, je les aime. Et vous ? Point du tout ; au contraire, je les hais comme le péché, et peut-être davantage. Cependant vous aimez beaucoup les amusemens. Oui, je les aime assez.

Vous avez mis tous vos oiseaux ensemble ? Oui, monsieur. Mettez le perroquet à part, autrement il tuera les autres. Voilà la pie qui est déjà bien

malade ; et voici le rossignol qui est mortellement
blessé ; Dieu veuille qu'ils ne meurent pas tous les
deux ! Allons , allons, mettez ce perroquet à part.
Il parle très-vite et très-doctement. Est-ce que le
vôtre ne parle pas plus vite ? Non, monsieur,
mais il chante souvent et très-bien. Le mien était
malade tout récemment, aujourd'hui il est mieux.

<hr>

Beaucoup d'orgueil, peu de réflexion, assez
d'éloquence, trop de présomptio n, voilà le por-
trait de cet homme qui n'est tranquille nulle part.
En quel endroit de l'univers était le Paradis ter-
restre ? Dans l'Arabie. Le jour d'après les nones
de septembre, notre armée alla au-devant de l'ennemi. Les ambassadeurs macédoniens vinrent au-
devant de l'armée romaine ; ils ne venaient pas
pour l'amour d'elle, mais pour demander la paix.
Les Grecs construisirent devant Troie un cheval
comme une montagne.

XVII.

Des Prépositions.

La *Préposition* est un mot indéclinable qui,
joint à un nom ou à un pronom, veut ce nom ou
pronom à l'accusatif ou à l'ablatif.

Exemples :

Chez mon père, *Apud patrem meum.* Dans le
ciel, *In cœlo.*

THÊMES.

Hier un habile artiste plaça la statue du grand
Jupiter auprès de l'autel de Junon, vis-à-vis de
cette porte qui est sous le buste de Bacchus, entre
l'autel de Cérès et de Minerve. Aujourd'hui ce
même artiste a resté pendant toute la cérémonie
en deçà du sanctuaire, et, après le sacrifice, il
s'est avancé jusqu'à l'autel ; il a pris la même

statue, et l'a placée auprès de la statue de Junon, sur l'ancien piédestal qui était au coin de l'autel. Cet habile artiste a fait ces deux statues et la niche, excepté les dorures, à-peu-près dans trente jours.

~~~~~~

Un voleur enleva les richesses du temple d'Apollon à l'insçu du grand-prêtre; il sortit du temple avec une hardiesse étonnante, et passa sans armes devant tout le peuple; il entra sous une galerie, et, de cette galerie, dans un fossé qui, passant au-dessous de la place de la ville, conduisait jusqu'aux murailles; il franchit le rempart et sauta dans un gouffre, qui était très-profond en comparaison de la largeur; il se plongea dans l'eau jusqu'aux oreilles, et dans la boue jusqu'aux reins.

XVIII.

Des Conjonctions.

La *Conjonction* est un mot indéclinable, qui sert à lier les parties du discours. Il y a différentes sortes de conjonctions, dont l'emploi est de joindre, de séparer, de conclure, de rendre raison, de marquer la condition et le doute. Parmi ces conjonctions, les unes gouvernent le subjonctif, et les autres l'indicatif.

Exemples :

Votre frère est non seulement studieux, mais docile et paisible, *Tuus frater non solùm studiosus est, sed etiam docilis et quietus.* Tandis qu'il parlait, *Dum loqueretur.*

THÈME.

Votre frère est non seulement sage, mais prudent et rusé; outre cela, il pratique la vertu; c'est pourquoi il est aimé du maître et des écoliers. Le mien ne craint ni les menaces ni les châtimens, et, soit qu'il travaille ou bien qu'il mange,
~~~~~~

il badine toujours ; bien plus, il méprise le professeur, lorsqu'il est en classe. Quoique je le voie, je ne dis rien, de peur que monsieur ne le frappe ; mais si mon père le voyait lorsqu'il fait toutes ces petites puérilités, il le châtierait sévèrement.

XIX.
Des Interjections.

L'INTERJECTION est un mot indéclinable, qui sert à marquer les différens mouvemens de l'âme ; il y en a qui veulent le nominatif, l'acusatif ou le vocatif indifféremmment ; d'autres le datif seulement, comme : *hei ! væ !*

Exemples :

O que je suis malheureux ! *O me infelicem* ou *infelix !* O dieux immortels ! *Proh dii immortales !* Malheur à nous ! *Væ nobis !*

THÈME.

O enfans maudits ! O père malheureux ! O infortuné que je suis ! Oh la triste nouvelle ! Ah que vous êtes heureux ! Ha ! mes enfans, où sommes-nous ? O grand dieu, ayez pitié de nous ! Hélas ! que deviendrons-nous ! Ha ! mes amis, que vois-je ! Hélas ! c'est mon fils ! O que tu es à plaindre ! Ah infortuné ! dans quelle situation te vois-je ! Oh jour maudit ! Malheur à moi ! O cruel destin ! O aveugles divinités ! Ho heureux les hommes...! O paix durable ! Ho séjour de mon bonheur ! O délices de mon âme !

RÉCAPITULATION.
THÈMES.

LES petits enfans caressent les parens. Ils étudient la grammaire, la musique et la rhétorique. Tout le peuple vit cette grande comète. Enée respecta toujours les dieux, et les dieux aimèrent Enée. Une mère de famille disait : ô mon fils, lisez les annales des anciens peuples! Les dieux favorisèrent Orphée. Une armée romaine détruisit cette tour. Un habile pilote rompit la poupe de ce vieux vaisseau.

⌐∿∿∿∿⌐

Les pierreries sont utiles et même nécessaires aux diadêmes. L'orgueil est la source des hérésies. Nous admirons les héros de l'ancienne Rome. Les païens adoraient Pallas. Les flèches et les traits fendent l'air. Les sauvages de l'Amérique admirent l'arc-en-ciel. Nous admirons Esope le Phrygien. Les bêtes fauves habitent dans les cavernes des forêts. Les lois sont nécessaires à la république. Les citoyens sont fidèles au serment.

⌐∿∿∿∿⌐

Vous avez vu dans cette grande ville les deux frères de ce jeune homme : je ne connais ni l'un ni l'autre. Ils ont enseigné la rhétorique pendant dix ans et six mois; ils aiment l'un et l'autre cette partie. Toute la ville connaît la capacité et les talens de ces deux jeunes hommes. Ils sont bons rhéteurs tous les deux, et ils sont encore jeunes; l'un a vingt-trois-ans, et l'autre vingt-sept. Ils deviendront encore plus savans, pourvu qu'ils travaillent.

FIN DE LA PREMIÈRE PARTIE (1).

---

(1) Nous avons passé brièvement sur la première partie, parce que dans la seconde nous aurons sujet de parler plus au long de toutes ces petites règles que nous venons d'ébaucher; d'ailleurs, la plupart de ces règles nous ont paru trop difficiles pour des commençans ; mais notre tâche était de suivre l'ordre du Rudiment.

COURS DE THÈMES.

SECONDE PARTIE.

SYNTAXE LATINE.

La Syntaxe est la manière de joindre ensemble les mots d'une phrase, et les phrases entre elles. Il y a deux sortes de syntaxes : la syntaxe d'*accord*, par laquelle un mot s'accorde avec un autre en genre, en nombre, en cas et en personne; et la syntaxe de *régime*, par laquelle un mot régit un autre mot, à tels cas ou à tel mode, etc.

La syntaxe latine, tant d'*accord* que de *régime*, peut se considérer sous deux rapports : 1°. comme donnant des règles pour traduire le latin en français; 2°. comme donnant des règles pour traduire le français en latin.

I.

SYNTAXE DES NOMS.

Accord des Noms.

Ludovicus *rex.*

Quand deux ou plusieurs noms ou surnoms désignent une seule et même personne, une seule et même chose, ces noms se mettent au même cas.

Exemples :

Louis roi, *Ludovicus rex.*
David prophète et roi, *David propheta et rex.*

THÈMES.

Dieu créateur et maître, de Dieu créateur et maître, à Dieu créateur et maître. Cicéron orateur romain, de Cicéron orateur romain, à Cicéron orateur romain. Auguste empereur romain, d'Auguste empereur romain, à Auguste empereur romain. Annibal général carthaginois, d'Annibal général carthaginois, à Annibal général carthaginois. Le lion animal, du lion animal, au lion animal. La guerre fléau, de la guerre fléau, ô guerre fléau. La peste maladie, de la peste maladie, à la peste maladie.

Alexandre roi et conquérant, d'Alexandre roi et conquérant, à Alexandre roi et conquérant. Socrate philosophe grec, de Socrate philosophe grec, ô Socrate philosophe grec! Jules-César empereur, de Jules-César empereur, ô Jules-César empereur! La rose fleur, de la rose fleur, à la rose fleur. Le temple édifice, du temple édifice, au temple édifice. La lune planète, de la lune planète, à la lune planète. L'étoile astre, ô étoile astre!

Les pommes fruits, des pommes fruits, aux pommes fruits. Les dauphins poissons, des dauphins poissons, aux dauphins poissons. Les éléphans animaux, des éléphans animaux, aux éléphans animaux. Les aigles oiseaux, des aigles oiseaux, aux aigles oiseaux. Les roses fleurs, des roses fleurs, aux roses fleurs. Les artichauts légumes, des artichauts légumes, aux artichauts légumes. Les pommiers arbres, des pommiers arbres, aux pommiers arbres. Les philosophes grecs, des philosophes grecs, ô philosophes grecs! O pères sénateurs!

Tacite historien, de Tacite historien, à Tacite historien. Les poires fruits, des poires fruits, aux poires fruits. Tite-Live historien, de Tite-Live historien, ô Tite-Live historien ! Les étoiles astres, des étoiles astres, aux étoiles astres. La sagesse vertu, de la sagesse vertu, à la sagesse vertu. Les tigres animaux, des tigres animaux, aux tigres animaux. Virgile-Maron poëte, de Virgile-Maron poëte, ô Virgile-Maron poëte ! Les Romains orateurs, des Romains orateurs. O temples édifices !

Dieu père créateur, ô dieu père créateur ! Aristote philosophe grec, à Aristote philosophe grec. La philosophie science, de la philosophie science. Apelle peintre, à Apelle peintre. Les théologiens docteurs, des théologiens docteurs. Aux consuls romains. A Marius questeur. De Paul-Emile consul romain. Les colombes oiseaux. De la fièvre maladie. A la tulipe fleur. Du palmier arbre. O Jupiter père ! à Jupiter père. L'humanité vertu. Alexandre et Philippe rois (1).

II.

Urbs *Roma*.

DE, entre deux noms, n'empêche pas de mettre ces deux noms au même cas, lorsqu'on peut tourner *de* par *qui s'appelle*.

Exemples :

La ville de Rome (*tournez*, la ville qui s'appelle Rome, *ou plutôt* Rome ville), *Urbs Roma*.

______

(1) Lorsqu'un nom substantif est précédé de deux autres auxquels il se rapporte comme à une même chose, ce substantif se met au pluriel, et au même cas. *Ex.* Romulus et Rémus frères, *Romulus et Remus fratres*.

La rivière de Marne , *ou* la Marne rivière,
fluvius Matrona (1).

THÈMES.

La ville de Paris, à la ville de Paris, ô ville de
Paris ! La ville de Lyon, de la ville de Lyon , à
la ville de Lyon, Les montagnes des Alpes, aux
montagnes des Alpes , ô montagnes des Alpes !
Au mois de Janvier. Du mois de Juin. O mois
de Février ! O île de Sardaigne ! A l'île de Malte.
A l'île de Sardaigne. L'île de Malte. L'île de Madère, à l'île de Madère. Le fleuve du Rhin, au
fleuve du Rhin. Le fleuve du Rhône, ô fleuve du
Rhône !

La ville de Londres. A la ville de Madrid. O
ville du Puy ! Le mois d'Août . Au mois de Janvier.
Au mois de Septembre. La rivière d'Allier. Au
fleuve du Gange. Le village de Chantilly. Au bourg
de Samon. A l'île de Rhodes. O ville de Rome !
Au mois d'Août. Le fleuve du Tibre. A l'île de la
Martinique. A la montagne du Cantal. La ville de
Constantinople. La province de Lycaonie. Aux
arbres de palmiers.

III.

RÉGIME DES NOMS.

Liber *Petri.*

Lorsque *de, du, des,* entre deux noms, ne
peuvent pas se tourner par *qui s'appelle*, on met
le second au génitif.

---

(1) On trouve souvent le génitif, même dans les bons
auteurs. Ex. *Insulâ Siciliæ*, l'île de Sicile ; la ville d'Antioche, *oppidum Antiochiæ*; le royaume de France, *Galliæ
regnum.*

Exemple :

Le livre de Pierre, *Liber Petri.*

THÈMES.

L'astre du jour. Le salut de l'âme. La santé du corps. Le roi des hommes. Le créateur du ciel et de la terre. La source des bontés. Le Dieu des miséricordes. Le Père de la lumière. Le temps de la nuit. Le froid de l'hiver. La chaleur de l'été. Les douceurs de l'automne. La maison du père. La table du roi. L'armée du roi. La beauté des fleurs. Les châteaux des seigneurs.

⁓⁓⁓⁓

L'odeur des roses. Les arbres des jardins. Les prés et les champs des paysans. Les chevaux des voyageurs. Les jardins et les promenades des habitans de la ville. Les domestiques du prince. Les soldats des armées. Les passions des hommes. Les vertus des saints. Les tourmens des martyrs. Les supplices des scélérats. La grandeur et la beauté des astres. La fertilité des champs et des arbres. La douceur du printemps. Les rigueurs de l'hiver. La laideur du vice.

⁓⁓⁓⁓

Bonitas *divina.*

§ Souvent, au lieu de mettre au génitif le nom qui suit *de, du, des,* on se sert d'un adjectif qui a la même valeur.

Exemple :

La bonté de Dieu (*tournez,* la bonté divine), *Bonitas divina.*

THÈMES.

Les rayons du soleil. La tendresse de la mère. La bonté du père. La faiblesse des hommes. Les armées de Rome. Le palais du roi. Les habits du roi. Les vaisseaux d'Angleterre. Les troupes d'Espagne. La garde du roi. La langue d'Italie. Les liens de la société. Le marchand de Paris. Le libraire de Lyon. Le voyageur de Hollande. La flotte de Turquie. Les armées de la Grèce. Les partisans de Sylla.

Le parlement de Toulouse. Le sénat de Rome. Les soldats du prétoire. Les philosophes de la Grèce. Les rois de Macédoine. Les généraux de Rome. Les partisans de Pompée. Les mœurs des Egyptiens. La religion des Juifs. Les sectateurs de Mahomet. Les préceptes de l'Evangile. Les discours de morale. La loi de la nature. La réforme de Luther. Les flottes d'Amérique. Les habitans de Lyon. Les descendans de Fabius. Les citoyens de Rome.

RÉCAPITULATION.

THÈMES.

L'amour de la vertu. L'abondance des fruits. Le champ de bataille. Les livres de la bibliothèque. La république de Venise. La majesté et la puissance de Dieu. L'histoire de la Grèce. La valeur des soldats. Les armes du roi. L'Eglise de France. Le collège de Lyon. Le marchand de Paris. L'histoire des Juifs. Les fables de la Grèce. La république d'Athènes. Les flottes d'Angleterre. Les lois de Justinien. Les anciens monumens des rois. L'empereur de la Chine.

Le peuple de Rome. Les tribuns des soldats. Les maisons des patriciens. Les murailles de la ville. Les longues narrations de l'histoire de Rome. Les fables d'Ésope. Les lois de Lycurgue. Les généraux de France. Les rayons du soleil. La succession des saisons de l'année. La simplicité des paysans. Les discours de Cicéron, orateur et philosophe. Les lois et les usages des anciens peuples d'Asie. Les grands philosophes de la Grèce.

IV.

Puer *egregiâ indole* ou *egregiæ indolis.*

QUAND le nom qui suit *de* exprime une qualité bonne ou mauvaise, on peut mettre ce nom à l'ablatif ou au génitif (1).

Exemples :

Un enfant d'un bon naturel, *Puer egregiâ indole* ou *egregiæ indolis.*

Un enfant d'un mauvais naturel, *Puer pravâ indole,* ou *pravæ indolis.*

THÈMES.

L'enfant d'une grande beauté. Le jeune homme d'une grande vertu. L'homme d'un mérite distingué. Le vieillard d'une prudence rare. Annibal général d'une habileté consommée. La fille d'une grande pudeur. Les femmes d'un caractère aimable. Les paysans d'un naturel mutin. Les étrangers d'une modestie admirable. Les soldats romains d'une valeur éprouvée. L'ouvrier d'une adresse extraordinaire. Scipion surnommé l'Africain.

Les magistrats d'une probité parfaite. Le juge d'un mérite reconnu. Le prince d'une politique profonde. Les campagnes d'une grande beauté. Les

____

(1) Mais quand il marque un surnom, la naissance, ou la dignité, etc., on le met à l'ablatif avec *à* ou *ab. Ex.* Jean des prés, *Joannes à pratis.* Un valet de chambre, *minister à cubiculo.* Un maître des requêtes, *magister à libellis supplicibus.* Notre-Dame des champs, *Beata Maria à campis.*

fleuves d'une rapidité étonnante. Les champs et les arbres d'une grande fertilité. Les montagnes d'une très-grande hauteur. Les mets d'une douceur exquise. Marcus-Tullius, Cicéron de surnom. Les astres d'une grandeur extraordinaire. L'enfant d'une très-illustre famille. Paul-Emile, Macédonien de *ou* par surnom.

―――

Une maison d'une grande beauté. Un cerf d'une grandeur extraordinaire. Un été d'une chaleur insupportable. Les vieillards d'une grande prudence. Les enfans d'une naissance illustre et d'une famille ancienne. Les animaux d'une grandeur et d'une grosseur extraordinaires. Les fruits de cet arbre d'un goût exquis. Les armes d'un grand poids. Une ville d'une beauté admirable. Les anciens tyrans d'une grande cruauté. Les avares d'une cupidité insatiable. Un prince d'une grande prudence et d'une grande sagesse.

―――

V.

Tempus *legendi.*

DE, entre un nom de chose inanimée et un infinitif français, se rend en latin par le gérondif en *di*, qui est un véritable génitif.

Exemple :

Le temps de lire, *Tempus legendi.*

THÈME.

L'heure de travailler. Le moment de manger. Le jour de se reposer. Le temps de causer. La saison de vendanger. Le désir de lire. La passion de jouer. L'avantage de connaître. La douceur d'aimer. Le plaisir d'écouter. La douceur de pardonner. La facilité de rire. La faiblesse de céder. Le pouvoir de commander. La docilité d'obéir. Le goût de travailler. L'habitude de mentir. La ruse de tromper. Le plaisir de nuire. L'occasion d'écrire. Au moment de partir. A l'heure de dîner et de souper.

Tempus *legendæ historiæ*.

§ Si les verbes qu'on emploie gouvernent l'accusatif, au lieu du gérondif en *di*, il est mieux d'employer le participe en *dus*, *da*, *dum*, que l'on met au génitif, en le faisant accorder avec le nom, en genre, en nombre et en cas.

Exemple :

Le temps de lire l'histoire, *Tempus legendæ historiæ*.

THÈME.

Le temps de recevoir la récompense. Le jour de prendre l'argent. La gloire de vaincre les ennemis de la patrie. Le plaisir de remporter la victoire. Le temps de couper le blé et de tailler la vigne. La saison de cultiver la terre et de semer les grains et les légumes. La passion d'amasser des richesses. L'ambition d'acquérir de la gloire. La difficulté d'apprendre les langues anciennes et modernes. Le courage de supporter la mauvaise fortune. La force de surmonter les obstacles.

Tempus *studendi lectionibus*.

¶ Mais si les verbes qu'on emploie gouvernent tout autre cas que l'accusatif, il ne faut rien changer.

Exemple :

Le temps d'étudier les leçons, *Tempus studendi lectionibus*.

THÈME.

L'envie d'étudier l'histoire ancienne et moderne. Le plaisir de favoriser les princes. La coutume de s'acquitter des devoirs. La faiblesse d'obéir aux passions. La charité de secourir les misérables. L'habitude de flatter les grands. La prudence de pourvoir à la santé. La facilité de plaire aux autres. La méchanceté de nuire au prochain. Le désir de satisfaire les parens. La passion de vaquer à l'étude des sciences. La facilité de promettre aux enfans.

Cupiditas *laudari* ou *laudis*.

§ Si la particule *de*, qui est entre un nom de chose inanimée et un infinitif français, ne dépend point du nom qui la précède, ou si elle est suivie d'un infinitif passif ou de certains verbes qui n'ont point de gérondif, il faut exprimer l'infinitif français par l'infinitif latin, ou par un nom dérivé du verbe.

Exemple :

Le désir d'être loué, *Cupiditas laudari* ou *laudis*.

THÊME.

Le désir d'être le premier de la classe. La honte d'être vaincu. Le plaisir d'être victorieux. La curiosité d'assister au spectacle. L'habitude de manquer aux devoirs de classe. Le jour de présider à l'assemblée. La nécessité d'être présent à l'audience. La coutume d'être absent. La douceur d'être aimé. L'ambition d'être riche. Le désir d'être savant. La gloire d'être estimé. Le malheur d'être battu. La gloire d'être victorieux.

VI.

Culpa *est mentiri*.

DE, entre un nom et un infinitif, se rend aussi par l'infinitif latin, toutes les fois que cet infinitif peut servir de nominatif à la phrase.

Exemple :

C'est un péché de mentir (*tournez*, mentir est

un péché), *Culpa est mentiri, ou mentiri est culpa* (1).

THÈMES.

(2) C'est un crime de voler. C'est une injustice de tromper. C'est une passion de boire. C'est un devoir de travailler. C'est une passion de chasser. C'est un plaisir de jouer. C'est une fureur de se battre. C'est une gloire de vaincre. C'est un honneur de triompher. C'est une gloire de marcher victorieux. C'est un bonheur de se bien porter. C'est un malheur d'être malade. C'est une difficulté d'apprendre. C'est une vertu de pardonner.

C'est un devoir de servir le prince. C'est un devoir de mourir pour la patrie. C'est une démangeaison de causer toujours. C'est un plaisir de vivre heureux. C'est un déshonneur d'être ignorant. C'est une cupidité d'amasser. C'est un vice de se venger. C'est une folie d'écrire toujours. C'est une passion d'aimer. C'est un contentement de converser. C'est une grandeur d'âme de pardonner. C'est une lâcheté de fuir. C'est une témérité d'avancer.

RÉCAPITULATION.

Depuis le n°. 1 jusqu'au n°. 6.

THÈMES.

LE désir de lire des livres saints. La démangeaison de parler. Le désir de voir les villes de l'univers. La vitesse de marcher. Le temps de ceuillir les fruits du jardin. L'heure de prendre de la nour-

---

(1) Tout infinitif est un véritable substantif neutre. *Ex.* Votre savoir n'est rien, *Tuum scire nihil est.*

(2) On n'exprime point *ce*.

riture et de boire de l'eau et du vin. L'occasion de faire le bien. Le moment de s'acquitter des devoirs et d'étudier l'histoire ancienne et moderne. Le désir d'apprendre et de devenir savant et sage. La crainte de perdre la liberté. La coutume de manger du fruit des arbres.

———

Le danger de traverser le fleuve. Le devoir de défendre les sujets et les frontières de l'empire. La nécessité de mourir. Le désir de défendre la vie et la liberté des sujets. La joie de voir les amis. La coutume d'assister à la messe. La douceur de servir Dieu et de l'aimer. Le droit de commander aux peuples et de donner des lois. La nécessité de pourvoir à la santé. Le temps de chasser les sangliers. La force de commander aux passions.

VII.

SYNTAXE DES ADJECTIFS.

ACCORD DE L'ADJECTIF AVEC LE NOM.

Deus *sanctus.*

L'ADJECTIF s'accorde en genre, en nombre et en cas avec le nom auquel il se rapporte, soit qu'il soit exprimé, ou sous-entendu.

Exemple :

Dieu saint, *Deus sanctus.*

THÈMES.

Dieu bon. Le soleil beau. La bonté divine. La majesté royale. L'aigle romaine. Le soldat français. Le général intrépide. La vertu héroïque. L'amour généreux. La récompense promise. Du maître fidèle. À l'écolier sage. Du père vertueux. Du village voisin. A l'enfant modeste. De la mère prudente. La bonté aimable. La douceur agréable. Du vin délicieux. O sagesse divine! O plaisir pur et durable! De l'homme sage et modeste.

———

O joie ineffable. Les bontés célestes. O plaisirs infâmes. Les vertus admirables. Aux concerts mélodieux. Des voix douces. Les mauvaises langues. Des hommes méchans et vengeurs. Aux cruels animaux. La courte durée de la vie mortelle. Les chaînes pesantes des mauvaises habitudes. Aux suites fâcheuses des défauts honteux. O laideur détestable du vice! Aux hommes méchans et pervers de cette nation cruelle et barbare. O crime funeste!

———

A l'aimable clarté de cette lumière. Aux grands trésors de ces avares. L'ambition de ce conquérant avide. O espérance vaine des apparences trompeuses! O passion insatiable des richesses périssables! A la soif inaltérable des trésors. O flatteurs perfides des princes inhumains! O douleurs cruelles des plaies profondes! La mort assurée des hommes bons et méchans. Au temps précieux de la félicité éternelle.

———

Au malheur certain de la damnation éternelle. Les vapeurs douces et bienfaisantes de la rosée du matin. Les promesses trompeuses des hommes perfides. Aux armées nombreuses des empires florissans. Les grands arbres du jardin bon et fertile, plus fertile, très-fertile. Les belles maisons des villes riches et vastes, plus vastes, très-vastes. Les grands fleuves des provinces arides, plus arides, très-arides. O temples fameux, plus fameux, très-fameux des dieux du paganisme.

Les enfans sages et prudens de cette famille noble et ancienne. Les belles actions des anciens rois de cette nation belliqueuse. Les richesses immenses des empires vastes et puissans. Aux mœurs et aux coutumes des nations barbares. Les talens louables des auteurs romains. L'honneur et la gloire du créateur de l'univers. Les campagnes fleuries de ces provinces vastes et fertiles. La grande abondance des fruits de l'automne. Les peines et les châtimens promis aux hommes méchans et impies.

VIII.

Pater et Filius *boni.*

Quand un adjectif se rapporte à deux noms, on met cet adjectif au pluriel, parce que deux singuliers valent un pluriel.

Exemples :

Le père et le fils bons. *Pater et filius boni.*
La mère et la fille bonnes. *Mater et filia bonæ.*

THÈMES.

Le père et le fils savans, plus savans, fort savans. La mère et la fille dévotes, plus dévotes, très-dévotes. Le maître et le serviteur fidèles, plus fidèles, très-fidèles. Le prince et l'esclave confondus. Ma sœur et ma tante aimables, plus aimables, bien aimables. La vache et la génisse robustes, plus robustes, fort robustes. Le roi et la reine de cette nation, charitables, plus charitables, très-charitables. Notre chèvre et notre brebis innocentes, plus innocentes, bien innocentes.

~~~~~

Votre cheval et votre bœuf forts, plus forts, les plus forts. L'âne et le chien de ce pauvre homme, plus faibles, bien faibles. Le général et le soldat de cette grande armée, courageux, plus courageux, les plus courageux. Ce maître et ce disciple savans, plus savans, bien savans. Mon frère et mon oncle habiles, plus habiles, très-habiles. Le maître et le domestique de ce vieux château, méchans, plus méchans, très-méchans. Le chien et le chat amis.

~~~~~

Le chat et le chien ennemis cruels, plus cruels, très-cruels. Le loup et le sanglier voraces, plus voraces, fort voraces. Le tigre et le lion cruels, bien cruels. La louve et le renard très-rusés. La servante et la maîtresse de cette maison, méchantes, plus méchantes, très-méchantes. Mon père et mon oncle bons, meilleurs, bien bons. Votre mère et votre sœur petites, très-petites. Ma tante et ma cousine modestes, fort modestes. La colombe et l'hirondelle très-légères.

IX.

Pater et Mater *boni*.

Quand un adjectif se rapporte à deux noms de différens genres, l'adjectif prend le plus noble des genres. (Le masculin est plus noble que les deux autres; le féminin est plus noble que le neutre.)

Exemple :

Le père et la mère bons, *Pater et mater boni*.

THÈMES.

Votre père et votre mère dévots, plus dévots, très-dévots. Le vieux roi et la vieille reine illustres, plus illustres, fort illustres. Du vieux roi et de la vieille reine charitables, plus charitables, très-charitables. Mon frère et ma sœur contens, plus contens, fort contens. L'aigle et le corbeau légers, plus légers, fort légers. Mon frère et ma tante petits, plus petits, bien petits, mais affables, très-affables.

~~~~~~

Le lion et la lionne carnaciers, plus carnaciers, très-carnaciers. Le prince et la princesse courageux, plus courageux, très-courageux. Du lion et de la lionne cruels, plus cruels, très-cruels. L'ancien château du roi et de la reine, bons, meilleurs, fort bons. La tanière du loup et du renard rusés, plus rusés, les plus rusés. Le coq et la poule timides, plus timides, fort timides. La nourriture du coq et de la poule jolis, plus jolis, bien jolis. Le bœuf et la vache utiles, plus utiles, fort utiles.

X.

Virtus et vitium *contraria*.

QUAND les deux noms sont de choses inanimées, c'est-à dire sans vie, l'adjectif qui s'y rapporte se met au pluriel neutre. (*Il n'y a d'animés que les hommes et les bêtes.*)

Exemple :

La vertu et le vice contraires, *Virtus et vitium contraria.*

THÈMES.

Le mensonge et la vérité contraires, plus contraires, très-contraires. Le contentement et la médiocrité inséparables. La force et la vigueur indomptables. Le soleil et la lune nécessaires, plus nécessaires, fort nécessaires. La terre et la mer abondantes, plus abondantes, très-abondantes. La gloire et l'honneur aimables, plus aimables, très-aimables. L'or et l'argent méprisables, fort méprisables. Les villes et les châteaux fortifiés, plus for-
~~~~~~

tifiés , très-fortifiés. La guerre et la peste terribles., plus terribles , fort terribles.

⁓⁓⁓

Le jugement et la mort redoutables, plus redoutables, bien redoutables. L'eau et le feu opposés, plus opposés , très-opposés. Le jeu et l'oisiveté nuisibles, plus nuisibles, fort nuisibles. Le vin et l'eau nécessaires, fort nécessaires. Le blé et l'avoine précieux, plus précieux , très-précieux. La charrue et la bêche utiles, plus utiles, très-utiles. La table et le miroir commodes, plus commodes, les plus commodes. L'eau et le vin doux, plus doux , fort doux. Le temple et la maison admirables.

⁓⁓⁓

§ Mais si les deux noms de choses inanimées sont du même genre, l'adjectif qui s'y rapporte se met au genre des deux noms , ou au neutre.

Exemple :

La force et la prudence nécessaires à un général d'armée , *Fortitudo et prudentia necessariæ imperatori exercitus ,* ou *necessaria imperatori...* (sous-entendu *negotia* (1).

THÈMES.

La colère et la vengeance odieuses. La vertu et la gloire aimables, plus aimables, fort aimables. La loi et la coutume établies. La loi et la raison d'accord. L'or et le fer durs, très-durs. La douleur et la maladie insupportables, plus insupportables, très-insupportables. Le temple et l'oracle célèbres, plus célèbres, très-célèbres. La pensée et la parole

---

(1) On peut aussi ne faire accorder l'adjectif qu'avec un des substantifs : avec le premier , s'il est avant les substantifs ; avec le dernier, s'il est après. *Ex.* Nos pères nous ont donné la vie , les biens et la liberté, *Nobis à parentibus, vita , patrimonium et libertas tradita est.* C'est dans le même sens qu'on dit : *Non omnis error stultitia dicenda est* ou *dicendus stultitia est.*

semblables, plus semblables, fort semblables. La langue et la main nécessaires, fort nécessaires. La nuit et l'obscurité inséparables.

~~~~~~

La géographie et l'astronomie fort utiles et très-agréables. L'histoire et la grammaire nécessaires, et très-nécessaires. La rhétorique et la physique très-utiles et très-amusantes. La sagesse et la prudence rares, plus rares, très-rares. Le jardin et le champ fertiles, plus fertiles, très-fertiles. L'Europe et l'Asie peuplées, plus peuplées, fort peuplées. La chaleur et le soleil inséparables. L'année et le mois passés. La chute et la maladie promptes, plus promptes, bien promptes.

RÉCAPITULATION,

Depuis le n°. 7 jusqu'au n°. 10.

THÈMES.

Le froid et la chaleur utiles et nécessaires. La maison et le château de mon cousin fort anciens. La rose et le lis conservés. Le temple et la muraille renversés. L'arbre et la plante fleuris. Le départ et l'arrivée funestes. La pomme et la noix mûres, très-mûres. L'oracle et la divinité respectés. Le pain et le vin fort nécessaires. La citadelle et la muraille inexpugnables. Le fer et l'acier très-durs. Le pré et le champ verts. Le plomb et la pierre très-pesans.

~~~~~~

L'Asie et l'Afrique très-vastes et très-arides. L'arc et les flèches plus redoutables, très-redoutables. L'histoire et la fable utiles. La mort et la naissance contraires. Les pleurs et les hurlemens lamentables des misérables. Le supplice et la mort tristes. L'occasion et le moment favorables. Le principe et la fin très-opposés. La prise et le pillage horribles de cette ville florissante. L'ambition et l'avidité odieuses. La vertu et l'amitié très-aimables.

XI.

Verè sapientes.

Lorsque deux adjectifs sont joints ensemble, il est mieux de changer le premier en adverbe.

Exemple :

Les vrais sages, *Verè sapientes*. (sous-entendu *homines*).

THÈMES.

Le vrai juste. Les belles actions de nos généraux courageux. Cet homme était un vilain avare et un grand parleur. Ce général était un habile guerrier. Ce jeune homme est un vrai orgueilleux. Votre maître est un grand savant. Les Romains étaient de zélés républicains. Cet empereur était un vrai barbare. Les préceptes des vrais philosophes.

Votre père était un parfait honnête homme. Votre mère est une religieuse dévote. Votre frère est un vrai savant. Ce jeune homme est un mauvais flatteur. Ces hommes étaient de pieux solitaires et de pieux dévots. Vos frères sont de petits paresseux.

XII.

Turpe est mentiri.

L'adjectif qui ne se rapporte à aucun nom précédent se met au neutre : parce qu'alors il se rapporte à un infinitif qui est un véritable substantif neutre.

Exemple :

Il est honteux de mentir. *Turpe est mentiri.*

C'est comme s'il y avait : *Mentiri est quid turpe*, mentir est quelque chose de honteux ; ou bien, *Mendacium est turpe*, le mensonge est honteux.

THÈMES.

Il est inique de tromper. Il est odieux d'être fourbe et menteur. Il est malhonnête de parler toujours. Il est honteux d'être ignorant. Il est plus agréable et très-agréable d'être savant. Il est doux, plus doux, très-doux de protéger. Il est juste, plus juste et très-juste de récompenser. Il est nécessaire, plus nécessaire de punir. Il est pénible, plus pénible et très-pénible d'apprendre. Il est glorieux, plus glorieux et très-glorieux de vaincre.

~~~~~~~~

Il est dur, plus dur et très-dur de travailler toujours. Il serait plus doux de se reposer. Cependant il serait honteux, plus honteux et très-honteux de rester oisif. Il sera ridicule, plus ridicule et très-ridicule de jouer toujours. Il sera très-bon de cesser. Il aurait été plus agréable et très-agréable d'étudier et de lire. Il serait bon, meilleur et très-bon de connaître. Il serait insensé de croire et d'espérer. Il est doux de vivre, et amer de mourir.

~~~~~~~~

Il est fort doux de médire et de calomnier. Il vaut mieux se taire. Il est facile de nuire et de tromper. Il est doux de reposer et de dormir. Il est très-nécessaire de manger. Il est, et il sera toujours utile de lire et d'étudier. Il sera bon de se promener. Il est difficile de bien parler. Il est bon de savoir. Il serait absurde de toujours croire. Il serait long de dire et d'expliquer. Il est bon de se bien porter. Il est glorieux de vaincre, mais il est plus glorieux de pardonner.

XIII.

Deus est *sanctus*.

L'adjectif qui suit immédiatement un verbe quelconque, se met au même cas que le nom ou pronom qui précède le verbe, et auquel il se rapporte.

Exemples :

Dieu est saint, *Deus est sanctus.*

Le geai revint tout chagrin, *Graculus rediit mœrens.*

Je m'appelle lion, *Ego nominor leo.*

Aristide mourut pauvre, *Aristides mortuus est pauper.*

Socrate passait pour l'oracle de toute la Grèce, *Socrates habebatur oraculum totius Græciæ.*

Je lis content, *Ego lego contentus.*

THÈMES.

Le soleil est grand. La terre est ronde. Le temps devient froid et humide. Notre roi est toujours revenu victorieux. Nos armées reviendront triomphantes. Les mers sont très-profondes. Le ciel est très-vaste et très-beau. Le sage mourra tranquille, et l'impie désespéré. Les temples de cette ville passaient pour très-saints et très-vénérables. La modestie et la sagesse de cette jeune fille sont admirables. La pudeur et la simplicité de ce jeune homme sont rares et très-rares.

Mon père est bon et affable. Ma mère est généreuse. Nous deviendrons savans et sages. Mon frère est devenu aimable; il paraît très-instruit. Je vivrai honnête; je ne serai pas riche, mais je serai sage. Les gens de bien dorment tranquilles et paisibles. Notre cousin mourut misérable. Il était né fort robuste. Il a toujours passé pour honnête homme. L'abondance des biens a toujours été agréable. Les temples de cette ville ne sont pas très-ornés. L'ordre des saisons est invariable.

—————

Le temps est devenu obscur et froid. Les hommes sont devenus méchans et corrompus. Ces ouvriers passent pour très-habiles. Notre général était ancien, il était regardé comme très-expérimenté; il passait pour le vainqueur de cette illustre nation. Les bienfaits de Dieu sont innombrables. La prière est un devoir nécessaire. Nos armées sont très-nombreuses et très-redoutables. Votre frère mourut jeune, il s'appelait Paul. Il passait pour très-studieux et très-sage.

—————

Nous avons vécu heureux. Socrate passa pour sage, et vous passerez pour philosophe. Les armées romaines revenaient toujours victorieuses. Je me promènerai seul. Les animaux marchent courbés. Cet homme est sorti tout triste. Nous avons mangé assis. Les anciens mangeaient couchés. Nous dormons debout. Nous lisions contens. Les généraux romains marchaient glorieux et triomphans. L'armée marchait joyeuse et fière. Les amis sont nécessaires et très-nécessaires.

XIV.

Refert adolescentis esse *impigrum*.

Si cependant l'infinitif du verbe était précédé d'un nom qui fût au génitif, il faudrait mettre à l'accusatif l'adjectif qui s'y rapporte. Pour tous les autres cas, on peut mettre le même après qu'avant le verbe.

Exemples :

Il importe à un jeune homme d'être laborieux, *Refert adolescentis esse impigrum*.

Le maître m'a dit d'être sage, *Magister dixit mihi esse sapienti.*

Il n'est pas permis à Pierre d'être paresseux, *Non licet Petro esse pigro*, ou *Petrum esse pigrum*; ou bien, *non licet Petro esse pigrum*, c'est-à-dire *se esse pigrum.*

Je crois que Dieu est saint, *Credo Deum esse sanctum* (c'est-à-dire, je crois Dieu être saint.)

THÈMES.

Il importe à un général d'être courageux et intrépide. Il importe aux soldats d'être obéissans. Il est d'un écolier d'être studieux. Il est d'un juge d'être intègre. Il est d'un prince d'être doux et affable. Je crois *que* (1) vos enfans sont devenus sages. Il semble *que* vous êtes prudent. Le maître dit aux écoliers d'être sages. Il dit aux paresseux de devenir studieux. Nous pensons *que* les hommes sont trompeurs. Il importera à la société d'être tranquille et paisible.

———————

Nous disons *que* ce jeune homme sera savant. Je crois *que* votre père est malade. Il nous sera permis d'être bons et charitables. Il nous serait utile et nécessaire d'être savans. Il vous plaira d'être content. Il importe au maître d'être fin et rusé. Il importera toujours à l'homme d'être sage. Il est d'un serviteur d'être fidèle à son maître. J'ai cru *que* ces hommes étaient plus méchans. Il est nécessaire à un maître d'être rigide, mais il lui sera utile d'être doux.

————————————

(1) Ce *que* ne s'exprime pas, on met le nominatif à l'accusatif; c'est comme s'il y avait : *Je crois vos enfans être sages.* Il en est de même de tous les autres qui sont en lettres italiques, qui ne se trouvent nulle autre part dans la seconde partie, et qui ne devraient pas même se trouver ici, parce que de telles phrases sont, à notre avis, trop difficiles pour des commençans.

RÉCAPITULATION.

Depuis le n° 1 jusqu'au n° 14.

THÈMES.

ALEXANDRE-le-Grand, fils de Philippe, roi de Macédoine. Romulus, premier roi des Romains, et fondateur de la superbe ville de Rome, était petit-fils de Procas, roi des Albains. Rémus, frère de ce prince guerrier, mourut jeune. La ville de Carthage était la patrie du grand Annibal, général des armées carthaginoises. La ville d'Athènes, capitale de l'Attique, fut la patrie de plusieurs grands hommes. Elle fut la source des arts et des sciences utiles et nécessaires.

L'histoire est l'école de la jeunesse studieuse. Confucius était un Chinois d'un grand savoir et d'une grande renommée. Numa, second roi des Romains, était un prince d'une grande piété et d'une profonde politique. Il n'est pas permis aux marchands de devenir injustes et trompeurs. Il est, et il sera toujours indécent à un jeune homme d'être ivrogne et crapuleux. Il est temps de devenir sobre. Le temps de faire le bien et de fuir le mal. L'occasion de pratiquer la vertu.

L'amour déréglé des richesses est dangereux. Il est l'heure d'étudier nos leçons, et de nous acquitter de nos devoirs. Il est toujours temps de servir Dieu et de contenter nos maîtres et nos parens. Il est doux d'être aimé. Il serait inutile de parler davantage; il est bon de se taire. C'est une prudence louable d'examiner les affaires. Il est très-utile de voir et d'entendre. C'est une nécessité de lire les fables. Il sera très-utile d'apprendre la Mythologie. Il est très-bon d'être instruit.

La ville de Babylone fut le siége de Nemrod. La ville de Jérusalem fut appelée la ville sainte. Artaxercès, roi des Perses, prince d'un orgueil et d'une audace insupportables. Joseph, préfet de toute l'Egypte, était un homme d'une belle physionomie. Samuël fut le dernier juge des Hébreux. Tobie captif, d'une piété remarquable. Fénélon, archevêque de Cambrai, homme d'une grande piété et d'une profonde érudition. L'île de Délos flottait autrefois ; aujourd'hui elle est devenue stable. Hercule fut le plus illustre des héros de la Grèce.

Le Ciel passait pour le plus ancien des Dieux. Thésée était fils d'Agis, roi des Athéniens. Le jour de célébrer les sacrifices. Vous passez pour un vrai sage, et votre frère pour un grand imprudent. Il importait à votre mère d'être plus prudente. Le pouvoir de rétablir la vraie religion, et de rebâtir les temples du vrai Dieu. Saturne passe pour le premier roi du Latium. Le grand amour de défendre la patrie et les lois. Votre condisciple est un mauvais plaisant. C'est un crime de blesser et de tuer. Il est défendu de nuire aux autres.

Le cyclope Polyphême était un géant d'une taille extraordinaire. L'œil du front de ce monstre était d'une grandeur énorme. Il serait temps de lire les auteurs anciens, romains et grecs. Il est temps d'étudier les mœurs et les coutumes de ces deux peuples. C'est une erreur de croire *que* nous deviendrons savans tout-à-coup. Il vous sera très-utile d'être honnête. Il ne convient pas à l'homme d'être ignorant. Il importe à cet enfant d'être sage et modeste.

Diogène vécut pauvre. Anaxagore mourut misérable. L'avarice est une passion très-honteuse. Les passions des hommes sont naturelles et acquises. Les désirs et les fantaisies des enfans sont nombreux. Crésus, roi de Lydie, mourut très-riche. Alexandre, vainqueur de l'Europe et de l'Asie, mourut ivre ou empoisonné. Les champs de cette province sont devenus très-fertiles. Il importe aux paysans d'être laborieux. Il aurait importé aux généraux de cette armée d'être plus prudens. Je crois *que* vos élèves sont dociles et obéissans. Je croyais *que* votre père était plus savant.

Les arbres de votre verger deviennent stériles. Les montagnes de ce département paraissent arides. Nous disons *que* ces jeunes-gens ne seront pas savans; il paraît *que* plusieurs sont très-paresseux. Il est utile à un maître d'être sévère. Il est nécessaire à tous les hommes d'être sobres et modérés. Il est nécessaire à un marchand de passer pour homme de bien, et de l'être. Il n'est pas honnête de paraître fou et insensé. Il n'aurait pas été honorable à ce jeune homme d'être malpropre. Il est toujours fort agréable à un jeune homme d'être instruit.

Les écoliers paresseux seront toujours ignorans et stupides. Cet homme étranger marchait triste; il passe pour un mauvais sujet. Il vit coupable, il mourra malheureux. Cette ancienne ville et ce château passent pour imprenables. La capitale de l'Univers était appellée Rome. Néron a passé pour

le fléau du peuple romain ; il fut le premier persé-
cuteur des Chrétiens. Le sénat romain a toujours
passé pour une assemblée très-sage et très-prudente.
Il vous sera utile d'être indulgent. Il est honteux
d'être ignorant.

~~~~~~~

Le lièvre et l'aigle ennemis déclarés. Le coq
et la poule timides, très-timides. Le taureau et
la génisse gras, plus gras, très-gras. La poésie
et la musique agréables, très-agréables. Le ciel et
la terre sont vastes, très-vastes. Le soleil est l'œil
du monde. La patience et la douceur aimables,
très-aimables. La joie et la tristesse contraires. La
maladie et la mort funestes. La justice et la loi
d'accord. L'homme et la femme généreux, très-
généreux.

~~~~~~~

Le bouc et le renard très-altérés. La Fable et
la Mythologie agréables, plus agréables, très-
agréables. Le coq et la perdrix bons, meilleurs,
très-bons. Le vin et la bière amers, plus amers,
très-amers. C'est un crime de toujours boire. C'est
une grande vertu d'être sobre. L'alouette et le
moineau petits, plus petits, très-petits. Le livre et
le couteau très-nécessaires. Le bonnet et le chapeau
utiles. L'épée et le fourreau trouvés.

~~~~~~~

Les riches de cette ville passent pour très-heureux. Votre conduite, mon cher frère, ne paraît
pas la meilleure. La ville capitale de ce royaume
est appelée Paris. Votre livre est intitulé *Histoire
Romaine*. La science et la vertu sont les richesses
les plus sûres. Le feu et la chaleur sont inséparables. Nos élèves deviennent sages et studieux.
La biche et le cerf très-légers. La nuit et le jour
froids. Ce jeune homme passe pour le plus studieux
de la classe.
~~~~~~~

XV.

RÉGIME DES ADJECTIFS.

ADJECTIFS QUI GOUVERNENT LE GÉNITIF.

Avidus *laudum*.

LES adjectifs *avidus*, avide; *cupidus*, qui désire; *studiosus*, qui a du goût pour...; *peritus*, habile dans; *expers*, qui manque; *patiens*, qui souffre; *rudis*, qui ne sait pas; *memor*, qui se souvient; *immemor*, qui ne se souvient pas; *conscius*, qui sait; *anxius*, qui est inquiet; *amans*, qui aime; *doctus*, instruit de...; *fugax*, qui fuit; *appetens*, qui est passionné pour...; *tenax*, tenace; *timidus*, qui craint; *colens*, qui honore; *perferens*, qui supporte; *degener*, qui dégénère; *fastidiosus*, qui méprise; *fugitans*, qui fuit; *ferax*, fertile; *inops*, pauvre; etc., gouvernent le génitif: *plenus*, plein, et *indignus*, indigne, le gouvernent aussi quelquefois; mais ils gouvernent de même l'ablatif (1).

Exemples :

Avide de louanges, *Avidus laudum*.
Habile dans la musique, *Peritus musicæ* (2).

THÈMES.

Les avares sont avides de richesses. Tous les hommes sont, et seront avides de gloire et d'honneurs. Vos frères sont désireux du bonheur. Ils

____

(1) Tout est plein de crimes, *Omnia sceleribus plena sunt.*

(2) Il faut avoir soin, pour se conformer à la règle, de changer tous les verbes qui se trouvent dans ces thèmes en adjectifs ou en participes. *Ex.* Le peuple aime la nouveauté (*tournez*, le peuple est amateur de la nouveauté), *Populus est amans novitatis.* Il désire les richesses (il est désireux des.....), *Cupidus est divitiarum.*

ont du goût pour les sciences et les arts. Les anciens Grecs et les Romains étaient habiles dans l'architecture. Les Européens modernes sont très-habiles dans l'astronomie. Les Grecs avaient du goût pour les fables et la poésie. Nos élèves manquent d'éducation et de docilité. Les vieillards ne manquent pas d'expérience.

————

Les armées françaises ne manquent ni de discipline ni de courage. Nos généraux sont pleins de résolution et de valeur. Ils sont passionnés pour la gloire. Ils ne craignent point les périls des combats ; ils souffrent patiemment les travaux de la guerre. Ils aiment la patrie et le prince. Ils ne se souviennent point des injures de l'ennemi. Ils sont habiles dans l'art de la guerre. Ils ne dégénèrent point de la vertu de nos ancêtres.

————

Ces malheureux soldats ont souffert des douleurs aiguës. Les héros de la religion souffraient les tourmens les plus cruels. Le peuple de cette province a souffert une grande disette. Aujourd'hui il ne se souvient pas des maux soufferts ni des peines endurées. Votre frère ne sait pas l'histoire des empereurs. Les généraux ennemis ignorent la science militaire. Les scélérats de cette ville sont coupables de tous ces crimes commis.

————

Le peuple aime la nouveauté. Les écoliers manquent souvent d'argent. Les enfans de votre sœur ne connaissent ni le vice ni la vertu. Les avares se souviennent toujours des trésors enfouis. Les Romains étaient avides de gloire et d'honneur. Ils étaient aussi très habiles dans l'art militaire. Plusieurs des ouvrages de cet auteur sont pleins de fautes. Les insectes qui sont appelés sangsues, sont très-avides de sang humain. Mes frères sont habiles dans les langues ancienn es. J'ignore l'histoire grecque et romaine.

———— ～～～ ————

Tous vos élèves manquent d'obéissance et de bonne volonté. Ces jeunes gens ne sont pas coupables de cette action. Ces plaines ont été témoins de la valeur de nos soldats. Les citoyens de cette nation gardent long-temps la colère. Les soldats de cette armée ne se souviennent point des blessures reçues. Un bon prince se souvient toujours du soldat courageux et du général habile. Notre bibliothèque est pleine de bons livres, et cependant nous ignorons presque toutes les sciences et tous les arts.

———— ～～～ ————

Cupidus *videndi urbem.*

§ Quand ces adjectifs sont suivis d'un infinitif français, on met en latin cet infinitif au gérondif en *di.* Si le verbe gouverne l'accusatif, au lieu du gérondif en *di*, on se sert du participe en *dus*, *da*, *dum*, que l'on met au génitif, en le faisant accorder avec le nom, en genre, en nombre et en cas ; mais si les verbes gouvernent tout autre cas que l'accusatif, il ne faut rien changer. *Voyez ce que nous avons dit à la règle* Tempus legendi.

Exemples :

Curieux de voir la ville, *Cupidus videndi urbem*, mais mieux, *videndæ urbis.*

Désireux d'étudier l'histoire, *Cupidus studendi historiæ* (1).

____

(1) Si le verbe était passif, l'infinitif français se rendrait par l'infinitif latin. *Ex. :* Qui souffre d'être appelé, *Patiens vocari.*

THÈMES.

Je suis très-désireux d'entendre les beaux discours. Tous les hommes sont désireux d'acquérir de vastes connaissances; ils ont du goût pour étudier les auteurs anciens et modernes. Vos enfans sont ennuyés des jeux et des plaisirs, mais ils ont du goût pour s'acquitter des devoirs donnés. Ces soldats sont exempts de servir la république. Les habitans de ce village sont dégoûtés de travailler la terre. Mes frères ont beaucoup de goût pour chasser les sangliers et pour courir les cerfs.

───

Ces jeunes gens sont habiles à jouer de la harpe et du violon. Dieu se souviendra de récompenser les bons et de punir les méchans. Nous craignons toujours de nuire aux autres. Ces enfans aiment à contenter le maître et les parens. Nous aimons à oublier les injures et à nous souvenir des bienfaits. Ces hommes sont habiles à tromper les autres. Nous nous souviendrons de récompenser les élèves sages et studieux, et de punir les paresseux. Nous ne saurions favoriser le vice.

───

Mes enfans, souvenez-vous d'adorer Dieu, créateur de l'univers. Nos ancêtres étaient très-habiles à jouer de la harpe et de la trompette. Nous nous souviendrons de respecter nos maîtres et de contenter nos parens. Ne nous souvenons point de venger les injures reçues. Vous ignorez les mœurs et les coutumes des Anciens. Les législateurs de la Grèce étaient très-désireux de faire des lois justes. Les magistrats de cette ville sont très-curieux d'entendre et de voir ce célèbre orateur.

XVI.

Adjectifs qui gouvernent le génitif ou le Datif.

Similis *patris* ou *patri*.

Les adjectifs *similis*, semblable; *dissimilis*, différent; *par* ou *æqualis*, égal; *impar* ou *inæqualis*, inégal; *affinis*, allié; *insuetus*, qui n'est pas accoutumé; *assuetus*, accoutumé; *proprius*, propre à...; *contrarius*, contraire *ou* opposé, etc., gouvernent le génitif ou le datif.

Exemples :

Semblable à son père, *Similis patris* ou *patri.*
Allié au roi, *Affinis regis* ou *regi.*

THÈMES.

Les rois ne sont pas semblables aux sujets. Le jour n'a jamais été semblable à la nuit. Ce prince est allié au roi d'Espagne et à l'empereur de Russie. Le clocher de cette église n'est pas égal à cette tour. Le bœuf est différent de l'âne. Les hommes ne sont pas semblables aux bêtes; ils sont semblables à la divinité. Les chameaux ne sont pas semblables aux éléphans. Les écoliers studieux sont chers au maître. Le prince est ami de ses sujets, et les sujets sont amis du prince.

Ces enfans sont chers aux parens. Les livres de votre frère ne sont pas égaux aux vôtres. Les lois nouvelles ne sont pas semblables aux anciennes. Le propre de l'homme est de discourir. Vos raisonnemens sont contraires à la raison. Les vices de cet homme sont contraires à la nature. Ces ouvriers ne sont pas accoutumés à la fatigue. Numa, second roi des Romains, ne fut pas semblable à Romulus. La fortune de ce marchand est égale à la nôtre.

La discipline des armées romaines n'était pas semblable à la discipline des armées françaises. Les armes offensives et défensives des Anciens étaient différentes des nôtres. Les actions de cet homme sont contraires à la raison, et nuisibles au bien public. La loi naturelle, la raison et la loi divine, sont le propre de l'homme. Notre fortune n'est pas égale à la vôtre. Les Français sont alliés aux Italiens et aux Russes, et amis des Anglais.

XVII.

Adjectifs qui gouvernent le Datif.

Id mihi utile est.

Les adjectifs *utilis*, utile; *inutilis*, inutile; *commodus*, avantageux; *incommodus*, incommode; *accommodus*, propre; *infensus*, *iratus*, irrité; *gratus*, agréable; *bonus*, bon; *gratiosus*, favorisé; *habilis*, *idoneus*, *aptus*, propre; *assuetus*, accoutumé; *natus*, né, etc., gouvernent le datif. On peut cependant mettre l'accusatif avec *ad* après la plupart.

Exemples :

Cela m'est utile, *Id mihi utile est.*
Propre à la guerre, *Aptus ad militiam.*
Né pour les armes, *Natus ad arma.*

THÉMES.

La grammaire est utile et nécessaire aux enfans. Le vice est nuisible aux hommes. Le port de cette ville est très-commode pour les grands vaisseaux. Les mariniers sont accoutumés à la fatigue. Les marchandises coloniales sont utiles et nécessaires à l'Europe. La route de cette ville est commode pour les voyageurs. Les enfans de votre frère sont accoutumés à l'obéissance. Votre père était fort irrité contre votre frère et contre vous. Le Seigneur fut très-irrité contre le genre humain.

La guerre a été nuisible à la France. Ces moyens sont très-nécessaires à votre entreprise. Cette promenade est agréable à tout le monde. Les trésors sont nuisibles au bonheur de l'homme. Tous les Romains étaient nés pour les armes; ils étaient tous propres à la guerre. L'homme est né pour le travail, l'oiseau pour le vol, le bœuf pour le labour, et le cheval pour la course. Ce remède est très-facile, et il est salutaire à plusieurs personnes.

Nos élèves sont assidus au travail. Ces réglemens sont propres au gouvernement d'une maison. Virgile était né pour la poésie. Les institutions de ce gouverneur sont très-avantageuses à la société. Ces coteaux sont propres pour la vigne. Ce gouverneur était doux et traitable envers tout le monde. La viande légère est bonne à l'estomac. Nos soldats sont propres au combat. Vos conseils nous deviennent inutiles et très-inutiles.

Cette herbe est un poison fatal pour le genre humain. Notre général était cruel envers les soldats. L'ennemi vainqueur fut doux et humain envers les citoyens vaincus. Vos conseils furent très-utiles à ce malheureux marchand. Les belles actions de Louis-le-Grand seront incroyables et étonnantes pour la postérité. L'ivrognerie est un vice honteux pour tous les hommes. Les mauvaises inclinations nous sont naturelles. Nous sommes tous sujets aux maladies et à la mort. Les fruits des arbres de votre jardin sont doux à la bouche. Soyez indulgens envers vos frères.

Ce peuple est sourd à la parole de Dieu. Joseph survécut à Jacob. Ces moyens sont suspects à tous les hommes. Un tyran est odieux au peuple. Les haines et les dissensions sont dangereuses à la société. L'éducation est un trésor précieux pour la jeunesse. Louis-le-Grand, roi de France, était un prince invincible aux ennemis. L'histoire de ces nations est douteuse pour les savans. Les lois de ce royaume sont propres au bonheur des peuples. Les bêtes féroces sont nées pour le carnage et la rapine.

Corpus assuetum *tolerando laborem*, ou *labori.*

§ Quand ces adjectifs sont suivis d'un infinitif français, on met cet infinitif au gérondif en *do*, qui est ici un véritable datif. Cependant il est mieux de se servir du participe en *dus, da, dum*, que l'on met au datif, ou à l'accusatif avec *ad*, en le faisant accorder en genre, en nombre et en cas avec le nom (1).

Exemple :

Corps accoutumé à supporter le travail, *Corpus assuetum tolerando laborem*; mais mieux, *tolerando labori.*

THÈMES.

Nos troupes sont accoutumées à vaincre les ennemis de la patrie. Ces motifs paraissent propres à consoler ces malheureux. Les jeunes gens sont accoutumés à jouer à la paume. Ils sont souvent insensibles aux réprimandes. Romulus, premier roi des Romains, était accoutumé à faire la guerre. Les lois de ce prince étaient propres à adoucir les mœurs de ce peuple. Il était né pour rendre la justice. Il est utile de sortir de temps en temps.

L'amour du travail est propre à rendre la vie heureuse. L'amour de l'étude est très-propre à ren-

____

(1) Après *assuetus* et *insuetus*, on trouve souvent le verbe au présent de l'infinitif. *Ex.* : Il est accoutumé à dire vrai, *Vera dicere assuetus est.* Il est prêt à répondre, *Respondere paratus est.*

* 3

dre les hommes savans. La docilité et l'obéissance sont très-utiles pour établir le bon ordre. La prudence et le discernement sont très-nécessaires pour faire les lois. Nos armées sont toujours prêtes à marcher. Nos ancêtres n'étaient pas accoutumés à vaincre les ennemis de l'état. Les jeunes-gens non accoutumés à obéir aux supérieurs, ne seront jamais propres à commander aux inférieurs.

Le cheval est un animal très-propre à faire les évolutions militaires. Les Anciens étaient accoutumés à monter les éléphans. Ces animaux étaient plus incommodes au mouvement d'une armée. La sobriété et l'exercice sont très-nécessaires pour entretenir et fortifier la santé. La nourriture est propre à augmenter les forces du corps. Nos élèves sont très-exacts et très-prompts à obéir au maître. Nos soldats sont accoutumés à supporter les travaux de la guerre, et à vaincre les ennemis de l'état.

XVIII.

Adjectifs qui gouvernent l'Accusatif avec ad.

Propensus *ad lenitatem.*

Les adjectifs *propensus, pronus, proclivis,* porté à....., et la plus grande partie de ceux dont nous avons parlé dans la règle précédente, gouvernent l'accusatif avec *ad.* Les adjectifs en *bundus* gouvernent l'accusatif sans la préposition *ad,* lorsqu'ils viennent d'un verbe qui régit ce cas (1).

____

(1) On trouve, surtout dans les poëtes, avec un accusatif les adjectifs qui expriment quelle est une chose. *Ex. :* Ayant le pied nu, *Nuda pedem* (sous-entendu, *secundum* ou *per.*) Semblable à une divinité par le visage et les épaules, *Os humerosque deo similis.* Virg.

Exemples :

Porté à la douceur ; *Propensus ad lenitatem.*
Ravageant les campagnes, *Populabundus agros.*

THÊMES.

Tous les jeunes-gens sont portés au jeu. Tous les hommes sont portés au vice. Les écoliers sont, et seront enclins à la paresse et à la désobéissance. Les philosophes sont portés à la tolérance. L'ours et le tigre féroce, ravageant les villes et les provinces. Les brebis fuyant les loups. Les renards fuyant les chiens de chasse. Vos condisciples paraissent très-portés à l'étude des sciences et des arts. Les anciens tyrans étaient très-enclins à la cruauté et à tous les vices. César, général des armées romaines, était porté à la clémence et à la douceur. Les deux coupables furent conduits au supplice.

Annibal vainqueur ravageant les villes et les campagnes de l'Italie. Les ouvriers de cette ville sont portés à l'ivrognerie et à la débauche. Les méchans sont toujours prêts à faire le mal. Le cœur de l'homme est porté aux plaisirs et à la volupté. Ces jeunes-gens sont très-enclins à l'oisiveté et au jeu. Henri-le-Grand, roi de France, était d'un caractère porté à la clémence et à la douceur. Les soldats vaincus, fuyant et évitant les troupes ennemies. Les lièvres sont portés à la crainte et légers à la course.

Pronus ad *irascendum.*

§. Quand ces adjectifs sont suivis d'un infinitif français, on met en latin cet infinitif au gérondif en *dum*, qui est un véritable accusatif. Il serait encore mieux de se servir du participe en *dus, da, dum*, en le faisant accorder avec le nom, en genre, en nombre et en cas.

Exemples :

Prompt à se mettre en colère, *Pronus ad irascendum* ; à venger les injures, *ad ulciscendas
injurias.*

THÈMES.

Ces remèdes simples paraissent propres à guérir
cette maladie. Les pauvres sont accoutumés à souffrir les privations. Les philosophes sont portés à
pardonner les injures et à tolérer les abus. Ces jeunes
gens passent pour très-méchans et très-prompts à
frapper les autres. Les récits de ce voyageur paraissent propres à nous consoler Les enfans sont toujours prêts à rire et à badiner. Ils sont très-portés
à jouer à la paume et à s'amuser.

~~~~~~

Virgile et Ovide étaient nés pour faire des vers,
et pour chanter les exploits des hommes. Les soldats
romains semblaient nés pour faire la guerre, pour
battre les ennemis, pour prendre les villes et les provinces. Le temps est très-propre à ceuillir les fruits
de la terre et à voyager. Tous les soldats de cette
armée sont prêts à vaincre ou à mourir. Les oiseaux
sont nés pour voler, les chevaux pour courir, les
bœufs pour labourer, et les hommes pour travailler.
Le maître est très-exact à punir, lorsque les écoliers
ne sont pas prompts à obéir.

XIX.

Adjectifs qui gouvernent l'Ablatif.

Adolescens *virtute* præditus.

Les adjectifs *præditus,* doué de... ; *contentus,*
content de... ; *cumulatus,* comblé de... ; *onustus,*
oneratus, chargé de... ; *confectus,* fait de... ; *orna-
tus,* orné de... ; *captus,* perclus ; *cassus,* vide ;
~~~~~~

dives, riche ; *inops*, pauvre ; *extorris*, exilé ; etc.,
gouvernent l'ablatif. *Dignus*, digne ; *indignus*,
indigne, etc., le gouvernent aussi ; cependant
on les trouve souvent avec le génitif, ainsi que
plenus, plein (1).

Exemples :

Jeune homme doué de vertu, *Adolescens virtute præditus.*

Content de son sort, *Contentus suâ sorte.*

THÉMES.

Cet enfant est indigne de notre tendresse et
de nos soins. Le maître n'est pas content de la
conduite ni du travail de ces jeunes-gens. Auguste, empereur romain, fut digne de l'empire
du monde. Les enfans doués de l'amour du travail sont dignes de notre estime et de nos louanges.
Votre oncle est un homme doué de tous les talens
nécessaires. Les soldats de ce prince étaient transportés de colère et de fureur ; ils étaient accablés
de misère.

Les princes qui sont bienfaisans sont dignes de
l'amour des peuples. Cette jeune fille est douée
d'une grande vertu et d'une grande modestie. Le
sage est toujours content de la fortune, bonne ou
mauvaise. Les anciens romains étaient doués d'une
très-grande intrépidité et d'un très-grand courage.
Les exploits de ce général sont dignes de récompense. Les anciens Grecs et les Romains étaient
armés de dards, de flèches, d'un bouclier et d'un
arc.

____

(1) Tout est plein de fous, *Stultorum plena sunt omnia.*
Cic.

Tout jeune homme non doué de vertu est indigne de notre amour et de notre estime. Les belles actions des anciens généraux grecs et romains sont dignes d'éloges et d'admiration. Les pauvres de cet hôpital sont tous revêtus de mauvaises étoffes. La mort de la mère et des enfans est digne de mémoire. Le père de ce jeune homme était riche en troupeaux ; mais il était perclus des pieds, des mains, privé de jugement et de résolution.

XX.

Res *visu* mirabilis, *ou* Mirabile *visu*.

Après les adjectifs *admirabilis*, *mirabilis*, admirable à... ; *facilis*, facile à...; *difficilis*, difficile à..., etc., on met l'infinitif français au supin en *u* (1), si le verbe dont on se sert en a un ; s'il n'en a point, on tourne la phrase en sorte que le verbe soit au présent de l'infinitif.

Exemples :

Chose admirable à voir, *Res visu mirabilis*, ou *Mirabile visu* (2).

Ma leçon est difficile à étudier (le verbe *studeo* n'a point de supin, il faut donc tourner la phrase de cette manière : Il est difficile d'étudier ma leçon), *Difficile est studere lectioni meæ.*

____

(1) On peut se servir du gérondif en *dum* avec *ad*, et dire : *Res ad inveniendum difficilis ; ad audiendum jucunda*, chose difficile à trouver, agréable à entendre.

(2) Quand on n'exprime pas le mot *chose*, l'adjectif latin se met au neutre.

THÈMES.

Les ouvrages de ce célèbre auteur sont difficiles à traduire. La langue latine est difficile à apprendre. La musique est admirable à entendre. La langue italienne est très-facile à comprendre. Ces dogmes sont difficiles à concevoir et à croire. L'occasion de devenir riche est facile à manquer. Les mathématiques sont faciles à ignorer. L'histoire romaine est admirable à lire et à étudier. Les moyens nécessaires ne sont pas très-aisés à trouver.

Les punitions infligées sont aisées à subir. Il est difficile de nuire à nos ennemis. Votre écriture est aisée à lire. Votre cheval est facile à monter. La langue anglaise n'est pas facile à prononcer. Les mauvais penchans sont extrêmement difficiles à corriger. Les passions des hommes sont très-difficiles à modérer. Les plaintes ne sont pas aisées à entendre. Vos remèdes ne sont pas faciles à prendre. Les fruits de ces arbres ne sont pas doux à manger. Notre vin est amer à boire.

Ces énigmes sont difficiles à expliquer. L'exemple de ces jeunes-gens est dangereux à imiter. Tous les paradoxes de cet auteur sont difficiles à croire et à concevoir. Le champ de bataille était horrible à voir. Il est très-difficile de déraciner les mauvaises habitudes. Il n'est pas difficile de nuire à la république. Il est honorable de triompher. Il est dur d'être vaincu. La langue grecque est difficile à étudier et à apprendre.

RÉCAPITULATION

DES ADJECTIFS,

Depuis le n°. 15, jusqu'au n°. 20.

LES princes sont avides d'honneur et de gloire; ils sont désireux d'un grand nom. Ils ont du goût pour l'art militaire, et ils ne manquent pas de prétexte pour faire la guerre, ni de courage pour vaincre les ennemis de la patrie. Ils oublient souvent les délices de la cour, et se souviennent seulement des lauriers de Mars. La valeur et la résolution sont alliées au génie et à la prudence. Le discernement et la sagesse égalent les autres qualités.

Un bon gouvernement est propre à rendre un peuple heureux. La bonne discipline est très-nécessaire pour faire avantageusement la guerre. Une bonne nourriture est propre à rendre les hommes forts et robustes. La nature est semblable à une bonne mère. Les soldats de cette nation sont accoutumés au carnage et au pillage des villes vaincues. Ils sont toujours prêts à massacrer les vaincus et à enlever les richesses des villes prises.

Un homme doué de toutes les vertus et de tous les talens, serait propre à tout faire : ce serait une créature admirable à voir. La vertu est très-nécessaire pour bien vivre. La baleine est un poisson rare à voir, et difficile à prendre. La langue française est très-difficile à apprendre. Le procès de votre père n'est pas indigne de soins. La peste est un grand fléau, ravageant les armées, les villes et les provinces.

Nous sommes tous désireux d'acquérir une bonne réputation ; cependant nous ne sommes pas tous dignes de l'estime publique. La gelée est très-propre à purger la terre et à chasser les maladies. Tous ces établissemens sont propres à rétablir le bon ordre de la société. Ces instructions sont propres à instruire la jeunesse. Les Grecs et les Romains étaient très-désireux d'un grand nom. Ces deux peuples étaient très-portés à la superstition. Les principes de la grammaire sont faciles à entendre. Les anciens poëtes passent pour être difficiles à expliquer.

XXI.

SYNTAXE DES COMPARATIFS.

Doctior *Petro.*

Après le comparatif exprimé par un seul mot latin, on met le nom à l'ablatif en supprimant le *que.* Lorsqu'on veut l'exprimer, on l'exprime par *quàm,* et l'on met après, même cas que devant.

Exemples :

Plus savant que Pierre, *Doctior Petro.*
Paul est plus savant que Pierre, *Paulus est doctior quàm Petrus.*
Je ne connais personne plus savant que Paul, *Neminem novi doctiorem quàm Paulum,* ou *Paulo doctiorem,* en supprimant le *que,* etc. (1).

---

(1) Cicéron met le nominatif après *quàm,* quoiqu'il y ait l'accusatif avant ; mais il ajoute le verbe *sum,* ce qu'il faut toujours faire, lorsque le comparatif est à un autre cas que le nominatif ou l'accusatif. *Ex. : Magis idoneum quàm ego sum, reperies neminem,* Vous ne trouverez personne plus propre que moi.
Dans la comparaison, après *que,* il y a un nom ou un verbe de sous-entendu ; ainsi, pour savoir à quel cas il faut

THÈMES.

L'or est plus précieux que l'argent. L'usage du fer est plus fréquent que l'usage de l'or. Le soleil est plus grand que la lune. Je ne connais aucun prince plus illustre que Marc-Aurèle. Je (1) n'ai vu aucune ville plus belle que Paris. Votre oncle habite dans le palais d'un roi plus orgueilleux et plus riche que Crésus. Votre berger chante mieux que le nôtre. Vos champs et vos prés sont plus fertiles que les miens.

***

Le lion est plus fort que le loup. Le renard est plus rusé que le chien. Les chats sont plus habiles que les rats. Cet officier était fils d'un prince plus sage et plus doux que vous. J'ai habité dans une ville plus grande et plus riche que Turin. Nous vîmes un vieux singe plus farceur que le nôtre. Edouard est plus grand que Victor, mais il est moins sage que lui. La terre est moindre que le soleil.

***

Pierre est plus studieux et plus sage que Paul. Annibal était plus habile dans l'art militaire que Flaminius. Les tigres sont pires que les lions. Je ne connais aucun animal plus fort que l'éléphant. J'ai écrit des lettres plus courtes que les vôtres. Ces moyens seront plus utiles à votre père qu'à nous. J'ai vu un maître plus savant que Théophile. Le firmament est plus beau que la terre. Une paix durable nous est plus nécessaire que les plus

---

mettre le nom ou pronom qui est après *quàm*, il faut examiner ce qu'il y a de sous-entendu. *Ex.* : Je lis le livre d'un homme plus savant que moi, *Lego librum hominis doctioris quàm ego sum.*

(1) Il se trouve dans ces thèmes plusieurs verbes qui ont un régime, ce qui semble devancer; mais la règle le demande.

grandes victoires. Je n'ai vu aucun empereur plus cruel que Néron (1).

XXII.

Felicior quàm *prudentior*.

Feliciùs quàm *prudentiùs*.

Quand, après un comparatif, le *que* est suivi d'un adjectif ou d'un adverbe, cet adjectif ou cet adverbe se met au comparatif, et au même cas que le premier.

Exemples :

Plus heureux que prudent, *Felicior quàm prudentior*.

Plus heureusement que prudemment, *Feliciùs quàm prudentiùs*.

THÈMES.

La voix du chantre de notre église est plus douce que forte. Le chant du rossignol est plus harmonieux que fort. Les fruits des arbres de notre jardin sont plus beaux que délicieux. Les marchands de cette ville sont plus riches que charitables. Les généraux de nos armées sont plus courageux que téméraires. Ils combattent plus vaillamment que témérairement. Ils agissent plus prudemment que précipitamment. Les expressions de cet auteur sont plus usitées qu'élégantes. J'ai écrit des lettres plus longues que précieuses.

---

(1) Il est bon de remarquer que la comparaison ne retombe pas toujours sur le comparatif qui précède le *que*, mais souvent sur le nominatif de la phrase. *Ex.* : Personne ne peut vous donner de meilleurs conseils que moi, *c'est-à-dire*, de meilleurs conseils que ceux que je puis vous donner, *Nemo tibi dare potest meliora consilia quàm ego* (sous-entendu *possum tibi dare*).

Le plomb est un métal plus lourd que précieux. L'explication des auteurs latins est plus difficile que facile. J'ai vu un discours plus énergique qu'éloquent. Votre pie est plus noire que blanche. Ce merle chante plus mélodieusement que justement. Nous parlons plus correctement qu'élégamment. Cette route est plus longue que large. Nous avons parlé à un général plus hardi qu'habile. J'indiquerai un moyen plus court que facile. Je connais une histoire plus utile qu'amusante.

~~~~~

Votre père a vendu un cheval plus fort que beau. Nous avons acheté un champ plus vaste que fertile. L'armée a traversé une forêt plus escarpée qu'épaisse. Elle a passé un fleuve plus profond que rapide. Les lois de cette nation étaient plus justes que sévères. Le prince a donné une épée à un général plus audacieux que sage. Cet homme chantait plus justement que mélodieusement. Cet orateur parlait plus éloquemment que prudemment. Votre père a bâti une maison plus belle que grande. Ces historiens ont écrit plus négligemment que correctement.

XXIII.

Magis pius est *quàm doctus.*

QUAND l'un des adjectifs ou adverbes latins n'a point de comparatif, on exprime *plus* par *magis* avec deux positifs, et le que s'exprime toujours par *quàm*, avec même cas après que devant.

Exemple :

Il est plus pieux que savant, *Magis pius est quàm doctus* (sous-entendu *magis* (1).

______

(1) Presque tous les adjectifs qui finissent par *eus, ius, uus,* n'ont ni comparatif ni superlatif en latin.
~~~~~

THÊMES.

Votre frère est plus assidu qu'attentif. Votre oncle est plus inquiet que content. Les juges de ce tribunal sont plus équitables qu'iniques. L'orgueil est plus opposé à l'humilité qu'aux autres vertus. Le conseil de votre père est plus douteux que certain. Les arbres de ce verger sont plus minces que forts. Les ouvrages de ce grand homme sont plus impies qu'instructifs. Victor et Auguste sont plus industrieux que sages. Antiochus était plus méchant que bon. Les magistrats de cette ville sont plus iniques que justes.

━━━━━

Les assassins de cet homme étaient plus criminels qu'innocens. Le mouvement des astres est plus continuel que régulier. Annibal, général des armées africaines, était plus brave que sage. Je suis plus accoutumé à la fatigue que mon frère. Ce général est plus téméraire que sage. Votre bourse est plus vide que la bourse du prince. Les couleurs de ce grand tableau sont plus variées que distinctes. Nous serions plus propres à remplir cette fonction que cet étranger.

━━━━━

Le château de mon oncle est plus long que large. Cette science est plus nécessaire qu'utile. Les généraux de cette armée ont agi plus prudemment que témérairement. Votre frère est plus remarquable que vous. Le cordonnier et le tailleur étaient plus ivres que les autres. Ces jeunes gens sont plus portés au vice qu'à la vertu. L'orgueil est plus opposé à notre bonheur, qu'il n'y est utile. Ce prince est plus ambitieux que modéré. Ces conseils sont plus nécessaires qu'utiles. Nos soldats sont plus téméraires que hardis.

XXIV.

Majori virtute *præditus*.

Quand l'adjectif français se rend en latin par deux mots (un adjectif et un nom), l'on exprime plus par *major*, *majus*; et moins, par *minor*, *minus*, que l'on fait accorder avec le nom.

Exemples :

Plus vertueux, *Majori virtute præditus*.

Moins vertueux, *Minori virtute præditus* (c'est comme s'il y avait, *doué d'une plus grande, d'une moindre vertu.*)

THÈMES.

Nous sommes assurément moins vertueux et moins sages que nos ancêtres. Les juges de ce tribunal sont plus iniques et plus injustes que les nôtres. Les citoyens de cette ville sont plus vertueux qu'estimés. Cette bonne mère était plus vertueuse et plus charitable que ses filles. Nos généraux sont doués de plus grands talens que les généraux ennemis ; ils sont doués d'un plus grand génie et d'une plus grande connaissance de l'art militaire que les Anciens.

XXV.

Doctior est *quàm putas*.

Si le *que*, après le comparatif, est suivi d'un verbe, on exprime toujours *que* par *quàm*, et l'on met le verbe en latin au même temps que dans le français.

Exemples :

Il est plus savant que vous ne pensez, *Doctior est quàm putas*.

Rien n'est plus honteux que de mentir, *Nihil turpius est quàm mentiri* (1).

THÊMES.

L'empereur de la Chine est plus sage que vous ne pensez. Je suis plus riche et plus fort que vous ne voudriez. Cet enfant est plus jeune que vous ne croyez ; il est moins (2) sage que vous ne désireriez. Le combat des Gaulois et des Romains fut plus horrible que ne dit cet historien. Cette montagne est plus haute qu'elle ne paraît. Vous êtes resté plus long-temps qu'il ne fallait. Ce fleuve est plus rapide qu'il ne paraît.

———

Notre homme d'affaires est plus sage que savant (3). Vos enfans sont plus orgueilleux qu'obéissans. Votre mère est plus propre et plus pieuse que votre sœur ; elle prie plus pieusement que vous ; elle est plus humble que vous ne pensez ; elle est plus assidue à la prière que vous ; elle est plus religieuse que les autres femmes. Nos soldats ont combattu plus courageusement que vous ne pensez. Je hais plus votre frère que mon ennemi mortel (4).

XXVI.

SYNTAXE DES SUPERLATIFS.

Rosa est (flos) pulcherrimus florum.

Le superlatif veut le nom pluriel qui le suit, et dont il prend le genre, au génitif, ou à l'accusatif

---

(1) *Ne*, qui suit le comparatif français, ne s'exprime point en latin.

(2) *Moins*, devant un adjectif, s'exprime par *minus*.

(3) On peut dire, *doué d'une plus grande sagesse*.

(4) Avec *odisse* et *fugere*, *plus* se rend par *pejus*. *Ex :* Je ne hais personne plus que lui, *Quo neminem pejus odi.* Cicér.

avec *inter*, ou à l'ablatif avec *ex*. Lorsque le nom qui le suit est singulier, le superlatif ne s'accorde pas avec ce nom ; il ne gouverne que le génitif.

Exemples :

La rose est la plus belle des fleurs, *Rosa est* (flos) *pulcherrimus florum*, ou *ex floribus*, ou *inter flores*.

Le plus riche de la ville, *Ditissimus urbis*.

THÈMES.

Le philosophe Socrate était le plus sage et le plus savant des Athéniens. La famille de ce grand prince est la plus noble de l'empire. La justice est la plus belle des vertus. La vertu est le meilleur trésor de l'homme. Votre frère n'est ni le plus savant ni le plus studieux de nos élèves. L'âne est le plus patient et le plus stupide des animaux. Les troupes françaises sont les mieux disciplinées de l'Europe. La rose est la plus jolie des fleurs (1).

Le Louvre est le plus beau des monumens de Paris. Le plus grand fleuve de l'Europe est le Danube. Paris est la plus grande cité de l'Europe. Le soleil est le plus grand des astres. Le meilleur de mes amis est mort. Le rhinocéros est le plus gros des animaux du cabinet de l'histoire naturelle. Le prince le plus illustre du royaume a péri. La plus

(1) Quand le superlatif est entre deux substantifs qui ont rapport entre eux, on peut le faire accorder avec le premier ou le second indifféremment ; mais il s'accorde mieux avec le premier. *Ex. :* La rose est la plus belle des fleurs, *Rosa est florum pulcherrima* ou *pulcherrimus florum* (sous-entendu *flos*).

belle maison de cette ville a été brûlée. La baleine est le plus gros des poissons de l'Océan.

———

L'arbre le plus long et le plus gros de cette vaste forêt. La ville de Paris est la plus grande et la plus belle de toute l'Europe. Les plus riches marchands de cette ville deviennent injustes. Achille passait pour le plus grand héros de la Grèce. Le moindre de vos services est un grand bienfait. Mon oncle est le moins complaisant de tous mes parens. Cet enfant est le moins sage de tous. Il est le plus petit de tous vos frères.

———

Le renard est le plus rusé de tous les animaux. La guerre et la peste sont les plus horribles de toutes les calamités. César fut le meilleur de tous les généraux romains. Le père de ce jeune homme est le plus instruit des habitans de ce village. La ville de Londres est la plus grande et la plus peuplée de l'Angleterre. Le temple de Jérusalem était le plus célèbre de l'Univers. Le plus grand de tous les maux est le péché. Homère était le plus savant des Grecs. Les montagnes des Alpes sont les plus hautes du royaume de France. Cicéron et Démosthène sont les plus célèbres des anciens orateurs.

XXVII.

Validior *manuum*.

QUAND on ne parle que de deux choses, au lieu du superlatif qui est dans le français on met le comparatif en latin. On met encore le comparatif au

lieu du superlatif, quand les adjectifs n'ont point
de superlatifs (1).

Exemples :

La plus forte des deux mains, *Validior ma-
nuum.*

La plus jeune d'entre les abeilles, *Adolescentior
apum.*

THÈMES.

La plus riche des deux villes de cette province
a été rasée. Les plus jeunes des sénateurs sont morts.
L'humilité et la justice sont deux vertus ; l'humilité
est la plus belle des deux. Le plus grand des deux
astres est le soleil. Victor est le plus sage de vos
deux frères. Sophie est la plus aimable de vos deux
sœurs. La maison de votre père est la plus haute et
la plus longue des deux. Votre opinion est la plus
absurde de toutes.

————

Les plus vieux de l'assemblée ont consenti. Virgile est le plus élégant de ces deux poëtes. L'histoire romaine est la plus amusante de vos deux
histoires. L'or et l'argent sont deux métaux, mais
l'or est le plus précieux des deux. Le catéchisme est
le plus utile de ces deux livres. La plus petite de ces
deux statues est très-vraisemblablement l'ouvrage
du plus habile de ces deux architectes. Votre voix
est la plus basse de toutes.

————

(1) Les auteurs latins emploient le comparatif, quoique
la comparaison soit entre plus de deux choses ou de deux
personnes. *Ex. :* La plus excellente des choses, *Cæterarum
rerum præstantior.* Cicér. Les plus courageux des animaux,
Animalium fortiora, Plin.

Le plus ancien de ces soldats chantait mélodieusement. L'armée française est la mieux disciplinée des deux. Hector était le plus célèbre et le plus vaillant des deux princes ; mais Pâris était le plus jeune. Le royaume d'Angleterre est peut-être le plus riche, mais le royaume de France est le plus beau. Le plus jeune de vos frères est dangereusement malade. Londres, capitale de l'Angleterre, et Paris, capitale du royaume de France, sont deux villes très-célèbres ; Londres est la plus vaste, et Paris la plus célèbre.

XXVIII.

Maximè omnium *conspicuus.*

QUAND l'adjectif latin n'a point de superlatif, on se sert de *maximè* ou de *per*, avec le positif (1).

Exemples :

Le plus remarquable de tous, *Maximè omnium conspicuus.*
Le plus illustre, *Perillustris.*

THÈMES.

La mère de ce jeune homme est la plus pieuse des femmes de cette ville. La chose la plus nécessaire à l'homme est le salut. Votre frère n'est ni le plus assidu des écoliers du collége, ni le plus pieux de vos frères. L'orgueil est le vice le plus contraire à l'humilité. Le conseil de cet avocat est le plus

(1) L'adjectif latin a encore la force du superlatif quand il est précédé d'un de ces adverbes : *Admodùm, apprimè, valdè, sanè, imprimis, planè, benè, egregiè, mirè,* etc. *Ex. :* Un homme très-sensé, *Egregiè cordatus homo.* Cicéron.

douteux de tous. Le plus jeune des généraux est parti. Le plus ancien des sénateurs a parlé le premier. Le plus remarquable du royaume est mort.

～～～～

Les ouvrages de ce célèbre auteur sont les plus recherchés de tous. Antiochus était le plus impie de tous les princes. Robin était le plus inique de tous les juges de cette ville et du royaume. Le plus nuisible de tous les vices est l'orgueil. Le mouvement du soleil est le plus continuel et le plus réglé de tous les mouvemens. Turenne a été le plus brave de tous les généraux ; il était le plus modeste et le meilleur de tous les capitaines.

～～～～

Le temple de Jupiter était le plus remarquable de tous les temples de Rome. Asa fut le plus pieux de tous les rois de Juda. Baltazar fut le plus impie et le plus sacrilége de tous les rois de Babylone. Alexandre, fils de Philippe, roi de Macédoine, était le plus vaillant et le plus ambitieux des hommes. Néron, empereur romain, fut le plus méchant et le plus insensé de tous les princes. Samson, dernier juge des Hébreux, a été le plus vigoureux des hommes.

XXIX

Unus *militum*, etc.

Les noms que l'on appelle *partitifs*, c'est-à-dire qui marquent la partie d'un plus grand nombre, comme *unus*, *duo*, etc. ; *quis*, *aliquis*, *nemo*, *quidam*, etc., gouvernent le même cas que le superlatif.

Exemple :

Un des soldats, *Unus militum*, ou *ex militibus*, ou *inter milites* (1).

THÊMES.

Un de mes amis est venu hier. Quelqu'un de mes parens viendra demain. La plupart des hommes sont malheureux. Un de ces scélérats a été pris. La plus considérable des villes de cette province a été rasée. Une de ces belles maisons a été vendue. Quelqu'un de mes amis est mort. Une de vos sœurs travaille. Qui de nous est content de la fortune? Qui de vous sera digne de cette récompense? Qui est celui d'entre eux qui désire obtenir le premier prix?

~~~~~

Quelques-uns de nos soldats ont déserté. Plusieurs d'entre eux ont été arrêtés. Une infinité de nations sont encore idolâtres. La plupart des Anciens étaient très-superstitieux. Quelques historiens, des plus dignes de foi, parlent de la sorte. Une multitude de gens, des plus expérimentés et des plus habiles dans cet art, sont désireux de voir vos productions. La plupart ignorent les moyens d'acquérir ces connaissances. La plus grande partie des savans désirent d'apprendre davantage.

XXX.

Optimus quisque illi favet.

QUAND le superlatif pluriel n'est pas suivi d'un génitif, il faut ajouter *quisque* au superlatif latin.

______

(1) Qui de nous? *Quis nostrûm?* et non pas *nostri*. Qui de vous? *Quis vestrûm?* et non pas *vestri* (on ne se sert de *nostri*, *vestri*, qu'après un verbe ou un nom qui n'est point partitif).
~~~~~

Exemple :

Les plus honnêtes gens le favorisent, *Optimus quisque illi favet* (1).

THÈMES.

Les plus gens de bien sont les plus pauvres de cette ville. Les soldats les plus courageux ont combattu vaillamment. Les princes les plus sages sont désireux du bonheur des peuples. Les hommes les plus savans étudient toujours. Les gens les plus ignorans ne sont point désireux d'apprendre. Les histoires les plus amusantes et les plus intéressantes sont propres à instruire les hommes. Les monumens les plus beaux de Rome sont le Panthéon et la Rotonde.

~~~~~~

Les lois les plus sévères sont les plus utiles à la société. Les coutumes les plus anciennes sont les plus estimées. Les juges les plus intègres sont, et seront toujours les meilleurs. Les crimes les plus grands sont connus à ces scélérats. Les vertus les plus belles sont inconnues à ces jeunes-gens. Les vices les plus honteux ne sont pas odieux à ce jeune homme. Les enfans les plus sages et les plus studieux seront les mieux récompensés.

~~~~~~

Quelques-unes des questions déjà avancées sont difficiles, très-difficiles à décider. Un des plus savans de cette société est très-désireux de connaître l'auteur de ces ouvrages. Qui de nous est content de son sort ? Qui de nous est habile à expliquer les énigmes ? Le plus prudent ne sera pas exempt de

____

(1) C'est comme s'il y avait, *chaque homme le plus honnête.*

On trouve le comparatif après *quisque. Ex. :* Les plus graves et les plus honnêtes gens, *Quisque gravior homo atque honestior.* Cic.

faute. Quelques-uns de nos élèves sont indignes
de récompense. La plupart des hommes deviennent
injustes et trompeurs. Le plus sage est sujet à quelques petites faiblesses.

RÉCAPITULATION.

Depuis le n°. 21. jusqu'au n°. 30.

THÊMES.

Rome fut plus forte que Carthage. Les Romains
furent plus puissans que les Carthaginois. Je n'ai
lu aucune histoire plus amusante que l'histoire romaine. Aucun peuple ne fut plus superstitieux que
le peuple romain. Les sénateurs de Rome étaient
doués d'une grande sagesse et d'un grand jugement.
Les lois romaines sont les plus justes de toutes les
lois des anciens peuples. Cicéron était le plus grand
et le plus éloquent orateur de l'antiquité.

Annibal, général des Carthaginois, était plus
courageux et plus rusé que sage. Scipion était plus
superstitieux que pieux. Le plus sage des deux était
Scipion ; le plus rusé était Annibal. Il n'était pas
le plus téméraire. Socrate est le plus remarquable
des Grecs. Qui de nous n'aurait été désireux de
voir ce grand homme ? Les plus savans sont curieux
de lire la vie de ce philosophe. Les rois les plus
puissans étaient désireux de le voir et de l'entendre. Il était plus instruit que vous ne pensez.

La coutume de ce pays est plus ancienne que
cette loi. Le législateur Solon était plus sage que
les autres Spartiates. Je n'ai vu aucun peuple plus
belliqueux que le peuple romain. Xerxès fut le

plus insensé de tous les rois de Perse. Personne de vous n'ignore l'histoire de ce prince. Les orateurs les plus éloquens n'égalent pas Démosthène ni Cicéron. Rien n'est plus horrible que de tomber entre les mains du Dieu vivant. L'homme le plus instruit ignore beaucoup de choses.

XXXI.

SYNTAXE DES VERBES.

ACCORD DU VERBE AVEC LE NOMINATIF OU SUJET.

Ego audio.

Tout verbe qui n'est pas à l'infinitif s'accorde avec son nominatif, en nombre et en personne : or, le nominatif d'un verbe est toujours le mot qui répond à la question *qui est-ce qui?* faite sur le verbe.

Exemples :

J'écoute, *Ego audio.* D. *Qu'est-ce qui écoute?* R. *C'est moi.* Donc *moi* est le nominatif du verbe *écoute.* Vous enseignez, *Tu doces.* D. *Qui est-ce qui enseigne?* R. *C'est vous* ou *toi.* Donc *vous* est le nominatif du verbe *enseigner,* etc.

THÈMES.

(1) Nous travaillons, et vous êtes oisifs. Je cours, et vous êtes assis. Je dors, et vous chantez. Vous montez, et nous descendons. Vous parliez, et je

_____

(1) On sous-entend ordinairement le nominatif : ainsi, l'on dit simplement, *audio, doces, legit,* au lieu de dire, *ego audio, tu doces, ille legit.* Il faut cependant l'exprimer, quand il y a deux verbes dont le sens est opposé, ou quand la phrase contient quelque chose de vif, *Ex.:* Vous riez, et je pleure, *Tu rides, ego fleo.* Il faut encore l'exprimer quand on fait quelque reproche. *Ex. :* Vous osez mentir ainsi, *Tu mentiri sic audes!*

mangeais. Nous chanterons, et vous pleurerez. Nous sortions, et vous entriez. Votre frère arrivait, et je partais. Tu veillais, et je dormais. Nous lirons, et vous écrirez. Le riche se repose, et le pauvre travaille. Nous irons, et vous viendrez. Que nous fussions partis. Que vous eussiez lu. Que votre sœur eût écrit.

~~~~~~

Chantez, et nous écouterons. Travaillez, et vous gagnerez. Allez, et vous reviendrez. Que je me lève. Que tu te couches. Qu'ils écrivent. Les enfans badinent, et les grands travaillent. La loi commande et défend. Qu'ils eussent obéi. Qu'il punisse. Qu'ils récompensent. Que l'orateur parle, et que le peuple écoute. Que le domestique serve, et que nous mangions. Les lièvres ont couru, et les chiens ont suivi. Nous avions désespéré, et vous aviez confiance.

~~~~~~

Nous flattions, et vous menaciez. Nous avons favorisé. Ils se sont réjouis. Qu'il nuise. Qu'il soit battu et détruit. Je serai aimé. Vous avez été averti. Ces livres ont été lus. Votre discours a été écouté. Ces moyens ont été employés. Nos plaintes ont été inutiles. Cette loi fut violée. Ils ont été méprisés. Ils avaient été appelés. Ils seront instruits. Qu'ils soient conduits. Qu'ils soient attachés. Que nous eussions été avertis.

XXXII.

Petrus et Paulus *ludunt*.

Ego et tu *valemus*.

QUAND un verbe a deux nominatifs singuliers, on met ce verbe au pluriel, parce que deux singuliers valent un pluriel. Si les nominatifs de ce verbe sont de différentes personnes, le verbe prend la plus noble; or la première est plus noble que les deux autres, et la seconde est plus noble que la troisième (1). Quoiqu'un verbe n'eût qu'un nominatif, on pourrait le mettre au pluriel, pourvu que ce nominatif fût un nom *collectif* (2).

Exemples :

Pierre et Paul jouent, *Petrus et Paulus ludunt.*

Vous et moi nous nous portons bien, *Ego et tu valemus.*

Vous et votre frère vous causez, *Tu fraterque garritis.*

La foule se précipite, *Turba ruit* ou *ruunt.*

THÈMES.

Jacques et Philippe travaillent. Louis et Antoine dormaient. Pierre et Paul mangeront. Le rossignol et le merle ont toujours chanté et chanteront toujours. La vertu et la probité sont unies. La vertu et le vice combattent. Vous et votre compagnon vous périrez. Vous et moi nous dînerons ensemble. Votre sœur et moi nous partirons demain. Votre père et moi avons chanté long-temps,

---

(1) La politesse française veut que la première personne se nomme après les autres; c'est le contraire en latin.

(2) On appelle *collectif*, un nom qui, étant au singulier, signifie plusieurs personnes ou plusieurs choses, comme : *turba, populus, exercitus*, etc. Quoiqu'un verbe ait deux nominatifs, on peut néanmoins le mettre au singulier. *Ex.* : Dieu donna les richesses, la gloire et la sagesse à Salomon, *Divitiæ, gloria et sapientia tradita est Salomoni à Deo.* Le verbe ou l'adjectif précédé d'un nom propre de ville et d'un nom commun de *ville*, s'accorde plutôt avec ce nom commun. *Ex.* : *Tungri, civitas Galliæ, fontem habet insignem*, Tongres, ville de la Gaule, a une fontaine remarquable. Apioles, ville des Latins, fut prise par Tarquin, *Oppidum Latinorum Apiolæ, captum à Tarquinio est.*

fort long-temps. Le peuple romain parla ainsi. L'armée française est partie.

～～～～

La vérité et le mensonge se choquent. La raison et l'absurdité répugnent. Le roi et la reine dîneront. Vous et votre oncle vous avez écrit correctement, plus correctement, très-correctement. Vous et vos parens ont vécu heureusement, plus heureusement, très-heureusement. Votre frère et moi nous jouerons ensemble. Le peuple applaudit. L'armée a combattu vaillamment. La forêt croît promptement. Une partie de l'armée prit la fuite, l'autre fut prise. La multitude se révolta. Rome résista toujours. Le temps et la saison s'accordent. L'aigle et le corbeau se battent.

～～～～

Autrefois le lion et l'âne chassèrent ensemble. Le roi et le peuple sont très-heureux. Le loup et le renard sont rusés. Votre ami et moi nous lirons. Votre frère vous et moi nous avons joué souvent, plus souvent, très-souvent. Votre père et moi nous partirons aujourd'hui. Mon ami, vous et moi, nous nous sommes réjouis. L'Eglise a décidé ainsi. Le conseil avait ordonné. Cet enfant et moi écrivons volontiers, plus volontiers, très-volontiers.

～～～～

Les consuls et les généraux partirent promptement. Le roi et le pauvre sont sujets à la mort. Cet étranger et moi nous avons voyagé long-temps ensemble. L'armée entra triomphante. La foule courait de toutes parts. Le peuple était épouvanté. Le sénat et le peuple romain parlèrent ainsi. Votre frère, vous et moi nous partirons demain. L'armée s'approcha, le peuple prit la fuite, et la populace se dispersa aussitôt. La multitude vint au-devant de nous.

XXXIII.

RÉGIME DES VERBES.

VERBES QUI GOUVERNENT L'ACCUSATIF.

Amo *Deum.*

Imitor *patrem.*

TOUT verbe actif gouverne l'accusatif, ainsi que la plupart des verbes déponens, quoiqu'ils soient suivis de l'une de ces particules *de*, *du*, *des*; or, le régime d'un verbe est le mot qui répond à la question *qui*, ou *quoi?* faite sur ce verbe. *Ex.* : Vous faites des vers, *Condis carmina.* Vous faites, *quoi?* des vers; donc, *des vers* sont le régime du verbe *faire.*

Exemples :

J'aime Dieu, *Amo Deum.*
J'acquiers de la gloire, *Acquiro gloriam.*
J'imite mon père, *Imitor patrem meum.*
Nous promettions des récompenses, *Pollicemur præmia.*

THÈMES.

Nous louons les écoliers studieux. Nous blâmons les paresseux. Nous avons lu l'histoire ancienne et moderne. Votre père a acheté une forêt très-vaste. Mon frère a vendu un domaine et une maison de campagne très-agréables. Les ennemis égorgèrent nos compagnons. Nous imiterons les bons exemples de nos parens. Nous avons toujours suivi les sages conseils de nos maîtres. Tout le monde admire les qualités et les talens des hommes sages.

Les ennemis ont respecté les anciens fondateurs de notre ville. Le prince promet de grandes ré-

compenses. Les soldats craignent la férocité des
ennemis irrités. Tous les coupables ont avoué le
crime commis. Les élèves studieux lisent les bons
livres. Nous avertissons souvent les enfans dociles.
Nous punissons très-souvent les paresseux. Nous
méprisons les plaisirs. Les troupeaux ont parcouru
ces forêts et ces montagnes. Les inspecteurs ont vi-
sité nos fertiles provinces.

***

Nous avions appelé tous nos compagnons de
voyage. Les maîtres diligens instruisent les écoliers
sages et dociles. Nous recevons tous les jeunes-gens
désireux d'apprendre la langue latine. Les Français,
quoique très-habiles dans l'art militaire, ont dû
désirer la paix. Ils ont remporté plusieurs victoires
célèbres, ils ont montré une très-grande valeur;
mais ils sont désireux de joindre l'olivier de la paix
aux lauriers obtenus.

***

Je suivrai le sentiment des auteurs les plus célèbres et les plus dignes de foi. Nous devons prier
Dieu très-souvent. Le Seigneur exauce les prières
des hommes vraiment pieux. Il récompense les actions louables, mais il punit les œuvres des méchans. Les méchans, toujours enclins au mal, éprou-
veront les rigueurs des jugemens de Dieu. Ils souf-
friront les tourmens les plus horribles.

***

La loi et la justice poursuivent les méchans.
L'ennemi vainqueur, irrité contre les citoyens, a
enlevé toutes les richesses de la ville prise; il a ra-
vagé les provinces voisines, et a détruit plusieurs
villages très-riches et très-peuplés. Il a attaqué la
citadelle de cette ville; mais il ne l'a pas prise.
Nous avons battu nos ennemis, et nous avons pris
des villes et des châteaux très-fortifiés. Le père
Tobie ensevelissait les morts. Il avertissait souvent

son fils de faire le bien et de fuir le mal. Les anciens patriarches paissaient leurs troupeaux; ils habitaient les déserts, et parcouraient les montagnes et les forêts; ils dressaient des tentes et construisaient des chaumières.

XXXIV.

Musica *me juvat* ou *delectat*.

Les verbes *juvat*, *delectat*, il plaît; *manet*, il est réservé; *decet*, il convient; *dedecet*, il ne convient pas, et *fugit*, *fallit*, *præterit*, *latet*, employés pour exprimer les verbes français *ignorer*, *ne pas savoir*, veulent au nominatif le nom de la chose qui convient, qui plaît et qui fait plaisir, etc., et à l'accusatif celui de la personne (1).

Exemples :

La musique me fait plaisir, *mot à mot*, me réjouit, *Musica me juvat* ou *delectat*.

Une gloire éternelle nous est réservée, *mot à mot*, nous attend, *Gloria æterna nos manet*.

Vous ignorez beaucoup de choses, *Multa te fallunt*, *fugiunt*, *prætereunt* (2).

______

(1) Tous ces verbes sont personnels, quand ils sont précédés d'un nom ; mais ils sont impersonnels, quand ils sont joints à un infinitif. *Ex.* : Je me plais à étudier, *Delectat me studere.*

Decet et *dedecet* se construisent aussi avec le datif. *Ex.* : Il convient au peuple d'Athènes, *Decet Athenarum populo.*

Deficit, *remordet*, prennent aussi l'accusatif de la personne et le nominatif de la chose. *Ex.* : Le temps me manquait, *Tempus me deficiebat*. Le soin vous dévorait, *Cura te remordebat.*

(2) Quand *attendre* a pour nominatif un nom de chose, on l'exprime par *manere* ; quand c'est un nom de personne, par *exspectare*.

THÈMES.

Le beau temps me réjouit. La lecture de l'histoire me plaît. Une posture indécente ne sied pas à un honnête homme. L'habileté de cet architecte surpasse tout le monde. La duplicité de ce marchand trompe plusieurs personnes. La voix douce de ce chantre nous plaît beaucoup. Ces paroles grossières ne conviennent pas à un enfant bien élevé. Les ruses et les tours de ces jeunes-gens trompent le maître. Votre mauvaise conduite n'échappe pas à votre père.

~~~~~

La plus grande des récompenses attend les hommes vertueux. Le plus grand héritage et les plus grands trésors sont réservés au juste. Le plus grand des châtimens attend les méchans. Les plus grands tourmens sont réservés aux impies. Les scélérats n'ignorent pas les punitions qui leur sont réservées. Le plus savant des hommes ignore beaucoup de choses. Les grandes humiliations sont réservées aux hommes superbes. La gloire est réservée à l'homme humble.

~~~~~

Nos élèves attendent une grande récompense. Les grandes places attendent les plus savans d'entre eux. Nos généraux attendent les plus grandes victoires; ils n'ignorent pas les périls de la guerre. Nous ignorons l'événement du combat. Le prince attendait la nouvelle de la mort du général des ennemis. Les ennemis n'ignoraient pas nos desseins. Les lauriers sont réservés aux vainqueurs, et la honte aux vaincus. Ce jeune homme attend la première place vacante.

~~~~~

La plupart des savans ignorent l'astronomie. Je suis curieux de voir Constantinople, mais le chemin
~~~~~

qui conduit à cette ville m'est inconnu. Tous les écrivains ne connaissent pas les mœurs et les usages des anciens peuples d'Asie. Les plus habiles des anciens philosophes ont ignoré le vrai Dieu. Ce trésor inestimable a été caché à tous les hommes, avant la venue de Jésus-Christ (1). Les sages de la Grèce ignoraient la véritable source de la sagesse. Il ne convient pas aux élèves de badiner en classe. L'étude de la langue grecque me fait plaisir.

RÉCAPITULATION.

Depuis le n°. 1 jusqu'au n°. 33.

Ludovicus *Rex.* Urbs *Roma.*

THÈMES.

Louis XVIII, roi de France et de Navarre. Marcus-Tullius Cicéron, orateur et philosophe. La ville de Constantinople, capitale de l'empire des Turcs, séjour de l'empereur Constantin, premier défenseur de la religion chrétienne. La ville de Jérusalem, siége du roi Salomon, le plus sage et le plus savant de tous les princes. Le détroit de Gibraltar. L'île de la Martinique est une île de l'Amérique septentrionale.

Le palais du Louvre est le plus bel ornement de Paris. Philippe Auguste commença ce superbe édifice. Divers princes, successeurs de ce monarque, l'ont augmenté et embelli. Evitez l'orgueil, première cause de tous les maux. Détestez le mensonge,

____

(1) Il vaut mieux mettre le nom de la personne au datif après le verbe *latet. Ex.* : Vous ne faites rien qui puisse m'être caché, *Nihil moliris quod mihi latere valeat.* Cic.

l'oisiveté et la paresse, vices ordinaires aux enfans. Le mois de Février est le plus court de tous les mois de l'année. Les montagnes des Alpes sont plus hautes que la mer.

Liber *Petri.* Bonitas *divina.*

THÉME.

Le désir des richesses, de la gloire et des plaisirs est une maladie de l'âme. L'amour de la vertu et de la justice est le patrimoine du sage. La perte de la vie est moindre que la perte d'une bonne réputation. Les anciens rois d'Égypte étaient très-puissans et très-superbes. Le sénat de Rome était très-sage et très-judicieux. Les richesses des empereurs romains étaient immenses. Les ressources et les ruses d'Annibal, général des troupes de Carthage, sont une preuve du génie de ce grand homme.

Puer *egregiâ indole.*

THÉME.

Les éléphans sont des animaux d'une grosseur peu commune, d'une grande utilité, d'une docilité et d'une souplesse étonnantes. Votre frère est un jeune homme d'une rare vertu, d'une grande modestie, d'une douceur charmante, d'une obéissance admirable, et d'une sagesse qui croît avec l'âge. Le soleil est un globe d'une grandeur prodigieuse, d'une ardeur brûlante et d'une clarté sans égale.

Tempus *legendi.*

THÈME.

Les écoliers paresseux cherchent toujours l'occasion de jouer et de badiner ; souvent même ils
évitent le moment d'étudier les leçons. Ils sentent
la nécessité de travailler ; mais ils ont la malice
d'étouffer ce sentiment importun. Le héros cherche
l'occasion d'acquérir de la gloire. Le philosophe a
le désir et la volonté de vaincre les passions qui le
tyrannisent. Les méchans ont toujours la volonté
formelle de nuire aux bons.

Culpa est *mentiri.*

THÈME.

C'est un grand vice de perdre le temps, et de
mener une vie oisive ; mais c'en est encore un plus
grand de voler et d'assassiner. C'est un devoir de
pratiquer la vertu et de fuir le vice. C'est une passion honteuse de manger et de boire avec excès.
C'est le soutien d'un empire d'établir des lois sages
et justes. C'est un devoir de prudence et de sagesse
de prendre le parti le plus sûr lorsque vous doutez.
C'est un devoir de corriger les autres et de les instruire.

Deus *sanctus.*

THÈME.

L'enfant docile apprend. Les enfans paresseux
jouent. Le cheval léger court. Les lièvres craintifs

fuient. Les chiens légers suivent. Les voyageurs fatigués se reposent. Les bons auteurs sont lus. Les mauvais sont négligés. Les hommes orgueilleux tombent. Les humbles seront élevés. Les hautes tours tomberont, tandis que les cabanes resteront immobiles. Les anciens Gaulois forts et courageux. Les forêts de la Germanie vastes et épaisses.

***

Pater et filius *boni*.

THÈME.

ALEXANDRE et César belliqueux. Néron et Domitien cruels. Platon et Aristote estimables. Démocrite et Héraclite insensés. Artémise et Lucrèce chastes. Titus et Trajan humains. Cicéron et Caton sages et savans. Le lion et le tigre cruels et carnaciers. La tante et la fille savantes et laborieuses. La chèvre et la brebis utiles et nécessaires. Le temple et l'autel antiques. La vache et la génisse fortes et grasses. Le cheval et le mulet forts et courageux.

***

Pater et mater *boni*.

THÈME.

LA muse et le poëte amis. Le flatteur et la courtisane perfides. Le chef et la troupe téméraires. L'homme et la bête différens. Le mari et la femme dévots. Le roi et la reine ambitieux. Le conquérant et les conquêtes oubliés. Le fils et la fille trompeurs et dissimulés. Le marchand et la marchandise brûlés. Le général et l'armée hardis et belliqueux. Les matelots et les vaisseaux submergés.

Virtus et vitium *contraria.*

THÈME.

La candeur et la simplicité aimables. L'envie et la vengeance odieuses. La force et la valeur indomptables. Le luxe et l'ambition funestes. Le contentement et la médiocrité inséparables. L'avarice et la fourberie injustes. Le travail et la patience nécessaires. La récréation et le jeu agréables. La modestie et la science estimables. La mollesse et la volupté nuisibles. L'orgueil et la vanité odieux.

Turpe est *mentiri.*

THÈME.

Il est agréable de voir la vérité, mais il est plus agréable de la découvrir. Il est nécessaire d'étudier les beaux-arts. Il est beau d'oublier les injures, et de se souvenir des bienfaits. Il est glorieux de combattre les ennemis de l'état. Il est honorable de mourir pour la patrie. Il est honteux de fuir quand la patrie est attaquée. Il sera toujours bon et avantageux de rechercher la société des gens de bien, et de fuir le commerce des méchans.

Deus est *sanctus.*

THÈME.

Les soldats romains étaient braves. Les généraux étaient habiles et intrépides. L'empire romain devint très-vaste et très-riche. La Bretagne, la Gaule, l'Espagne, la Lusitanie, la Germanie, la Grèce, la Macédoine, et plusieurs autres contrées, étaient devenues provinces romaines. L'univers entier était soumis aux Romains. Romulus fut le fondateur de Rome ; il avait été auparavant le chef d'une troupe de voleurs. Il était fils du dieu Mars et de Rhéa Sylvia, prêtresse de Vesta.

***

Credo Deum esse *sanctum.*

THÈMES.

LES anciens croyaient *que* la terre était plate et immobile. Les Perses et les Arabes ont cru pendant long-temps *que* le soleil était un dieu, et la lune une déesse. Les Grecs étaient persuadés *que* Jupiter était le père des dieux, et *que* l'âme de l'homme n'était qu'une vapeur aërienne. Vous pensez, sans doute, *que* ces hommes étaient bien ignorans, et *que* par conséquent ils étaient à plaindre ; cependant nous voyons *qu'*il y a beaucoup d'esprit dans tous les ouvrages des Anciens.

***

Mihi non licet esse *pigro.*

THÈME.

IL est utile et même nécessaire à un jeune homme d'être studieux. Il ne convient pas à un enfant bien né d'être ignorant et stupide. Il ne sera jamais permis à un homme d'être séditieux, turbulent et querelleur. Il importe à un honnête homme d'être doux, paisible et tranquille. Il est de l'intérêt d'un bon écolier d'être vertueux. Il a importé, et importera toujours à un bon prince d'être fidèle au serment.

Ego nominor *Leo.*

THÉME.

Les grands princes sont estimés très-heureux, et les pauvres sont regardés comme misérables ; mais cette opinion est très-souvent fausse ; car souvent le riche est malheureux dans son palais, tandis que le pauvre est heureux dans sa chaumière. Aristide fut appelé le Juste. Pompée fut surnommé le Grand. Scipion fut surnommé l'Africain. Saint Pierre mourut martyr. Néron mourut misérable. Paul Emile revint victorieux. Annibal, qui avait toujours combattu en brave, mourut en héros.

Avidus *laudum.*

THÉME.

Les grands conquérans sont avides d'honneur et de gloire ; mais ils ne sont pas toujours exempts de reproche et de blâme, ni même de crime. Ils sont pleins de projets ambitieux qui manquent souvent de succès. Ceux qui sont véritablement désireux d'une gloire future, oublient les maux soufferts, les peines endurées, les dangers courus, et se souviennent seulement de cette chimère future qui est l'objet des vœux de tous les ambitieux.

Cupidus *videndi*.

THÈME.

Je serais curieux de parcourir l'Europe et de voir les curiosités des villes principales, mais j'ignore les routes ; cependant je serais dans l'impatience de partir, parce que je suis très-désireux d'apprendre les choses que j'ai ignorées jusqu'ici. Mon frère, qui est très-désireux de voir Rome, et de considérer les antiquités de cette ancienne capitale du monde, n'ignore pas la géographie.

Similis *patris* ou *patri*.

THÈME.

Le roi d'Espagne est allié au roi de France. Un prince sage est ennemi de la flatterie. Les forces de la France ont été égales aux forces des autres nations. L'étendue et la population de la France sont inférieures à l'étendue et à la population de la Russie ; mais aussi la discipline de nos soldats paraît supérieure à la discipline des armées de cette nation. Le sommeil est très-semblable à la mort.

Mihi *utile est*.

THÈME.

Le silence est rarement nuisible aux hommes, mais le babil est souvent funeste au repos de la société. Si la langue vous est très-utile, disait Esope, elle est aussi très-pernicieuse à notre bonheur. Soyons donc attentifs à nos paroles, parce qu'elles sont souvent utiles ou nuisibles au prochain. Rien n'est plus pernicieux à la société que les mauvais discours. La peste est moins (1) dangereuse au genre humain que la langue séditieuse.

Corpus assuetum *patiendo*.

THÈME.

Les soldats romains étaient accoutumés à porter les fardeaux les plus lourds, à souffrir toutes les intempéries de l'air, à endurer le froid, le chaud, la soif et la faim, à supporter également la bonne et la mauvaise fortune; enfin, à essuyer tous les maux de la guerre, et à s'exposer aux dangers les plus évidens : mais aussi ils étaient accoutumés à vaincre les ennemis de l'empire, et à triompher des nations les plus féroces. Toute cette nation était née pour les armes, et elle était toute propre à la guerre.

Propensus *ad lenitatem*.

THÈME.

Les anciens Gaulois étaient portés à la guerre, au massacre et au pillage. Les Romains étaient provoqués aux combats (2) par ces barbares. Ils ont contribué eux-mêmes à la ruine entière de la Gaule

---

(1) *Moins*, devant un adjectif, s'exprime par *minùs*.

(2) *Par*, après un verbe passif, s'exprime par *à* ou *ab* quand c'est un nom de chose animée.

et de la Germanie, et à l'agrandissement de l'empire romain, qui, après être parvenu au suprême degré, a été réduit à rien. Cette vicissitude des choses humaines est propre à notre instruction, et elle servira d'exemple à toute la postérité.

***

Pronus *ad irascendum.*

THÈME.

Les reproches et les injures portent les hommes à la colère et à la vengeance ; tandis que les paroles douces et affables les engagent à pardonner. Une parole injurieuse engagea les Gaulois à marcher vers Rome, et à brûler cette capitale ; tandis qu'une réponse honnête les aurait peut-être obligés de mettre bas les armes, et de retourner chez eux. La bonté et la douceur forcent, pour ainsi dire, les hommes à obéir ; mais les menaces et les châtimens les portent à la révolte.

***

Populabundus *agros.*

THÈME.

Attila, roi des Huns, surnommé *le fléau de Dieu,* entra dans les Gaules avec une armée innombrable, ravageant les provinces, pillant, brûlant, saccageant les villes et les villages, détruisant tout ce qui s'opposait à lui, et inondant de sang humain les plaines des Gaules et de la Germanie. Il fut vaincu par Ætius dans les plaines de Châlons. Ce barbare, inquiet et ambitieux, ne pouvant demeurer en paix, entra en Italie, exerçant toutes les horreurs imaginables, portant partout la terreur, le carnage et la mort, mettant tout à feu et à sang.

Præditus *virtute.*

THÈME.

César fut un prince plein de bonté et de clémence. Il était doué de tous les talens nécessaires à un grand homme; aussi il fut digne de l'empire du monde. Brutus et Cassius, épris d'amour pour la liberté, devinrent les meurtriers de ce grand prince. Il aurait mérité un meilleur sort. S'il eût été accompagné par les soldats de l'armée, ou escorté par la garde prétorienne, il ne serait pas mort dans le sénat; mais en ce moment il était privé de tout secours.

Mirabile *visu.*

THÈME.

Rien n'est plus admirable à voir que le flux et le reflux de la mer. Aristote, qui était un grand philosophe, ne put jamais (chose facile à croire) pénétrer la cause de ce prodige. Descartes est celui qui a commencé à l'expliquer (*tournez*, à expliquer lui, ce prodige) d'une manière aisée à comprendre. Ce mouvement extraordinaire des eaux est particulier à l'Océan. D'autres pareils phénomènes, dignes d'être rapportés, ne seraient pas rares à trouver dans la nature.

Difficile est *studere.*

THÈME.

Faites tous vos efforts pour apprendre à penser juste. Il est facile de penser, mais il est très-diffi-

cile de penser juste. Aussi le nombre des esprits
faux est très-grand ; il est presque impossible de le
comprendre. La science qui enseigne à voir les
choses telles qu'elles sont est infiniment estimable.
Cependant le nombre de ceux qui veulent sincè-
rement acquérir cette science, est très-petit. Néanmoins il serait très-utile et même nécessaire à un
jeune homme d'étudier les auteurs qui traitent de
cette matière.

RÉCAPITULATION.

THÈMES.

César fut un conquérant porté à la clémence et
à la douceur. Il fut digne de l'amour de ses sujets
et de ses soldats. Il était très-habile dans l'art de la
guerre, et était doué des plus grands talens ; il était
avide de gloire et d'honneur ; il était d'un caractère
porté à pardonner à ses ennemis, et à oublier les
injures. Il fut assassiné par Brutus. Ce prince, digne
d'un meilleur sort, mérita les regrets de la plupart des Romains. Il était doué de toutes les bonnes
qualités du cœur et de l'esprit.

Les hommes doux sont faciles à contenter et à
satisfaire, tandis que les hommes durs sont difficiles à servir. Les poëtes latins sont agréables à étudier. Il est avantageux de fréquenter les hommes
de bonnes mœurs. Il est facile d'obéir aux princes
indulgens et généreux. L'hospitalité est agréable à
exercer. L'enfant porté à la vertu, et doué de bonnes qualités, aime ses devoirs, et étudie pour apprendre. Les hommes accoutumés à vaincre leurs
passions sont dignes de notre estime et de notre
admiration. Celui qui est accoutumé à bien employer le temps est très-heureux.

Romulus, premier roi des Romains, était un prince accoutumé à faire la guerre; les Romains furent semblables à lui. Numa était d'un caractère différent; il aimait la paix, et craignait la guerre. Il fit plusieurs réglemens utiles à la ville de Rome, et établit des lois sur la religion. Ces lois étaient propres à adoucir les mœurs féroces de ses sujets. Ce prince était né pour rendre la justice, et était propre à gouverner les Romains pendant la paix. Il n'était pas semblable à Romulus, son prédécesseur.

Doctior *Petro*.

THÈMES.

Le Français est plus délicat que l'Allemand; il est plus libéral que l'Italien. L'Anglais est plus prodigue que l'Espagnol. L'Italien est plus complaisant que l'Anglais. Le Français est plus savant et plus habile que le Turc; il est plus beau et plus grand que l'Espagnol. La vertu et la sagesse sont plus estimables que tous les trésors du monde. L'Amérique est plus riche que l'Afrique. L'Océan est plus vaste que la Méditerranée. Les armées françaises sont plus habiles et mieux disciplinées que les armées russes.

Le maître est plus savant et plus sage que les écoliers. Ce collége est plus grand et plus beau que le nôtre. Je n'ai vu aucune ville plus vaste et plus belle que Paris. Je n'ai rien vu de plus curieux que le Muséum. Je ne connais pas de plus belles promenades que les Champs-Elysées. Je n'ai jamais trouvé de séjour plus agréable que cette capitale. Nous ne connaissons pas d'histoires plus amusantes et plus instructives que l'histoire grecque et l'histoire romaine.

Felicior quàm *prudentior*. Feliciùs quàm *prudentiùs.*

THÊME.

L'ÉTUDE des langues étrangères est plus utile qu'agréable. Les anciens poëtes étaient plus savans que sages, plus orgueilleux qu'humbles, et plus pétulans que modérés. Leur style (*le style d'eux*) est plus élégant, plus énergique et plus coulant que le nôtre. Celui des historiens est plus concis que prolixe, et plus simple que relevé. L'étude des anciens poëtes et des anciens historiéns est plus agréable et plus utile que facile. Ils étaient plus superstitieux que prudens.

Magis pius. *Majori virtute* præditus.

THÊME.

La vertu est plus nécessaire aux hommes que la science. Le plus vertueux est, dans la société des gens de bien, plus estimable que le plus savant. Les Anciens étaient plus sages et plus vertueux que nous; ils étaient peut-être moins savans et moins éclairés, mais la science n'est rien sans la vertu. Enée était plus prudent et plus pieux que Nestor; il était plus vertueux que le reste des Troyens. Les Anciens étaient plus superstitieux que nous: ils étaient plus vifs que méchans.

Doctior *quàm putas.*

THÊME.

La découverte de la vérité est plus estimable que nous ne croyons. Rien n'est plus agréable à l'âme que la lumière de la vérité ; cependant ceux qui l'ignorent sont plus nombreux que vous ne pensez. Rien n'est plus commun dans le monde que l'ignorance et la superstition. L'homme sage est naturellement désireux du bonheur, et rien ne lui est plus agréable que la douceur de la science. La science est plus utile que ne pensent les ignorans. Les connaissances, disent-ils, ne sont pas si (1) nécessaires que vous dites ; nous avons tout ignoré, et nous sommes devenus vieux comme les savans, et ils mourront comme nous.

Altissima *arborum*, etc.

THÈME.

LE soleil est le plus beau et le plus brillant des astres. L'Amérique est la plus riche des quatre parties du monde. La Russie et la Chine sont les deux plus grands empires de l'univers. L'histoire de ces peuples est la plus amusante des histoires, parce que leurs mœurs (*les mœurs d'eux*) et leurs coutumes religieuses sont les plus singulières du monde. Nankin était autrefois la plus grande des villes de l'univers. Le plus beau palais de cette ville était le palais des anciens empereurs chinois. Les plus beaux monumens de cette ville sont une tour très-haute, et l'académie de médecine.

Validior *manuum*. Maximè omnium *conspicuus*.

THÈMES.

LE plus remarquable des généraux fut victorieux. La plus forte des deux armées remporta la victoire.

---

(1) Si, devant un adjectif, s'exprime par *tam*.

Le moins puissant des deux peuples obéit à l'autre. La loi du plus fort est toujours la meilleure. Le sentiment du plus sage est toujours préférable. Le parti le plus sûr est toujours le meilleur. Celui des deux qui est le moins instruit est toujours le plus orgueilleux. Confucius était le plus remarquable des Chinois. Énée était le plus pieux et le plus vertueux des Troyens.

Aucun des peuples de l'univers ne fut plus belliqueux et plus désireux des honneurs et de la gloire que le peuple romain. L'histoire de cette nation est la plus amusante et la plus instructive des histoires ; personne de vous ne l'ignore. Rome était une des plus belles, des plus riches, et des plus puissantes villes de l'univers. Le Capitole était une des plus belles forteresses du monde. Le plus grand des généraux fut Scipion l'Africain. Le premier des rois fut Romulus. Le plus méchant des douze Césars fut Néron.

Ego *audio.*

THÈMES.

Je mange. Tu dors. Il joue. Nous respirons. Vous lisez. Ils écoutent. J'aimais. Tu boitais. Il apprendra. Nous vivrons. Ils ont badiné. Il rira, et vous pleurerez. Ils ont parlé, et nous avons écouté. Vous enseignerez, et nous apprendrons. Le maître parlait, et les écoliers badinaient. L'armée marche, et l'ennemi fuit. Votre père et votre mère ont donné, et les pauvres de cette ville, qui étaient misérables, ont reçu, et sont riches aujourd'hui ; mais ils seront bientôt misérables comme ils étaient auparavant.

J'avais été nourri. Vous aviez été élevé. Votre sœur avait été instruite. Nous avions été ornés. Vous fûtes dépouillés. Les arbres avaient été arrachés. Mon fils, écoutez. Seigneur, parlez. Nations, écoutez. Le nom du Seigneur est respecté parmi les nations les plus barbares. La volonté du Créateur fut faite. L'univers parut. Que les mortels soient protégés. Que nos douleurs et nos misères cessent. Nous nous réjouirons tous en ce jour de gloire et de paix. Les bons seront récompensés, et les méchans punis.

Petrus et Paulus *ludunt.*

THÈME.

L'Italie et la Grèce ont produit de grands hommes. Platon et Socrate ont été deux grands philosophes. Démosthène et Périclès haranguaient le peuple. Minos et Solon faisaient des lois. Léonidas et quatre mille Spartiates résistèrent long-temps contre une armée innombrable. Scipion et Pompée commandaient les armées romaines. Cicéron et Caton ont été sages et savans. Horatius Coclès et Mutius-Scœvola ont été courageux et intrépides ; ils ont aimé la patrie.

Ego et tu *valemus.*

THÊMÉ.

Nous avons lu vous et moi l'histoire romaine, et nous avons vu de grands exemples de la piété filiale. La conduite de Coriolan envers sa mère est admirable. Véturie dit à ce général irrité contre Rome : Mon fils, vous et moi nous ne serons jamais heureux ni contens, si vous êtes ennemi de votre patrie ; vos enfans, votre femme et moi nous serons victimes de la colère de nos concitoyens : notre vie est entre vos mains; votre épouse et moi nous serons donc rebutées? Coriolan répondit : Quand vous, mes enfans et ma femme demandez, je ne refuse rien.

Turba *ruit* ou *ruunt.*

THÈME.

La multitude ne connaît pas les avantages de la science; mais les hommes savans, et curieux de posséder toutes les connaissances avantageuses au genre humain, ne les ignorent pas. Aujourd'hui la plupart des hommes travaillent à la recherche de ce qui est utile et nécessaire à l'humanité; tandis que la foule du peuple court sans cesse après ses propres intérêts. La plupart n'ont ni foi, ni loi, ni mœurs, ni religion. Le plus grand nombre ne cherche qu'à tromper, à voler, et à s'enrichir par les voies les plus criminelles.

RÉCAPITULATION.

THÈME.

La France et l'Italie renferment de très-beaux monumens. Mon ami et moi nous avons vu la plus grande partie de ces pays. Nous avons parcouru ensemble les plus belles curiosités qui sont dans ces deux royaumes. Aucun de nous n'ignore les antiquités qui sont dans les Muséums de Paris et de Rome. Personne de vous n'a jamais rien vu de plus beau et de plus curieux. La multitude ne connaît pas tous ces chefs-d'œuvre de l'antiquité ; mais les savans ne les ignorent pas. Rien n'est plus utile que l'étude des arts et des sciences.

* 5

Amo *Deum.*

THÈMES.

Honorons les gens de bien, et supportons les méchans. Une parole douce et honnête apaise la colère, tandis qu'une réponse brusque et dure excite la fureur. Considérez les maux des autres, et vous supporterez les vôtres. La vertu est supérieure à tous les accidens de la vie. Nous nous rendons coupables si nous ne fuyons le mal. Les trésors de la terre périront : ils craignent les vers, la rouille et les voleurs. Amassez des trésors incorruptibles, et vous serez véritablement riches.

~~~~~~

Une vie bien employée rend la vieillesse agréable ; tandis que le vice la rend incommode. La vertu procure et conserve l'amitié ; tandis que le vice engendre la haine et les querelles. Les bienfaits procurent des amis ; une faveur en procure toujours une autre. La science rend la vie douce et agréable ; elle cause du plaisir et de la tranquillité : l'ignorance au contraire rend l'homme vil et méprisable. Lisez de bons livres, et vous deviendrez savans. Pratiquez la vertu, et fuyez le vice.

Imitor *patrem.*

THÈME.

Tout le monde admire un enfant qui pratique la vertu et qui fuit le vice ; qui respecte ses parens et ses maîtres ; qui suit les conseils bons et sages ; qui imite les exemples des gens de bien ; qui ne venge point les injures reçues, et qui avoue tou-
~~~~~~

jours la vérité. Suivez, mes amis, les traces d'un tel enfant, imitez ses exemples (*les traces et les exemples de lui*); respectez vos supérieurs ; suivez les avis du sage ; ayez pitié des misérables, secourez-les, et Dieu vous donnera la récompense promise à ceux qui observeront ses lois et ses commande-mens.

RÉCAPITULATION.

THÊME.

Si l'homme n'avait point perdu sa première innocence, nous obtiendrions la félicité éternelle sans travail ; nous posséderions la science sans étude ; nous ne craindrions point les maladies ni la mort ; nous n'éprouverions point le dérangement des saisons, nous exercerions notre empire sur toutes les créatures ; et enfin, une éternelle félicité suivrait ce bonheur passager. Dieu avait accordé tous ces avantages au premier homme ; et si celui-ci n'avait pas suivi les conseils du tentateur, s'il n'avait pas imité l'exemple d'Eve, ces mêmes avantages seraient passés jusqu'à nous ; et il n'aurait pas éprouvé lui-même les effets de la colère de Dieu.

Musica *me juvat.*

THÊMES.

La science fait plaisir à tous les hommes ; et l'ignorance ne convient à personne. Vous n'ignorez pas cela, mes enfans ; cependant il y en a plusieurs parmi vous qui sont paresseux et négligens ; qui aiment les longues récréations et les jours de vacances. Le jeu fait plaisir à un grand nombre. Néanmoins aucun de vous n'ignore les récompenses qui sont réservées à ceux qui auront été sages et studieux pendant toute l'année, et les humiliations qui attendent les paresseux.

~~~~~~

Personne n'a été plus sage et plus éclairé que Salomon; rien de tout ce qui concerne la connaissance de la nature n'échappait à ce prince; il était aimé des Hébreux et respecté des nations étrangères. Il vivait au milieu de tous les plaisirs qu'il convient à l'homme de goûter en cette vie; cependant il s'écriait sans cesse : tout est vanité; tout est vanité, excepté d'aimer Dieu. Il ne nous conviendrait pas de rejeter un pareil témoignage.

XXXV.

VERBES QUI GOUVERNENT LE DATIF

Studeo *grammaticæ.*

LA plupart des verbes neutres gouvernent le datif.

Exemples :

J'étudie la grammaire, *Studeo grammaticæ.*
Nous favorisons la noblesse, *Favemus nobilitati.*
Il a contenté le maître, *Satisfecit præceptori.*

THÈMES.

Nous favoriserons les hommes savans. Les richesses flattent tous les hommes. La fortune a favorisé nos folles entreprises. Notre prince favorise les sciences et les arts utiles aux hommes. L'or ni l'argent ne satisferont la cupidité des avares. La précipitation nuit aux affaires sérieuses. La jeunesse studieuse vaque aux études des langues anciennes. Tous ces jeunes gens étudiaient la géométrie. Nous avons félicité vos parens et vos maîtres. Cette bonne mère caressait les enfans sages et obéissans.
~~~~~~

Les enfans sages obéissent ponctuellement aux parens. Nous secourons les misérables. Votre modestie plaît à tous les hommes. La révolution nuisit à la France. Tous les Français maudissent les auteurs de ces calamités ; bénissons les princes qui ont ramené le calme et la tranquillité. La justice divine menace les méchans. Ces moyens paraissent légitimes à tous les hommes. Nous avons résisté à nos ennemis. Le maître se fâchait contre les écoliers paresseux.

———

Les hommes sages et prudens pourvoient à la santé de l'âme et du corps. J'ai souvent rencontré (1) le prince accompagné des soldats. Les méchans portent envie aux bons. La plupart des hommes suivent les passions. Ayez soin de votre réputation. Vous favorisez les méchans : vous deviendrez méchans comme eux. Contentez vos parens et vos maîtres. Les marchands ne satisferont pas tous leurs créanciers. Vous étudiez le droit romain, et nous étudions la philosophie. Les gens de bien secourent les malheureux.

XXXVI.

Desuit *officio*.

Id *mihi* accidit. Homo irascitur *mihi*.

Tous les composés du verbe *sum* gouvernent le datif, excepté *absum* qui veut l'ablatif avec *à* ou *ab*. Il en est de même des verbes *imminet, impendet,* il menace ; *instat*, il approche ; *accidit, evenit, con-*

———

(1) Le nominatif de ce verbe devient le régime, et le régime devient le nominatif. *Ex. :* J'ai rencontré mon père (*tournez*, mon père s'est trouvé à ma rencontre), *Mihi meus occurrit pater.*

tingit, il arrive; *conducit*, *expedit*, il est avantageux : *sufficit*, il suffit ; et *placet*, il plaît, ainsi que des verbes déponens *irasci*, se mettre en colère *ou* se fâcher; *blandiri*, flatter; *opitulari*, secourir, *minari*, menacer, etc. Le verbe *sum* lui-même gouverne le datif, lorsqu'il signifie *avoir*.

Exemples :

Il a manqué à son devoir, *Defuit officio*.
Il était absent de la classe, *Aberat à scholá*.
Un grand malheur nous menace, *Magna calamitas nobis imminet, impendet, instat* (1).
Cela m'est arrivé, *Id mihi accidit*.
Cet homme se fâche contre moi, *Homo irascitur mihi*.
Il me menace, *Minatur mihi*.
J'ai un livre (*tournez*, un livre est à moi), *Liber est mihi*.

THÈMES.

La probité et l'honnêteté manquent aux insolens. La fortune a favorisé les entreprises des méchans. Mon père était absent de l'assemblée. La misère menace les indolens. L'ignorance menace les élèves paresseux. Un grand malheur est arrivé à la famille de ce prince. Les adversités arrivent aux hommes justes. Les courtisans flattent les princes. Les avares avides de trésors, ne secourent point les pauvres. Dieu se mit en colère contre le genre humain; il menaça les hommes méchans.

———

Les Romains avaient un roi vaillant; ils avaient aussi de braves soldats et d'habiles généraux. Ces

———

(1) Quand le verbe *menacer* a pour nominatif un nom de chose inanimée, on l'exprime par *imminere, impendere, instare ;* et quand c'est un nom de personne, par *minari*.

beaux jardins, et cette belle maison étaient à mon oncle. Les revenus ont toujours manqué à ce marchand. Les deux premiers magistrats de cette ville présideront l'assemblée. Ils assisteront au jugement de ce criminel. Un grand orage menaçait nos provinces. Les rigueurs de l'hiver menacent ces belles plantes. Les malheurs sont quelquefois avantageux aux hommes. Le plaisir de la chasse plaît aux jeunes-gens.

Les supérieurs menacent souvent les inférieurs. Un animal furieux menaçait les habitans de cette province. Nous flattons les écoliers sages et studieux. Cette forêt, et cette maison de campagne sont à moi. Cette grande bibliothèque, pleine de bons livres, est à votre oncle. Ce vieux château et cette fertile campagne étaient à nos ancêtres. Vos frères ont été absens de la promenade. Ils ont manqué à la règle de la maison. Nous avons assisté au conseil des Anciens. Le prince s'est absenté du royaume.

La vieillesse approche, la mort nous menace. Une grande honte menace les jeunes-gens qui n'ont pas du goût pour étudier les sciences et les arts. Les richesses plaisent à tous les hommes, grands et petits. Il vous serait avantageux de lire souvent l'histoire et la géographie, mais la lecture ne vous plaît pas. Les chiens caressent les petits enfans. La fortune favorise indistinctement les bons et les méchans. Tous ces beaux jardins et ces belles promenades sont à ma tante.

Tous les soldats de notre armée furent présens à la mort de ce prince courageux. La raison et la réflexion président aux conseils et aux entreprises de l'homme sage. La vertu et les bonnes qualités ne nuisent à personne. Plusieurs changemens sont arrivés en Europe. Il est avantageux aux jeunes-gens de travailler assidûment. Les élèves studieux et sages contentent leurs parens et leurs maîtres. Les ennemis nous ont insultés plusieurs fois. La modestie et la douceur conviennent à tous les hommes.

———

Jamais la bonne fortune ne m'a manqué. Les talens ne manquaient point à ce jeune homme. Les établissemens de ce prince ont été très-utiles à la patrie. Une horrible guerre menace ce royaume, mais la fortune des armes a toujours été favorable pour nous, et contraire à nos ennemis. Notre armée s'opposera aux efforts des ennemis. Tous les grands du royaume ont assisté aux funérailles de ce prince. Les plaisirs flattent nos sens. L'homme a une âme, et la bête un instinct. La guerre nuit au commerce maritime.

XXXVII.

Hoc erit *tibi dolori*.

Crimini dedit *mihi* meam fidem.

QUAND on se sert du verbe *sum* pour signifier *causer, apporter, procurer, occasioner*, etc., il gouverne deux datifs. Les verbes *dare*, donner; *vertere*, tourner; *venire*, venir; *ducere*, conduire; *tribuere*, attribuer; *habere*, avoir *ou* regarder comme, etc., suivent la même règle.

Exemples :

Cela vous causera de la douleur (*tournez*, cela sera à douleur à vous), *Hoc erit tibi dolori.*

Il m'a fait un crime de ma bonne foi (*tournez*, il m'a donné ma bonne foi à crime), *Crimini dedit mihi meam fidem.*

Blâmer quelqu'un de quelque chose (*c'est-à-dire* tourner quelque chose à défaut à quelqu'un), *Vitio vertere aliquid alicui.*

THÊMES.

La gourmandise cause la misère à tous les hommes. La paresse occasione des reproches et des châtimens aux écoliers paresseux. Cette imprudence vous procurera une maladie, et peut-être la mort. Le maître vous fait un crime de votre orgueil insupportable. Il vous a souvent fait un crime de votre paresse. Les reproches vous causent du chagrin et de la tristesse. Faites-vous donc un devoir d'être docile et obéissant à vos maîtres.

L'eau de cette fontaine me causa la fièvre. Vos actions imprudentes vous ont occasioné tous cés malheurs. La désobéissance procurera un reproche à votre fils. La vertu procure l'estime aux gens de bien. Une mauvaise conduite nous procure le mépris. Vos maîtres ont fait à vos parens l'éloge de votre conduite. Ce bon père faisait une vertu de l'obéissance à son fils. Je blâme, et je blâmerai toujours ce jeune homme de sa négligence. La vertu fait la gloire de l'homme juste.

Les passions nous occasionent toujours quelque désagrément. Cette blessure me causa beaucoup de douleur. Un service rendu me procura l'amitié de ce grand prince. Le général fait un crime aux soldats de leur lâcheté; il les blâme de leur désobéissance. Tout le monde blâmait la cupidité de cet avare. Nous vous avons fait un crime de votre silence. Les mauvaises affaires de cet homme occasioneront des troubles à cette famille.

***

Les hommes vous font un crime de votre orgueil. Le commerce procure un grand avantage à cette ville et à la république. Une virgule mal placée causa une guerre sanglante à ce peuple. La médisance et la calomnie causent souvent des disputes à ceux qui en sont les auteurs (*tournez*, les auteurs *d'elles*). Le maître vous fera un éloge de votre obéissance. Nous louons le prince de sa douceur et de sa clémence. Je fis à vos parens l'éloge de votre candeur. Une chute causa la mort du roi notre maître. La sobriété et l'exercice vous procureront une bonne santé.

***

Votre père vous fait un crime de votre folie. Faisons-nous un devoir d'obéir au prince. Les jeunes gens se font une gloire du vice, et un crime de la vertu. Cet événement favorable a causé une grande joie au général et à toute l'armée. L'orgueil de ce jeune homme lui a causé son malheur. Nos écoliers se font un plaisir de causer et de badiner en classe. Les martyrs se faisaient un devoir de verser leur sang pour la religion chrétienne. Ils se faisaient un crime de fuir la mort.

XXXVIII.

VERBES QUI GOUVERNENT L'ABLATIF.

Abundat *divitiis. Nullâ re* caret.

Fruor *otio.*

LES verbes d'abondance et de disette, tels que *abundare, redundare, affluere,* abonder, regorger;

carere, *indigere*, *egere*, manquer, avoir besoin ;
complere, *implere*, *adimplere*, remplir ; *spoliare*,
dépouiller, priver ; *saturare*, rassasier ; *ornare*,
orner, etc., etc., gouvernent ordinairement l'ablatif ; ainsi que les verbes déponens *frui*, jouir ; *potiri*, être maître ; *fungi*, s'acquitter ; *vesci*, se nourrir ; *uti*, se servir, faire usage, *gloriari*, se glorifier ; *lætari*, se réjouir ; *abuti*, abuser, etc. Il en est
de même du verbe neutre *gaudere* (1), se réjouir.

Exemples :

Il regorge de biens, *Abundat divitiis*.
Il ne manque de rien, *Nullâ re caret*.
Je jouis du repos, *Fruor otio*.
Je me réjouis du bonheur d'autrui, *Gaudeo felicitate alienâ*.

THÊMES.

L'ennemi a dépeuplé les villes de cette province
d'habitans ; il a dépouillé ces malheureux de toutes
les choses nécessaires à la vie. Ce royaume était rempli de villes superbes ; elles abondaient en toutes
sortes de richesses, et étaient remplies de bons citoyens. L'ennemi irrité les a tous chargés d'opprobres, et aujourd'hui il se réjouit des maux qu'ils
souffrent. Nous jouirons du fruit de notre travail.
Les Anciens se nourrissaient de glands. Les sauvages vivent de venaison. Le voluptueux se réjouit
des plaisirs.

~~~~~~

Je m'acquitterai toujours de mes devoirs. Je suis
maître de ces biens et de cette terre. Nous nous nour

---

(1) Quelques-uns des verbes d'abondance et de disette
ou de privation reçoivent indifféremment le génitif ou l'ablatif après eux. *Ex. :* Remplir d'erreur, *Complere erroris*
ou *errore*. Avoir besoin de conseil, *Indigere consilii* ou
consilio.
~~~~~~

rissons de viande, de pain, de vin et de fruits. Je me
servirai de tous les moyens nécessaires à cette entreprise. Le Ciel avait comblé cette famille de faveurs,
et aujourd'hui elle est dénuée de tout. Les enfans
remplissent la maison de plaintes et de pleurs. Ils
manquent de courage et de résolution pour supporter ces maux. Je me réjouis de votre bonne conduite et de vos progrès.

Cet auteur jouit d'une très-grande réputation.
Nous jouirons de nos biens. Les élèves studieux
s'acquittent de leurs devoirs. Les soldats romains se
sont rendus maîtres de toute la Gaule. Ils ont souvent
abusé de la victoire. Tous les hommes ne jouissent
pas des mêmes avantages. Les enfans abusent de la
bonté des parens. Nous étions accablés de lassitude.
Cicéron fut puni d'exil. Tous les coupables ont été
punis de mort. Ils vivaient de vols et de rapines (1).

Les magistrats de cette ville ont une grande autorité et une grande modération ; ils ont un grand
crédit auprès du prince. Les enfans studieux nourrissent leur esprit de l'étude des beaux-arts. Ce marchand manque de raison et de conseil ; il n'a ni
pudeur, ni bonne foi, ni probité. Vous avez nourri

---

(1) En général, on peut mettre à l'ablatif tout nom
qui marque la manière, l'instrument, la cause, la peine,
c'est-à-dire, tout nom qui répond à la question *comment?*
pourquoi? ou *de qui? de quoi?* faite sur un verbe.

Il faut remarquer, en passant, que l'on trouve dans les
bons auteurs, *vesci carnes*, se nourrir de chair ; *potiri
rerum*, avoir la domination ; *potiri urbem*, *imperium*,
être maître de la ville, posséder l'empire ; *abuti operam*,
perdre sa peine ; *ad perfruendas voluptates*, pour jouir des
plaisirs ; *functus officium*, s'étant acquitté de son devoir ;
lætari malorum, se réjouir des maux ; *utere ut voles operam
meam*, employez-moi à ce que vous voudrez.

votre esprit de la lecture de l'histoire et des bons auteurs. Les soldats d'Alexandre se servaient de la lance, du bouclier, des flèches et de l'arc. Vous nous avez privés de la consolation de notre vieillesse. Il valait mieux manquer d'argent que d'amis.

XXXIX.

VERBES QUI GOUVERNENT LE GÉNITIF.

Miserere *pauperum.*

Les verbes *misereri,* avoir pitié *ou* compassion ; *satagere,* avoir soin, etc., gouvernent le génitif ; les verbes *oblivisci,* oublier ; *recordari, meminisse,* se souvenir, etc., gouvernent le génitif ou l'accusatif ; il en est de même de la plupart de ceux dont nous venons de parler dans la règle précédente.

Exemples :

Ayez pitié des pauvres, *Miserere pauperum.*

Je me souviens des vivans, et je ne puis oublier les morts, *Vivorum* ou *vivos memini, nec possum oblivisci mortuorum* ou *mortuos.*

THÈMES.

Je me souviendrai de mon explication. Vous n'oublierez pas vos leçons. J'ai pitié des malheureux qui souffrent des douleurs continuelles. Les païens avaient oublié Dieu, créateur du ciel et de la terre. Ce grand prince avait soin des affaires du royaume. Nous nous souvenons de plusieurs traits d'histoire. Nous avons oublié plusieurs circonstances de cette bataille mémorable. Les riches n'ont pas compassion des pauvres. Cicéron exilé n'oublia jamais Rome, sa patrie.

Je me souviendrai toujours de vos bienfaits. Les ingrats oublient les services reçus. Dieu se souviendra de notre misère et de nos faiblesses. Nous nous souvenons de la vieillesse et de la mort qui passent pour les plus grands de tous les maux. Nous aurons soin de vos biens et de vos enfans, comme votre père a eu soin des nôtres. Toute l'Europe se ressouviendra des exploits de ce grand héros. Les malheureux habitans de cette province se souviendront toujours de cette guerre sanglante.

Alors le roi se ressouvint de ses ministres qui étaient dans les fers; il eut compassion d'eux. Cependant le préfet des échansons oublia son bienfaiteur. Il ne se ressouvint plus des services reçus. Le ministre avait soin de toutes les affaires du royaume. Souvenons-nous de nos amis, et n'oublions pas nos ennemis; mais oublions les injures reçues. Seigneur! disait le Prophète, ayez pitié de votre serviteur; oubliez les fautes de sa jeunesse, souvenez-vous des maux qu'il a soufferts.

XL.

RÉGIME INDIRECT DES VERBES,

Do vestem *pauperi.*

Il y a des verbes qui, outre le régime propre que l'on appelle *direct*, et qui doit être mis à l'accusatif par la règle *Amo Deum*, gouvernent un autre nom, et ont un autre régime impropre que l'on appelle *régime indirect*, qui est toujours précédé de quelqu'un de ces articles *à*, *au*, *aux*, ou *de*, *du*, *des*, *pour*, etc., sans beaucoup d'exceptions.

Exemples :

Je donne un habit au pauvre, *Do vestem pauperi.*

Vous n'aimez les richesses que pour vous seul, *Amas tibi soli divitias.*

Demander grâce pour quelqu'un, *Veniam alicui petere* (1).

THÈMES.

Vous avez donné une grande satisfaction à vos parens. Je vous donnerai la plus grande des récompenses. Nous ne dirons jamais de mauvaises paroles à nos condisciples. Je promets un amour constant à mes amis. Apollon montrait à tous les bergers les arts qui rendent la vie heureuse. Le sang de ces étrangers, disait un vieillard de la troupe, sera agréable à l'ombre d'Anchise. Dieu ne refuse pas ses grâces aux hommes.

~~~~~~~

Dieu donna la loi à nos pères. Il nous a donné la raison et nous a promis une gloire éternelle. Notre général, habile et industrieux, tendit des piéges à l'ennemi. Cet homme nous a vendu une belle maison de campagne. Les prophètes nous avaient prédit tous ces événemens. Les témoins oculaires nous ont assuré la perte de la bataille. Nous avons déclaré la guerre à nos ennemis. Ces étrangers nous rendirent un grand service.

~~~~~~~

Les voyageurs nous ont raconté plusieurs histoires curieuses. Les citoyens de cette ville ont livré le

______

(1) Tous les verbes actifs qui signifient *donner*, *dire*, *promettre*, *annoncer*, et ceux qui marquent quelque avantage, désavantage ou attribution, veulent leur régime indirect (marqué par *à* ou *pour*) au datif.

port à l'ennemi. Votre père montra le grand chemin à ces étrangers. Le courrier nous a annoncé la défaite des ennemis et la prise de la ville. Je vous donnerai les moyens utiles et nécessaires à cette entreprise. Abias, roi d'Israël, laissa le trône à Asa, son fils ; il fut sage et pieux ; c'est pourquoi Dieu lui accorda une paix durable et une vie heureuse. Dieu donna à Salomon la sagesse, les richesses et la gloire.

XLI.

Minari mortem *alicui.*

LES verbes déponens *minari, minitari,* menacer; *gratulari,* féliciter; *gratificari,* gratifier ; *furari,* dérober, etc., veulent le nom de la chose à l'accusatif, et le nom de la personne au datif.

Exemple :

Menacer quelqu'un de la mort (*tournez,* menacer la mort à quelqu'un). *Minari mortem alicui* (sous-entendu *secundùm*).

THÈMES.

Le général a félicité les soldats des victoires remportées. Le maître vous menace d'un châtiment rigoureux. Nous féliciterons nos soldats de la valeur prouvée. Je vous félicite de votre application. Les juges ont menacé ce scélérat d'une prison perpétuelle. Dieu menace les méchans de peines éternelles. Les lois menacent de mort les assassins. Nous félicitons les élèves studieux de leur docilité. Dieu avait menacé le genre humain d'un déluge universel.

~~~~~~

Nous complimenterons vos parens de vos progrès. Vous leur donnez une grande satisfaction. La justice
~~~~~~

divine menace de peines éternelles les riches tenaces
et avares. Les lois menacent les voleurs du dernier
supplice. Ce jeune homme se glorifie de ses talens.
Je vous félicite de vos succès. Les écoliers ont volé
les pommes de ce paysan. Ces étrangers nous ont
fait un grand plaisir. Le roi menaçait de mort les
ennemis du trône. Nous avons menacé cet impos-
teur de le crucifier (1).

~~~~~~

Les Hébreux félicitant David de sa victoire, le
conduisirent jusqu'à la ville. Il faut menacer les
perturbateurs des châtimens les plus rigoureux. Les
voleurs nous ont enlevé notre froment, notre troupeau et nos habits. Je vous félicite, mon fils, de
votre modestie et de votre sagesse. Les lois menacent d'exil ceux qui sont habiles à nuire à l'état
ou au prince. Le général félicita ses soldats de leur
valeur et de leur audace.

XLII.

Hæc via ducit homines *ad virtutem.*

Quand le verbe signifie quelque mouvement,
comme *ducere ad,* conduire à ; *pervenire ad,* parvenir à, etc., ou inclination vers quelque chose,
comme : *hortari ad,* exhorter à ; *impellere ad,*
pousser à ; *excitare ad,* exciter à ; *invitare ad,* in-
viter à ; *inducere ad,* engager à ; *incitare ad,* porter à, *ou* inciter à, etc., le régime indirect se met
à l'accusatif avec *ad.*

Exemple :

Ce chemin conduit les hommes à la vertu, *Hæc
via ducit homines ad virtutem.*

___

(1) Quand ces verbes sont suivis d'un infinitif, on se sert
~~~~~~

THÊMES.

L'application constante conduit les jeunes-gens à la science. Vos parens vous exhortent au travail. Les élèves paresseux excitent les autres à la désobéissance. La misère porte les hommes au crime. Les passions nous entraînent tous à notre perte. Cette maladie conduira votre frère à la mort. Les châtimens contraignent les paresseux à travailler (1). Les récompenses engagent les hommes à bien faire. L'amour de la patrie encourage tous les bons citoyens à la défendre.

~~~~~~

Les menaces n'engagent point ces jeunes-gens au travail. Cette route vous conduira à la perdition. La paresse conduit à l'ignorance, et l'ignorance vous conduira au mépris et à la honte. L'oisiveté porte les hommes au vice. La vertu nous porte à faire le bien. Je vous invite tous à souper demain. Quelques citoyens séditieux excitaient les autres à la révolte. L'insolence des habitans porta les soldats au carnage et au pillage. La superstition poussa les Gaulois à la fuite.

~~~~~~

L'amour du devoir et de la vertu conduit les hommes doués de raison à l'obéissance. Les avertissemens et les récompenses engagent les jeunes-gens à travailler. L'or et l'argent portent la plupart des hommes à tous les crimes. L'avarice et la volupté conduisent les hommes à la perdition. Nous

---

d'un nom dérivé du verbe. *Ex. :* Nous vous menaçons de vous faire mourir, *Tibi mortem minamur*.

(1) Quand ces verbes sont suivis d'un infinitif français, on le met en latin, au gérondif en *dum ;* mais il est mieux de se servir du participe en *dus, da, dum*, en le faisant accorder avec le nom, pourvu que le verbe gouverne l'accusatif, sans quoi il ne pourrait pas s'accorder.

avons forcé nos ennemis à demander la paix. Le roi a invité tous les maréchaux de France à un grand festin. Les bons principes portent les hommes à faire le bien et à fuir le mal.

XLIII.

Doceo *pueros grammaticam.*

Les verbes *docere*, enseigner ; *rogare*, *flagitare*, *poscere*, prier, demander ; *monere*, avertir, etc., veulent deux accusatifs, le nom de la personne et celui de la chose (1).

Exemple :

J'enseigne la grammaire aux enfans (*tournez*, j'instruis les enfans sur la grammaire), *Doceo pueros grammaticam* (2).

THÈMES.

Les méchans enseignent le mal aux bons. Ils ne cachent pas les vices honteux aux enfans. Nous enseignerons la géographie à nos élèves. Nous leur avons enseigné l'histoire et les mathématiques. Nous les avertissons de leurs vices, et nous ne leur cachons pas leurs vertus et leurs talens. Les hommes vicieux devraient cacher leurs vices aux jeunes-gens ; ils ne devraient pas leur enseigner le mal. Demandons à Dieu la sagesse et la douceur, et non pas les honneurs ni les plaisirs.

---

(1) *Monere*, gouverne aussi le génitif, ou l'ablatif avec *de*. On construit aussi avec deux accusatifs, *erudire*, *reposcere*, *interrogare*, *percontari*, *venerari*, *consulere*, consulter ; *admonere*, *induere*, etc.

(2) *Grammaticam* est à l'accusatif à cause des propositions *ad* ou *secundum* qui sont sous-entendues ; c'est comme s'il y avait *j'instruis les enfans touchant la grammaire*, ou *selon la grammaire*.

La nature nous cèle de grands mystères. Cependant les ouvrages de Dieu ne nous cachent pas la puissance et la sagesse divine. Les Anciens demandaient à Jupiter les honneurs, les richesses et les plaisirs. Nous ne devons pas demander à Dieu les honneurs ni les richesses, mais la santé de l'âme et du corps, et toutes les vertus. Nous enseignerons les langues italienne et espagnole aux élèves de cette classe. Nous leur avons enseigné les langues latine et anglaise.

Nous avertissons nos élèves des châtimens qui les menacent s'ils ne sont pas sages et studieux. Nous ne leur cachons pas les récompenses qui les attendent s'ils sont portés au travail et à la vertu. Nous leur demandons la sagesse et l'application. Ils doivent demander à Dieu la vertu et les grâces nécessaires pour bien vivre. Nous les avertissons de fuir les méchans, et de fréquenter les bons. Demandons à Dieu les choses nécessaires à la santé de l'âme et du corps.

---

§ Quand ces verbes sont au passif dans le français, et qu'ils ont pour nominatif un nom de chose inanimée, il faut mettre ce nominatif à l'accusatif, en sous-entendant *ad* ou *supra*, ou enfin *secundùm*, parce qu'ils veulent pour nominatif un nom de personne : c'est prendre le nominatif pour en faire le régime, et le régime pour en faire le nominatif, ou changer le passif en actif.

Exemples :

La grammaire est enseignée aux enfans (*tournez*, les enfans sont instruits sur la grammaire, *Pueri docentur grammaticam* (on sous-entend *ad*).

Cette chose m'a été cachée, *Celatus fui hanc rem* (sous-entendu *secundùm*, etc.) (1).

---

(1) Ce n'était pas ici la place de cette règle, mais comme elle y vient naturellement, nous avons pensé qu'il serait

THÊMES.

Les sciences et les arts sont enseignés à tous les jeunes-gens; ils deviendront un jour des citoyens utiles au royaume. La natation est enseignée aux jeunes enfans : elle est utile à certains, et funeste à d'autres. L'arithmétique et l'algèbre ont été enseignées à plusieurs de nos élèves. La danse, qui est enseignée aux jeunes-gens, leur devient souvent très-funeste. Les nouvelles qui ont été cachées à votre frère étaient intéressantes.

La grâce qui vous a été demandée était fort nécessaire. Les mathématiques, qui sont enseignées aux jeunes-gens, jouissent aujourd'hui d'une grande réputation. Votre mauvaise santé m'a toujours été célée. La perte de la bataille fut célée aux habitans de cette ville. Le chemin du ciel, qui avait été caché à tous les philosophes de l'antiquité, nous a été enseigné par Jésus-Christ. Nous avons été avertis de votre départ et de votre arrivée (1).

XLIV.

Scribo *ad te* ou *tibi* epistolam.

LES verbes *scribo*, j'écris ; *mitto*, j'envoie ; *fero*, je porte, etc., veulent leur régime indirect à l'accusatif avec *ad*, ou au datif marqué par *à*, *au*, *aux*.

Exemple :

Je vous écris une lettre, *Scribo ad te* ou *tibi epis-tolam.*

---

bon de donner un exemple pour faciliter les jeunes-gens. Cela ne nous empêchera pas d'en parler, lorsque nous y serons arrivés, en suivant notre modèle.

(1) Après *moneo*, on peut mettre l'accusatif, ou l'ablatif avec *de. Ex. :* On m'a averti de cette affaire, *Monitus sum hanc rem* ou *illâ de re.*

THÊMES.

Nous avons envoyé une armée à nos alliés. Nous leur enverrons de l'argent. L'ennemi avait envoyé un ambassadeur à notre prince. Nous enverrons des vivres à notre armée. Nous lui avons envoyé des munitions. Un courrier extraordinaire a apporté des dépêches au ministre. J'ai envoyé de l'argent au boulanger. Je vous apporterai demain vos livres; vous m'avez apporté les miens. Tarquin envoya un décret au sénat. Les sénateurs lui envoyèrent la réponse. Cette réputation de sagesse et de science excite les écoliers au travail.

***

Je vous écrirai souvent : faites-moi réponse, et envoyez-moi mes habits et mes livres. Nous avions envoyé un député à l'assemblée. Nous viendrons au conseil de la ville. Le discours de ce grand orateur parvint à nos oreilles. Les députés de Carthage se rendirent au sénat romain. Le courrier nous apporte les nouvelles de toute l'Europe. Je vous enverrai mes cartes géographiques; envoyez-moi votre histoire romaine, et apportez-moi vos instrumens de mathématiques.

***

La nouvelle de l'arrivée des députés des nations étrangères parvint aux oreilles de Tarquin. Il leur donna des présens pour porter à leur maître. Les Hébreux parvinrent au mont Sinaï, où Dieu leur donna la loi avec un appareil terrible. Tobie et l'Ange parvinrent au fleuve du Tigre. Après la mort de Joas, roi d'Israël, la souveraineté fut transférée à Amasias. Les Africains traversèrent toutes les Gaules, les Alpes, et parvinrent aux rives du Pô.

XLV.

Accepi litteras *à patre meo.*

Haurire aquam *ex fonte.*

LES verbes *petere*, demander ; *accipere*, recevoir ; *mutuari*, emprunter ; *emere*, acheter ; *sperare*, espérer ; *exspectare*, attendre ; *impetrare*, obtenir, etc., veulent leur régime indirect à l'ablatif, avec *à* ou *ab* ; si le régime du verbe *recevoir* est un nom de chose inanimée, on met *è* ou *ex*, ou *de*. On fait de même après les verbes *allumer à*, *prendre à*, *juger à*, *puiser à*, etc. (1)

Exemples :

J'ai reçu des lettres de mon père, *Accepi litteras à patre meo.*

Puiser de l'eau à une fontaine, *Haurire aquam ex fonte.*

THÈMES.

Les soldats courageux obtiendront une récompense du prince ; les estropiés ont obtenu de lui une pension proportionnée aux services rendus à la patrie. Les coupables ont demandé grâce au roi. Nous avons reçu des lettres de nos parens et de nos amis. Ils ont appris de mon frère la mort de notre ami. J'ai demandé une place au premier ministre. Je n'ai encore reçu de lui aucune lettre. Nous avons appris de ce marchand étranger les malheurs qui sont arrivés à cette province.

* * *

Nous avons acheté plusieurs livres de cet imprimeur. Ce jeune homme m'a apporté de l'argent qu'il

____

(1) Ces verbes sont quelquefois suivis de trois cas différens. *Ex. :* L'Aurore obtint de Jupiter l'immortalité pour Tithon, *Aurora Tithono immortalitatem ab Jove impetravit.*

avait reçu de mes parens. Nous avons été instruits
de l'origine du monde par l'Ecriture-Sainte. Tous
ces préceptes ont été tirés des auteurs anciens. J'em-
prunterai de l'argent de mon oncle. Le prince tire
un grand revenu de cette province. Nous espérions
une grâce du roi. Je demanderai de l'argent à mon
père ou à ma mère.

XLVI.

Id audivi *ex amico* ou *ab amico meo.*

Les verbes *audire*, apprendre ; *quærere*, s'informer, etc., veulent leur régime indirect à l'ablatif
avec *à* ou *ab*, *è* ou *ex*; mais après *cognoscere*, connaître, c'est toujours *è* ou *ex.*

Exemples :

J'ai appris cela de mon ami, *Id audivi ex amico*
ou *ab amico meo.*

J'ai connu par votre lettre, *Ex litteris tuis cognovi.*

THÈMES.

Nous avons appris de nos pères l'art de labourer
les champs, et de planter la vigne. Nous apprenons
les victoires de nos armées par le courrier. Nous apprendrons plusieurs nouvelles de cet étranger. Nous
nous informerons de la maladie du prince par le
moyen de ces voyageurs. J'ai su la défaite de nos
ennemis par la lettre d'un de mes amis. Les Français
apprennent toutes les nouvelles de l'Europe par le
meilleur journal. Tous les passages cités ont été tirés
de l'Evangile.

Tous ces discours sont tirés de Salluste ou de Tite-
Live. Ces belles narrations ont été extraites de l'histoire ancienne. Toute la ville venait puiser de l'eau
à cette fontaine. Hier je pris deux ouvrages à votre

bibliothèque. Les voleurs allumèrent leurs flambeaux à l'autel de Vesta. Vous ne ferez aucun progrès; nous en jugeons par votre conduite. Je connais votre cœur et vos pensées par vos actions journalières.

~~~~~

Apprenez de moi, disait Jésus-Christ à ses Disciples, la douceur, l'humilité, et toutes les vertus. Vos amis se sont informés des magistrats de l'état présent de vos affaires. Vos parens se sont informés de moi du sujet de votre voyage, mais il n'ont rien connu par mes réponses. Les transfuges ont obtenu grâce du général. Je n'attendais pas cette grâce de vous. Les troupeaux des patriarches étaient abreuvés de l'eau de ce puits. Ces jeunes-gens ont reçu de l'argent et des lettres de leurs parens.

XLVII.

Christus redemit hominem *à morte*.

Les verbes *liberare*, délivrer; *redimere*, racheter; *removere*, éloigner; *segregare*, séparer; *eximere*, arracher; *adimere*, ôter; *avertere*, détourner; *abstinere*, s'abstenir, etc., veulent leur régime indirect à l'ablatif avec *à* ou *ab*, *è* ou *ex*, et quelquefois sans préposition (1).

Exemples :

Jésus-Christ a racheté l'homme de la mort, *Christus redemit hominem à morte.*

Délivrer quelqu'un de la servitude, *Eximere ali-*

______

(1) Quand ces verbes sont suivis d'un infinitif français, on se sert du participe en *dus, da, dum*, que l'on fait accorder avec le nom; on peut se servir aussi d'un nom dérivé de cet infinitif. *Ex.:* La vieillesse nous détourne de travailler, *Senectus abstrahit nos à labore;* de faire nos affaires, *à rebus gerendis.*

* 6
~~~~~

quem à ou *ex servitute*, ou *servitute*, sans préposition.

THÈMES.

Dieu m'a délivré de plusieurs dangers. Il m'a d'abord racheté de l'esclavage du démon. Il m'a éloigné plusieurs fois de la compagnie des méchans. Il m'a arraché des mains de mes ennemis les plus cruels. Il m'a retiré de plusieurs mauvais pas. Il m'a préservé de plusieurs accidens fâcheux, et il m'a enfin délivré de cette dangereuse maladie. L'étude nous délivre de l'ennui. La mort délivrera un jour tous les hommes des misères de cette vie.

~~~~~~~~

Nous racheterons nos prisonniers de la captivité des Barbares. Eloignons-nous des méchans, et éloignons les méchans de nous. Bannissons les trompeurs de la société des hommes de bien. Arrachons de nos cœurs tous ces vices honteux, comme le jardinier arrache les plantes nuisibles de son jardin. Séparez vos enfans de la compagnie des jeunes-gens corrompus. Détournons nos esprits des mauvaises pensées et des mauvais désirs.

~~~~~~~~

Dieu, souverain juge des vivans et des morts, séparera les bons d'avec les méchans. Un bon prince éloigne de lui les traîtres à la patrie. Nos élèves se sont détournés du chemin de la vertu. La vieillesse nous éloigne de nos affaires. Les riches pourraient facilement délivrer les pauvres de la misère. Ces remèdes ont délivré votre père de la maladie, et peut-être de la mort. Nous avons délivré nos frères de la servitude de ce peuple barbare. Timoléon délivra la Sicile de la domination des tyrans.

RÉCAPITULATION,

Depuis le n°. 34 jusqu'au n°. 43.

Studeo *grammaticæ.*

THÈMES.

Les méchans favorisent les méchans; mais les bons prennent le parti des bons. La flatterie peut nuire à celui à qui elle plaît. Pardonnez beaucoup aux autres, et ne vous pardonnez rien. La vertu ne nuit à personne; mais la méchanceté est très-pernicieuse à la réputation. L'homme sage résiste aux commencemens de la colère, et ne cède point aux attraits de la volupté. Obéissons aux commandemens de Dieu; secourons nos amis, et aidons ceux mêmes qui sont nos ennemis.

Celui qui résiste à ses mauvaises inclinations, obéit à Dieu, et mérite de plus grandes louanges que le général qui bat de grandes armées, et prend les villes les plus fortes, mais qui est esclave de ses passions, qu'il ne peut modérer. Toutes les nations flattaient Alexandre-le-Grand comme le maître de l'univers, et ce grand prince avait vaincu les peuples les plus barbares; mais il ne put vaincre ses passions (*on peut tourner*, il servit ses passions).

Defuit *officio.*

THÈME.

La règle n'est pas observée dans ce collége. Les élèves manquent à la plupart des exercices. Hier

Henri et Jean ont manqué à la prière. Antoine et Philippe ont manqué à la lecture et à l'appel général. Auguste et Hyacinthe manquèrent à l'étude et à la classe. Vous fûtes aussi absent de l'étude suivante. Cependant personne ne fut absent du dîné. Tout le monde assista à la récréation. Aucun ne manqua à la promenade. Vous n'êtes pas paresseux pour le jeu et les récréations ; mais, pour votre devoir, c'est autre chose. Cependant si vous ne vous appliquez pas, vous serez toujours ignorant.

Magna calamitas *tibi* imminet *etc.* Id *mihi* accidit, evenit, contingit.

THÈMES.

La mort nous menace ; notre fin approche. Mettons ordre à nos affaires, rangeons nos comptes. Ce qui est arrivé aux autres nous arrivera à nous, et plus tôt que nous ne croyons. L'heure de notre départ est proche, et nous la croyons éloignée. Suivons les conseils de l'Evangile : rien ne nous sera plus avantageux. Préparons-nous chaque jour à la mort : cela contribuera beaucoup à notre bonheur. Les plaisirs et les amusemens nous plaisent, mais ils ne nous sont ni avantageux ni nécessaires ; au contraire, ils nous deviennent souvent nuisibles.

De grandes calamités menacent notre ville et notre nation. Il nous arrivera quelque chose de fâcheux, comme il arriva jadis à nos pères. La peste ou la famine nous menacent. Le fléau de la guerre va fondre sur nous ; il nous serait avantageux de prendre les précautions qui nous sont nécessaires pour éviter tous ces malheurs. Rien ne serait plus nécessaire : faisons-le donc au plus tôt, parce que le temps approche. Si nous avions eu les mêmes précautions autrefois, nous aurions évité les malheurs qui nous sont arrivés, et qui nous ont réduits à l'état dans lequel nous sommes aujourd'hui.

Homo irascitur *mihi*.

THÈMES.

LES gens sensés ne se fâchent pas contre les fautes, mais contre ceux qui les commettent. C'est le propre d'un fou de se mettre en colère contre les bêtes brutes et muettes. C'est la marque d'une petitesse d'âme que de flatter les riches. Dieu, qui est juste et équitable, menace ceux qui n'emploient pas utilement leurs richesses ; c'est-à-dire, ceux qui ne secourent point les indigens, et flattent trop leurs passions.

~~~~~~

Mon fils, soulagez votre père dans sa vieillesse. Evitez, pendant sa vie, tout ce qui pourrait l'affliger ; car les services rendus aux parens ne seront point en oubli devant Dieu. Celui-là est infâme, qui maudit son père et sa mère. Mon fils, disait Tobie, flattez et caressez les pauvres, secourez la veuve et les orphelins, bénissez ceux qui vous font du mal.

Est *mihi* liber.

THÈME.

CE vieux château, qui est dans cette belle campagne appartenait jadis à mon grand père ; aujourd'hui il appartient à un scélérat. Cette forêt, cette
~~~~~~

prairie étaient aussi à lui. Cette allée qui est auprès du ruisseau lui appartenait aussi, et tout cela est aujourd'hui à ce méchant homme. Cependant ce jardin qui est auprès du grand chemin, avec le pré, sont encore à nous. La maison qui est en-deçà du ruisseau, et le champ qui est auprès, sont aussi à nous.

Hoc erit *tibi dolori.* Do, verto, tribuo, *etc.*

THÈMES.

L'ÉDUCATION des enfans a été fort à cœur aux législateurs les plus sages : Lycurgue et Numa-Pompilius eurent soin de recommander aux parens de les bien élever. Vous donnerez à vos enfans, leur disaient-ils, une éducation qui vous tourne non seulement à honneur; mais qui tourne aussi, un jour, au profit de la république. Toutes leurs actions, bonnes ou mauvaises, vous seront imputées à louange ou à blâme. S'ils ne deviennent des citoyens utiles à l'Etat, les lois vous en feront un crime.

Un enfant bien né se fait un déshonneur de fréquenter des enfans du bas peuple. Cette conduite est sage, à moins qu'elle ne puisse lui être imputée à orgueil. Mais si ce même enfant fréquente des compagnons corrompus, chacun lui imputera à folie ce commerce, qui sera pour lui un malheur assuré. Des oranges gâtées tournent toujours à la corruption des saines. Ainsi, un jeune homme corrompu est une véritable peste pour les autres.

RÉCAPITULATION.

THÊMES.

L'ignorance déplaît à tout le monde, tandis que la science fait plaisir aux hommes de tout âge et de toute condition. De grandes difficultés attendent ceux qui veulent devenir savans. Personne de vous, mes amis, n'ignore cette vérité; faites donc tous vos efforts pour réussir. L'application convient aux jeunes-gens. La vue d'un écolier studieux réjouit un maître qui désire l'avancement de ses élèves. Il plaint ceux qui ignorent le plaisir de l'étude, mais il ne les néglige pas. Si vous faites des progrès, cela me fera plaisir, et je vous aimerai.

Demain je serai absent de cette assemblée respectable, parce que je veux aller voir la ville de Milan, qui renferme beaucoup de savans. J'assisterai au discours d'un orateur célèbre qui préside à l'académie de cette ville. Je ne manquerai à aucune des séances. La perte de cet homme savant menace les habitans : il est accablé d'années et d'infirmités. Ce malheur leur arrivera peut-être avant cinq ans. Beaucoup de citoyens manqueront aux assemblées publiques, quand il sera mort, et cette perte tournera à leur désavantage.

Abundat *divitiis. Nullâ re* caret.

THÊMES.

Celui qui manque de vertu manque de tout mais celui qui est vertueux ne manque de rien. Nous voyons des gens qui abondent en argent et

en biens; qui cependant désirent toujours cet argent et cet or dont (*tournez* desquels) ils regor-
gent, et qui ne sont jamais contens de leur fortune. S'ils osaient, ils dépouilleraient les autres de
leurs biens et de leurs trésors, pour s'enrichir eux-
mêmes; quelquefois ils se réjouissent de la pauvreté
et de la misère d'autrui.

La vertu, mes enfans, est le meilleur de tous les
biens; avec elle, vous abonderez en toutes sortes
de biens, et sans elle vous manquerez de tout.
Tobie disait à son fils : Mon fils, soyez exempt de
crainte pour l'avenir; nous menons une vie pauvre,
mais nous regorgerons de tout si nous craignons
Dieu, et si nous observons ses (1) commandemens.
Le Seigneur est notre père; il nous comblera de
richesses si nous ne nous rendons pas indignes de
ses faveurs.

Fruor *otio.*

THÉMES.

Nous ne pouvons pas bien nous servir de notre
esprit lorsque nous sommes pleins de viande et de
boisson, et nous ne nous acquitterons jamais bien
de nos devoirs, si nous ne sommes maîtres des puis-
sances de notre âme, et si notre âme ne jouit du
repos et de la tranquillité; mais nous ne jouirons de
ce repos et de cette tranquillité que lorsque nous
serons sobres: d'ailleurs, ceux qui n'usent pas mo-
dérément de viande et de boisson, ne jouissent pas
d'une bonne santé.

Les écoliers qui s'acquittent de leurs devoirs avec
fidélité et exactitude, jouissent d'une grande tran-

______

(1) *Les commandemens de* lui, *ejus.*

quillité intérieure ; tandis que ceux qui emploient mal le temps, qui se glorifient aujourd'hui de leur paresse et de leur négligence, et qui abusent de la bonté, de la douceur et de la clémence de leurs maîtres, seront rongés un jour par des remords cuisans. Acquittez-vous donc, mes enfans, de tous vos devoirs avec exactitude, et employez utilement l'argent de vos parens.

Miscrere *pauperum*. Obliviscere *mortuorum* ou *mortuos*.

THÈMES.

L'homme de bien oublie facilement le mal, mais il se souvient toujours d'un bienfait. Souvenez-vous de la mort ; elle n'aura pitié ni du pauvre, ni du riche. Persée, roi de Macédoine, oubliant le sort de son père, commanda à ses soldats de se souvenir de l'ancienne bravoure d'Alexandre. Virginius priait les Romains d'avoir pitié de lui, ou plutôt de sa fille. Souvenez-vous toujours des bons conseils de vos parens ; un jour ils vous seront utiles.

Les soldats d'Alexandre oubliant leurs femmes et leurs enfans, regardaient l'or de Perse et les richesses de tout l'Orient comme leur butin : ils ne faisaient point attention aux peines et aux dangers, mais aux richesses qui les attendaient. Alexandre lui-même, dans tout le cours de ses campagnes en Orient, oubliait les peines, les travaux et les dangers, et se souvenait toujours de la gloire et des honneurs de ces anciens héros qui avaient été appelés fils des Dieux.

Do vestem *pauperi*.

THÈMES.

Les vieillards donnent ordinairement de bons conseils aux jeunes-gens. Aussi Romulus établit une assemblée de vieillards qui lui fut très-utile ; car, toutes les fois que ce jeune prince voulait donner des lois à ses sujets, il les proposait à cette assemblée de vieillards qui lui donnaient toujours des conseils sages et prudens, qui tournaient au bonheur et à la prospérité de son peuple.

Rome commença d'abord à déclarer la guerre à ses voisins ; mais, dans la suite, elle porta ses armes dans toutes les contrées de l'univers ; elle donna des lois à tous les peuples, et dicta des conditions de paix à tous les rois. Les Romains distribuaient les provinces et les royaumes à tous leurs généraux, comme s'ils avaient été eux seuls les maîtres de l'univers ; et lorsqu'ils accordaient la vie à un prince vaincu, ou quelque portion de son royaume, c'était un grand bienfait.

Minari mortem *alicui*.

THÈME.

Dieu menace de tourmens éternels ceux qui refusent d'obéir à ses lois : il menace de sa colère celui qui fait violence au pauvre parce qu'il est pauvre, et celui qui opprime l'innocent en justice. Je vous félicite de votre charité et de votre zèle envers les pauvres. Le prince félicite les bons sujets de leur fidélité et de leur attachement aux intérêts

dé la république, de leur amour pour la patrie ;
mais il menace de prison et de mort tous ceux qui
transgressent les lois.

Hæc via ducit homines *ad virtutem.*

THÈMES.

PRATIQUER la vertu et fuir le vice, voilà là
route assurée qui conduit l'homme au bonheur.
Le devoir d'un enfant sage est de s'appliquer à
l'étude de la science et de la vertu; c'est le seul
moyen de devenir savant. Il est fort utile au bien
de l'Etat de favoriser les savans. C'est une chose détestable que d'encourager les autres au crime; cependant les méchans tâchent toujours de porter
les autres au mal. L'amour de la gloire excite les
hommes à de grandes choses.

La vie oisive porte les hommes à la volupté.
C'est pourquoi je vous exhorte à éviter l'oisiveté,
comme la source de tous les vices ; car c'est elle
seule qui porte les jeunes gens à toutes sortes de
crimes. La vie est courte : employez donc tous les
momens à bien faire. Engagez vos condisciples à
obéir à leurs maîtres, et à respecter leurs pères et
mères. Pourquoi perdre à des choses vaines et inutiles un temps destiné à fixer notre bonheur futur ?

Doceo *pueros grammaticam.*

THÈMES.

Nous devons aimer ceux qui nous avertissent de
nos défauts, et qui ne nous cachent point nos

bonnes qualités, car ils sont sincères. Anaxagore enseignait à Périclès l'art de gouverner les Athéniens, et il ne lui cachait aucun des moyens propres à rendre ce peuple heureux ; il l'avertissait de ses bonnes qualités, et ne lui cachait point ses vices. Aussi Périclès aimait Anaxagore, et lui demandait son avis dans les affaires douteuses.

———

Les princes devraient honorer ceux qui leur disent la vérité ; car la flatterie a coutume de la leur cacher. Cependant voici un trait qui nous avertit du sort que doit attendre tout homme qui, dans le palais des grands, dira ce qu'il pense. Denis, tyran de Sicile, faisait des vers, il les récitait en présence de ses courtisans ; puis il leur demandait leur avis. La crainte de déplaire au prince avertissait chacun de sa réponse. Le philosophe Philoxène, qui ne lui cacha point la vérité, fut puni par le prince.

———

Scribo *ad te* ou *tibi* epistolam. Accepi litteras *à patre meo.*

THÈMES.

Mon cher père, dernièrement je vous avais écrit une lettre, et vous ne me fîtes point de réponse ; je vous écris aujourd'hui pour la seconde fois : répondez-moi, s'il vous plaît. Je vous envoie les livres que j'avais (*tournez*, lesquels) pris de votre bibliothèque ; j'en ai acheté deux de l'imprimeur, et j'en ai reçu quatre de mon oncle, qui m'a demandé de vos nouvelles, et qui viendra chez vous dans peu de jours.

———

Je vous prie de me répondre au plus tôt, et de m'envoyer de l'argent, parce que j'ai emprunté cent francs d'un marchand qui ne tardera pas à me les demander. Je vous prie aussi de m'envoyer mes habits et le reste de mes livres, que vous (*tournez, lesquels vous*) prendrez dans ma chambre ou dans mon armoire. Vous demanderez mes livres d'arithmétique à mon frère Théophile, qui vous les remettra, et vous m'enverrez le tout.

~~~~~

Mon fils, j'ai reçu de toi une lettre ; je te réponds sur-le-champ. Tu me demandes tes livres et tes habits : je te les enverrai après-demain. Ton oncle, qui est arrivé chez moi, te les apportera. Je t'enverrai de l'argent sous peu de jours. Je t'engage à acheter de bons livres ; car c'est dans les bons livres que l'homme puise les bonnes choses. Si tu es sage, et si tu fais des progrès, tu recevras de ton père toutes sortes d'encouragemens.

Id audivi *ex* ou *ab amico meo.*

THÈME.

J'APPRIS, par les lettres d'un de mes amis, la mort du frère du roi de Prusse, et la défaite de l'armée prussienne. Le jeune homme de qui j'appris cela ne le tenait pas d'un autre ; mais il avait été lui-même présent à ce triste spectacle, et avait vu le prince tombant de son cheval. Je m'informai de lui de plusieurs autres circonstances de cette mémorable journée, et je connus par ses réponses le bon ordre et la bonne discipline de l'armée française.
~~~~~

RÉCAPITULATION,

THÈMES.

Tandis que l'Italie jouissait du repos et de la tranquillité, la Gaule, qui était remplie d'une populace inutile, et troublée par les dissensions domestiques, manquait de tout. Alors Brennus, qui était un homme hardi et entreprenant, donna des armes à tous ses gens, et leur dit : Mes amis, je ne vous cacherai point mon sentiment, j'ai pitié de vous, qui êtes tous misérables ; je vous engage donc à me suivre.

Je vous enseignerai un moyen qui a souvent tiré nos pères de la misère, et les a conduits à l'abondance. Je promets une récompense à tous ceux qui me suivront, et menace de mort ceux qui n'obéiront point à mes ordres ; car j'ai appris de mes ancêtres que c'était le seul moyen d'engager la multitude à obéir aux ordres du chef. Alors Brennus reçoit le serment de toute la populace, et s'avance vers l'Italie.

Christus redemit hominem *à morte.*

THÈME.

Mes enfans, Jésus-Christ vous a rachetés de la mort éternelle ; il vous a délivrés de la servitude du démon ; il vous a arrachés aux flammes éternelles. Eloignez-vous donc maintenant de la compagnie des méchans, ne faites point société avec eux ; séparez-vous de ces jeunes impies qui vous excitent à la désobéissance et à la révolte, qui tâ-

chent toujours de vous détourner du chemin qui
conduit à la vertu et aux honneurs.

XLVIII.

Implere dolium *vino*.

LES verbes *d'abondance*, de *disette* et de *privation*, comme *implere*, remplir; *cumulare*, com-
bler; *privare*, priver; *nudare*, *spoliare*, dépouiller; *viduare*, dépeupler; *induere*, revêtir; *onerare*,
charger; *ornare*, orner, etc., veulent leur régime
indirect à l'ablatif sans préposition.

Exemple :

Remplir un tonneau de vin, *Implere dolium
vino*.

THÊMES.

L'arrivée de l'armée gauloise remplit les Romains
de terreur et de consternation. Rome fut remplie
de sang et de carnage. Toutes les rues de cette grande
ville étaient pleines de soldats gaulois. La ville était
dépourvue d'habitans. Le Capitole était plein de
jeunes-gens. La jeunesse romaine avait rempli cette
forteresse d'armes et de vivres. Les Gaulois dépeu-
plèrent cette grande ville d'habitans; ils la dépouil-
lèrent de tout.

~~~~~

Dieu, qui est un bon père, nous comble de
faveurs célestes. Cet habile architecte est privé de
l'usage de la parole. L'ennemi nous a dépouillés
de tous nos biens et de tous nos amis. Nous avons
rempli nos greniers de blé. Les ennemis ont rempli cette forteresse de soldats et de munitions. Cet
homme est le meilleur de mes amis; il m'a comblé
de bienfaits. Ces insolens ont chargé cet honnête
homme d'opprobres et de malédictions.
~~~~~

XLIX.

Admonui eum *periculi*, ou *de periculo*.

Les verbes *admonere*, avertir; *certiorem facere*, informer, veulent leur régime indirect au génitif, ou à l'ablatif avec *de*.

Exemple :

Je l'ai averti du danger, *Admonui eum periculi* ou *de periculo*.

THÈMES.

La prudence nous avertit souvent du mal. La rumeur publique nous informe de plusieurs nouvelles; elle nous avertit quelquefois de nos fautes. Votre père m'avertit de tous ces malheurs, et plût à Dieu que j'en eusse été informé plus tôt! Votre lettre m'instruisit de votre arrivée et de la mort de notre ami. Démosthène avait souvent averti les Athéniens des maux qui les menaçaient; il les avait souvent instruits des desseins de Philippe, roi de Macédoine.

Cicéron avertit les sénateurs romains des complots de Catilina; il les avertit de la ruine totale de Rome. Les complices de ce traître étaient informés de toutes les affaires de la ville, et ils informaient leur chef de tout; mais Cicéron, ce sénateur vigilant, était allié avec des gens de bien, qui l'instruisaient de toutes les actions et de toutes les démarches de Catilina. Plût à Dieu que nous fussions instruits des desseins de nos ennemis!

Mon fils, j'ai appris votre mauvaise conduite; votre maître m'a informé de vos desseins. Je vous ai souvent averti de vos devoirs, et des châtimens qui vous menaçaient si vous étiez paresseux : cependant vous n'êtes pas devenu plus sage ni plus savant. Nous avions été informés des belles actions de nos généraux. Les transfuges nous avertirent des desseins de nos ennemis. Plût à Dieu que je fusse informé de votre départ et de votre arrivée ! J'ai informé vos parens de votre santé.

L.

Insimulare aliquem *furti* ou *furto*.

LES verbes *insimulare*, accuser; *damnare*, condamner; *absolvere*, absoudre; *convincere*, convaincre, etc., veulent leur régime indirect au génitif, ou à l'ablatif; mais mieux au génitif. Quand ces verbes sont suivis d'un infinitif français, *accuser* s'exprime par *arguere*; et *condamner* par *jubere*, avec l'infinitif latin; le nom de la peine particulière et déterminée à laquelle on est condamné se met à l'accusatif avec *ad* (1).

Exemples :

Accuser quelqu'un de larcin, *Insimulare aliquem furti* (2), ou *furto*.

Absoudre quelqu'un d'un crime, *Absolvere aliquem criminis*, ou *crimine*.

Il est accusé d'avoir trahi l'état, *Arguitur prodidisse regnum.*

Il fut condamné à sortir de la ville (*tournez,*

____

(1) Dans ce sens, on met la peine particulière à l'ablatif, *Ex.* : Condamner à une amende, à l'exil, *Mulctare pecuni á exilio.*

(2) Sous-entendu *crimine*; c'est comme s'il y avait, *crimine furti*, du crime de larcin.

il reçut ordre de sortir de la ville), *Jussus est ab urbe discedere.*

Condamner quelqu'un aux galères , *Damnare aliquem ad triremes.*

THÈMES.

La renommée accuse de crime plusieurs innocens ; elle les condamne à un injuste mépris, tandis qu'elle absout plusieurs coupables des plus grands attentats. Elle absoudra rarement l'innocence des crimes imputés. Les ennemis ont accusé cet homme de trahison, et ils l'ont condamné à une peine infamante. Il fut aussi accusé de faux, et condamné aux fers. Je vous ai souvent averti de vos fautes, cependant vous n'êtes pas plus sages ; mais, un jour, je vous condamnerai à une pénitence rigoureuse.

Il vaut mieux absoudre cent coupables des crimes commis, que de condamner un innocent à la mort. Je vous accuse tous d'ingratitude et de mauvaise volonté ; je vous condamnerai au silence ou à l'étude. Vous êtes accusés d'avoir volé des pommes, et d'avoir coupé les branches de l'arbre : je vous condamne à la restitution. Vos condisciples sont accusés de libertinage : ils seront condamnés aux verges. Ils ont été convaincus de mensonge et de fraude : ils seront condamnés à une longue pénitence.

Jésus-Christ fut accusé d'avoir enseigné une mauvaise doctrine, et condamné à la mort la plus ignominieuse, à la mort de la croix. Ce prince fut accusé de lèse-majesté, et condamné à une prison perpétuelle. Tous ces malheureux furent absous des crimes imputés. Ce paysan fut accusé d'avoir tué un homme, et condamné à la potence. Le geôlier accuse ce voleur d'avoir rompu ses chaînes, et d'avoir forcé la première porte de la prison. Les juges le condamneront à la mort.

~~~~~

Le philosophe Socrate fut accusé d'avoir enseigné l'impiété à la jeunesse d'Athènes, et condamné à la mort. Les historiens accusent les Athéniens d'ingratitude à l'égard de ce grand homme. Les généraux carthaginois convaincus de trahison étaient condamnés au poteau. Les Anciens qui étaient soupçonnés d'avoir eu des entretiens secrets avec l'ennemi, étaient condamnés à l'exil. Les soldats convaincus de désertion étaient condamnés à une peine infamante ou à la mort.

~~~~~

Aristide fut accusé d'avoir pratiqué la vertu et la justice, et condamné à l'exil. Diogène fut condamné à sortir de l'école du philosophe Antisthènes. Démosthène fut accusé d'avoir reçu une coupe d'or d'Alexandre, et condamné à sortir de l'Attique. Les Athéniens accusèrent Phocion d'avoir trahi la république, et le condamnèrent à boire la ciguë. Tous les grands hommes de l'antiquité ont été accusés de quelque crime, et condamnés à quelque peine. Quelques-uns ont été condamnés à une amende pécuniaire, d'autres à un exil perpétuel.

LI.

Deus amat *virum bonum illi*que favet.

Quand deux verbes n'ont qu'un régime en français, et que les verbes latins gouvernent différens cas, on met le nom au cas du premier verbe, et

l'on se sert des pronoms *is*, *ille*, *ipse*, pour mettre
au cas du second.

Exemple :

Dieu aime et favorise l'homme de bien, *dites :*
Dieu aime l'homme de bien, et le favorise, *Deus
amat virum bonum, illique favet* (1).

THÈMES.

Nous avons souvent lu et étudié les admirables
préceptes des anciens philosophes. Un bon maître
aimera et flattera toujours les écoliers sages et diligens. Un homme charitable secourt et protège les
malheureux. Les courtisans aiment et flattent le
prince. Nous lisons et étudions les auteurs anciens
et modernes. Notre maître nous encourage et nous
félicite. Cet enfant, d'un mauvais caractère, déteste ceux qui le nourrissent et le flattent. Les écoliers sages doivent aimer et satisfaire les maîtres.

Nous avons menacé et puni plusieurs fois cet enfant paresseux. Nous admirons et favorisons les
hommes vertueux et sages. Cette bonne mère caressait et embrassait ses enfans. Nous devrions aider
et secourir les malheureux. Je verrai et féliciterai
vos parens. J'ai lu et étudié long-temps l'histoire
ancienne. Si vous vous appliquez à l'étude, vos
maîtres vous aimeront, vous estimeront et vous favoriseront ; car ils aiment, ils estiment et favorisent les jeunes-gens qui sont désireux d'acquérir de
la science.

Défendons nos amis, et donnons-leur du secours.
Les religieuses ont aimé et secouru les pauvres de

---

(1) La raison de cela, c'est qu'en français *aimer* et *favoriser* sont deux verbes actifs : au lieu qu'en latin *amare* est
actif et *favere* est neutre.

cette ville. Les disciples sages et diligens étudient leurs leçons, et les récitent. Si vous voulez entendre les ouvrages des anciens poëtes, lisez et étudiez attentivement la Mythologie. Les enfans sages et studieux respectent et contentent leurs parens. Les trésors ne peuvent ni satisfaire ni éteindre la soif insatiable de l'avare. Le maître félicitait et admirait les enfans de votre frère.

LII.

RÉGIME DES VERBES PASSIFS.

Amor à Deo.

Mœrore Conficior.

Les verbes passifs veulent leur régime à l'ablatif avec *à* ou *ab* (1), quand c'est un nom de chose animée; mais, quand ce régime est un nom de chose inanimée, on le met à l'ablatif sans préposition.

Exemples :

Je suis aimé de Dieu, *Amor à Deo.*
Je suis accablé de chagrin, *Mœrore conficior.*

THÈMES.

La paix et la tranquillité étaient désirées par les gens de bien. Les Turcs ont été battus par les Russes. La religion a été rétablie par le chef de l'Eglise. Les lois seront observées par tous les bons citoyens. Mon frère mourut de maladie. Nous fûmes tous accablés de tristesse et de chagrin. Tous les hommes sont tourmentés par les passions. Ces malheureux sèchent de langueur; ils tomberont de dé-

---

(1) On met *à* devant une consonne, et *ab* devant une voyelle, un *y*, un *h* et un *j*.

faillance. Ils sont couverts de plaies, et accablés de douleurs.

～～～～

Les sujets sont défendus par le monarque. Tous les hommes sont conduits par l'amour de la gloire ou de l'argent. L'armée française a été conduite par des généraux habiles et intrépides. La justice est rendue par des juges intègres. Cette belle maison a été dévorée par les flammes. Deux ivrognes furent écrasés par une voiture. Les montagnes les plus hautes ont été frappées par la foudre. Trois soldats furent emportés par un boulet de canon. Notre général fut tué d'un coup d'épée.

～～～～～

Les princes sont aimés des peuples, et les peuples sont aimés des princes. Les affaires importantes sont décidées par le sénat. Les soldats sont commandés par les généraux. L'innocence de cet homme a été reconnue des juges. Cette lettre très-obligeante m'a été envoyée par un de mes amis. Les arbres de cette forêt ont été abattus par un vent violent. Les terres ont été entraînées par les eaux. Le genre humain fut détruit par le déluge universel. Les anciens vainqueurs étaient portés par des chariots.

～～～～

Aristide le juste fut condamné à l'exil par les Athéniens injustes et ingrats. Darius, roi de Perse, fut vaincu par Alexandre-le-Grand, roi de Macédoine. Ces livres m'ont été apportés par le meilleur de mes amis. L'armée de Xerxès, roi des Perses, fut défaite par les Grecs. Cette grande ville sera environnée de tours et de murailles très-fortes. Les portes de la prison étaient fermées à clef. L'armée des Madianites fut épouvantée par le bruit des bouteilles et des lanternes.

Le géant Goliath fut renversé par terre d'un coup de pierre. Le lion de la forêt de Némée fut terrassé par Hercule. Le dîné des sauvages est cuit par l'ardeur du soleil. Le livre intitulé *Télémaque*, qui contient des préceptes très-utiles, a été composé par un archevêque d'une grande piété. L'armée romaine fut épouvantée par une éclipse de lune. Les enfans sages et dociles sont aimés et estimés de tout le monde.

LIII.

Magister favet *huic puero.*

Si les verbes dont on se sert sont au passif dans le français, et qu'ils soient neutres ou déponens en latin, il faut changer le passif en actif, et pour cela il faut prendre le régime pour en faire le nominatif, et le nominatif pour en faire le régime. Il faut encore changer le passif en actif lorsqu'il y a deux verbes au passif dans le français, et que l'un de ces deux verbes n'a point de passif en latin. On fait de même lorsque le pronom *se* se trouve devant un verbe actif, dont le nominatif est un nom de chose inanimée (1).

Exemples :

Cet enfant est favorisé du maître (*tournez*, le maître favorise cet enfant), *Magister favet huic puero.*

Vous êtes aimé et favorisé de vos parens (*tournez*, vos parens vous aiment et vous favorisent), *Parentes tui te amant, tibique favent.*

---

(1) Ce n'était pas ici la place de cette règle, d'après le rudiment de Lhomond ; mais, comme elle s'y trouve naturellement, nous avons cru qu'il serait bon d'en donner un exemple : cela ne nous empêchera pas de l'expliquer ailleurs avec plus d'étendue et de clarté.

Le fer s'use, *Ferrum atteritur* (1).

THÉMES.

Les exemples des hommes sages sont suivis de tout le monde. La vertu de ce jeune homme sera imitée de tous les élèves. Ce poëme est admiré et estimé de tout le monde. Ces coutumes anciennes et louables ont toujours été suivies par les honnête gens. Les saisons se succèdent. Les jours et les années s'écoulent rapidement. Les enfans sont exhortés au travail par les parens. Ce vieillard était admiré et respecté de tous les voisins. Le vin se corrompt. Les fruits se perdent.

~~~~~

Cet animal furieux était craint de tous les habitans de cette province et des environs. Les injures faites à notre patrie ont été vengées par nos soldats. Les hommes de lettres sont aimés et favorisés du prince. Les petits enfans sont chéris et flattés par la mère. Ces grandes récompenses nous ont été données et distribuées par nos parens ; elles nous avaient été promises par eux. Cette science a été étudiée et apprise par ce jeune enfant. Les maîtres aiment et caressent les enfans sages.

LIV.

Hæc sententia neque *nobis*, neque *illi* probatur.

Avec les verbes *probor*, je suis approuvé ; *improbor*, je suis improuvé ; *videor*, je suis vu *ou* je

____

(1) Il ne faut pas regarder comme verbes passifs, ceux qui ne prennent le verbe *être* qu'au parfait et aux temps qui en sont formés, comme *je suis venu*, *je suis parti*, *je me suis promené*, etc. ; tous ces verbes ne sont pas passifs. Le
~~~~~

paraîs; *audior*, je suis écouté; *dicor*, je suis nommé; *diligor*, je suis aimé; *laudor*, je suis loué, etc., et les participes en *dus, da, dum*, l'on met mieux le nom au datif qu'à l'ablatif.

Exemples :

Ce sentiment n'est approuvé ni de lui, ni de nous, *Hæc sententia neque nobis, neque illi probatur*.

Je dois pratiquer la vertu, *Mihi colenda est virtus* (c'est-à-dire, la vertu doit être pratiquée par moi, *ou* est à moi devant être pratiquée.)

THÊMES.

La soif insatiable des richesses n'est approuvée de personne ; au contraire, elle est improuvée de tous les gens de bien. Les hommes qui ne pratiquent point la vertu, ne me paraissent pas fort estimables. Tous les hommes doivent faire le bien et éviter le mal. Tous doivent pratiquer la vertu et fuir le vice. La loi qui fut proposée ne fut approuvée ni du sénat ni du peuple romain. Elle ne leur parut pas propre au bonheur de la société.

Le traité conclu entre les deux généraux doit être approuvé par l'empereur de Russie et le roi de Suède. La conduite de ce grand général fut approuvée de tous les soldats. Cette démarche et ces conseils devraient paraître douteux à tous les hommes d'esprit. Tout bon citoyen doit défendre la patrie. Un bon sujet doit aimer le prince. Cette loi nouvelle a dû vous paraître sévère ; cependant elle a été approuvée du sénat et du peuple.

---

verbe passif est un verbe dont tous les temps se conjuguent en français par le verbe *être* et le participe du passé du même verbe, comme : *je suis aimé, j'étais écouté, j'aurais été récompensé*, etc.

Nous devons observer la loi naturelle et la loi divine. Nous ne devons pas négliger les commandemens de Dieu. Les enfans doivent aimer Dieu, les parens et la patrie. Nous devons aimer et respecter ceux qui nous gouvernent, et ne pas violer les lois établies. Nous devons pratiquer la charité, la probité, la justice, la pudeur, et toutes les vertus. Nous devons surmonter toutes les difficultés qui nous arrêtent dans la voie du bien. Nous devons déraciner nos vices et nos mauvaises habitudes.

RÉCAPITULATION

Depuis le n.º 21, jusqu'au n.º 54.

THÈMES.

Deux vieillards, juges du peuple, durant la captivité de Babylone, accusèrent publiquement Susanne de fornication, et la traînèrent ignominieusement devant le peuple. Aussitôt ce peuple crédule condamne l'innocente à mort. Dieu suscite en même temps un jeune homme nommé Daniel, qui, animé de l'esprit divin, exhorta le peuple à revenir à l'examen du crime. Il sépara les deux vieillards de la multitude, les interrogea et les convainquit de faux. Aussitôt le peuple condamna ces deux imposteurs à mort.

La Savoie est un pays plein de montagnes et de forêts. Les sommets de ces montagnes sont presque toujours couverts de neige et de glace. Ce pays appartenait autrefois au roi de Sardaigne. La ville de Berne est la capitale de la Suisse, le plus haut pays de l'Europe. C'est un état des plus libres de l'univers; il est composé de treize cantons et de quelques provinces alliées, qui forment une puissante république. Elle est remplie de rivières et de lacs. Je vous enseignerai la géographie, si vous m'écoutez attentivement.

––––––

Un pauvre homme malade et abandonné de tous les médecins, demanda la santé au grand Jupiter; il lui promit cent bœufs et cent boucs, s'il le délivrait de cette maladie. La femme de cet infortuné, entendant ces paroles, dit au malade : mon ami, si tu guéris de ta maladie, tu n'auras pas cent bœufs ni cent boucs; cependant tu les promets à Dieu. Si je guéris, reprit le mari, Jupiter ne les exigera pas de moi. Souvent l'homme promet aux autres les choses qui ne sont pas à lui.

––––––

Vous et votre père avez étudié les langues grecque et latine. Vous lisez souvent les auteurs anciens. Plutarque et Tite-Live vous plaisent beaucoup; cependant l'histoire du peuple Hébreu vous plaît davantage. Cette lecture vous procurera de grandes connaissances. Vous avez déjà rempli votre esprit de faits historiques. Je vous félicite de votre application et je me réjouis de vos progrès. Personne ne vous fera un crime de votre paresse.

––––––

Votre frère et moi avons manqué à notre devoir : nous avons été absens de la classe pendant deux jours; le maître se fâchait contre nous, il nous menaçait de la férule. Cela nous causait de la peine. Il a écrit une lettre à nos parens; il les a instruits de notre mauvaise conduite, il les a avertis de nos desseins. Mon père, qui auparavant nous aimait et nous favorisait, parce que nous étudiions et nous apprenions nos leçons, nous déteste aujourd'hui.

––––––

Le maître nous a accusés d'avoir volé des fruits; il nous a condamnés d'abord au silence, et ensuite

à restituer les fruits volés , et il ne nous absoudra pas
facilement de ce crime ; cependant nous sommes
innocens. Il devrait avoir égard à nos représenta-
tions, et nous délivrer de cette punition. Il nous a
aussi séparés des autres , et nous a menacés de la
prison. Il nous fait porter notre dîné et notre soupé
à part, et nous avons appris d'un de nos condisciples, qui étudie la langue italienne , les desseins
qu'il avait sur nous.

Ulysse , fils de Laërte , roi d'Itaque , était un
grand capitaine ; il alla à la guerre de Troie, et
enleva le Palladium. Après la prise de cette ville ,
il creva l'œil de Pholyphême , parce que ce géant
avait dévoré quelques-uns de ses compagnons. Il
alla dans la Grèce , et descendit aux enfers. Il revint
ensuite, déguisé en mendiant , auprès de sa femme
Pénélope, et tua tous ceux qui avaient voulu l'en-
traîner au crime pendant son absence. Cette fable
avertit les jeunes-gens d'imiter les actions courageuses de ce grand homme.

Les généraux romains demandaient au sénat la
permission de triompher ; lorsque le sénat avait consenti à cette demande, le vainqueur, environné d'une
foule de ses amis, et escorté de l'armée, se rendait
à la porte de la ville. La pompe du triomphe était
des plus augustes. Les flûtes et les trompettes marchaient les premières ; venaient ensuite les bœufs
couronnés de fleurs et de rubans ; ils étaient suivis
des dépouilles , des titres et des images des nations
et des villes vaincues.

Les chefs des ennemis suivaient la pompe ; venaient ensuite les princes et les rois liés avec des
chaînes. Le vainqueur était monté sur un char ; il

était vêtu d'une robe triomphale , et couronné de lauriers. Il tenait à la main une branche de ce même arbre. Le char était traîné par des cerfs ou des lions , mais plus souvent par quatre chevaux blancs. Les enfans , les parens et les amis du vainqueur le suivaient. L'armée victorieuse marchait ensuite.

RÉCAPITULATION

Depuis le n.° 48 jusqu'au n.° 54.

Implere dolium *vino.*

THÊMES.

ANNIBAL, qui avait rendu les plus grands services à sa patrie , et qui avait comblé de gloire la ville de Carthage , fut cependant dépouillé de tous ses biens. C'était un général plein de hardiesse et de courage; il jeta la terreur dans les Gaules , et remplit l'Espagne et l'Italie de meurtres et de carnage. Il fit long-temps la guerre en Italie , quoiqu'il manquât d'argent , et qu'il fût privé des secours de sa patrie.

Les Romains avaient dépouillé les Carthaginois de toutes les îles qu'ils possédaient dans la Méditerranée ; mais Annibal , qui avait un esprit fécond en ruses et en adresse , en priva les Romains. Le camp de ce général fut toujours plein d'une multitude de gens armés de toutes pièces. Quelquefois les soldats de ce rusé Carthaginois manquaient d'or et d'argent ; mais ils avaient toujours des vivres en abondance , et retournaient souvent dans leur patrie chargés des dépouilles des nations étrangères.

Admonui eum *periculi*, ou *de periculo*.

THÈMES.

CICÉRON, informé des desseins de Catilina, avertit ses concitoyens des dangers qui menaçaient Rome. Doué d'une mâle éloquence et d'une grande fermeté, il réveilla l'attention des Romains, et déconcerta les projets du parricide Catilina. Informé de tous les complots de ce traître, Cicéron en instruisit le sénat. Cet orateur, plus redoutable dans la tribune que brave dans un combat, reprocha à Catilina, en pleine assemblée, tout ce dont il avait été instruit; et si tous les sénateurs eussent été convaincus de la vérité du fait comme Cicéron, et qu'ils eussent aimé la patrie comme cet orateur, le traître aurait été puni de mort sur-le-champ.

Annibal, connaissant l'ambition des Romains, avait souvent averti ses concitoyens des dangers qui menaçaient Carthage; mais personne ne voulut l'écouter. Antiochus, roi de Syrie, informé des talens et de la capacité de ce général, voulut l'engager, de concert avec lui, à déclarer la guerre aux Romains; celui-ci ne s'y (1) refusa pas. Rome, connaissant les intentions de ce rusé Carthaginois, envoya des ambassadeurs en Afrique pour demander Annibal aux Carthaginois. Celui-ci, informé de leur arrivée, et connaissant les intentions de ses concitoyens, abandonna Carthage, et se retira auprès d'Antiochus. Ce prince, étant averti de l'arrivée du général carthaginois, en donna avis à ses amis, qui en furent aussi contens que le prince lui-même.

____

(1) Ne se refusa pas à cette proposition.

Insimulare aliquem *furti* ou *furto*.

THÈMES.

Il y a dans cette prison trois mauvais sujets. Le premier a été convaincu de vol et de meurtre. Hier les juges ont condamné le second aux fers et à une prison perpétuelle; les témoins de ce second, qui ont été convaincus de mauvaise foi, sont condamnés au carcan pendant six heures, et à six mois de prison. Tout le monde accusait le troisième de très-grands crimes, et cependant les juges l'ont absous de toute accusation, quoique, dans le premier jugement, il eût été condamné aux galères.

~~~~~~

Nous voyons dans l'histoire plusieurs grands hommes qui, quoique innocens, ont été accusés d'avoir mal agi envers la patrie. Les Athéniens accusèrent Aristide d'avoir voulu aspirer à la tyrannie, et le condamnèrent à sortir de l'Attique; cependant il était innocent, à moins qu'on ne lui fît un crime d'être juste. Socrate fut aussi accusé d'avoir enseigné l'athéisme à la jeunesse athénienne, et condamné à boire la ciguë.

Deus amat *virum bonum illi*que favet.

THÈME.

Les bons princes ont toujours aimé et favorisé les savans. Si vous voulez le devenir, mes amis, vous devez lire et étudier les bons auteurs : c'est le seul moyen d'acquérir ce titre. Tout le monde aime et caresse les gens instruits : ils trouvent des ressources partout, soit dans leur patrie, soit parmi les étrangers; tandis que les ignorans sont haïs et méprisés partout. Ainsi, appliquez-vous à étudier
~~~~~~

et à lire les bons ouvrages : tâchez de mettre vos lectures à profit, et un jour tous les hommes vous aimeront et vous favoriseront.

Amor *à Deo*.

THÈME.

La vertu est estimée des hommes les plus méchans. En vain le vice recevra d'eux les plus grands applaudissemens; la vertu ne perdra jamais ses droits. Elle porte avec elle un caractère de grandeur qui exige de ses ennemis mêmes un hommage indispensable. Un homme livré au crime se défie d'un autre qui lui ressemble. L'homme vertueux est connu des autres, et peut seul attendre la confiance et l'estime des hommes.

Mœrore conficior.

THÈME.

Les méchans sont saisis d'effroi à la seule pensée de la mort. Les gens de bien, au contraire, sont transportés de joie lorsque leur délivrance approche. Les premiers jouissent avec plaisir de ce monde, où ils vivent dans toutes sortes de délices; les seconds (1) brûlent d'envie de se nourrir de la vue de Dieu, qui seul peut les rendre heureux. Nous avons souvent vu les impies frappés de mort subite, ou tourmentés par des douleurs aiguës, tandis que le sage a été consumé d'une maladie douce et tranquille.

---

(1) Quand on ne parle que de deux, *le premier* s'exprime par *prior*, et *le second* par *posterior*, ou par *alter* répété.

Probor, Improbor, Videor.

THÈMES.

Vous devez, mes enfans, tenir une conduite qui paraisse honnête aux yeux de tout le monde, et qui le soit en effet. Vous devez donc faire le bien et éviter le mal. Vous devez pratiquer la vertu, et fuir le vice. Vous devez, enfin, fréquenter les gens de bien, et fuir les méchans. Cette manière d'agir est honnête et louable : elle ne sera improuvée ni de vos condisciples, ni de vos maîtres, ni de vos parens ; au contraire, elle sera approuvée de tout le monde.

Nous devons aimer les gens de bien ; nous devons imiter leurs bons exemples (les exemples *d'eux*) ; nous devons toujours rechercher leur société. Si nous agissons ainsi, notre conduite sera approuvée de tous les hommes ; mais si nous suivons les méchans, si nous imitons leurs exemples, nous ne serons approuvés de personne ; au contraire, nous paraîtrons insupportables aux yeux des hommes, et surtout aux yeux de ceux qui aiment la vertu et la justice. Il faut donc, si nous voulons paraître agréables aux yeux de Dieu et des hommes, fuir les méchans, et nous associer avec les bons, avec ceux qui mènent une vie approuvée de Dieu et des hommes.

LV.

RÉGIME DES IMPERSONNELS

Pertinet, Attinet, Spectat.

Hoc *ad me* pertinet.

Les trois verbes, *pertinere*, appartenir ; *attinere*, *spectare*, regarder, avoir rapport à..., etc., veulent le nom de la personne à l'accusatif avec *ad*.

Exemples :

Cela me regarde, *ou* m'appartient, *Hoc ad me pertinet*, ou *spectat*.

Pour ce qui me regarde, *ou* m'appartient, *Quod ad me attinet*.

THÈMES.

Ce beau château et cette belle campagne appartiennent à un de mes amis. Ce cheval appartenait à mon oncle. Ces instructions regardent les jeunes-gens. La fin de la lettre que vous m'écrivîtes regardait ma sœur. Les fables regardent tous les hommes. Les explications concernent tous les écoliers studieux des principes de la langue latine. Les reproches du maître concernaient tous les élèves paresseux et indociles. Toutes vos expériences ont rapport à la physique et à la chimie. Tout ce qui a rapport à la haine et à la vengeance est odieux, et doit être évité.

~~~~~~

J'ai vu un arrêté du département de la Seine, concernant les jeunes-gens. Cette question a rapport à la philosophie. Ces montagnes et ces forêts avaient appartenu au seigneur de ce pays. Ce troupeau de bœufs et de moutons appartient à votre fermier. Les discours de cet orateur regardent tout le monde. Un jour tous ces champs et tous ces prés vous appartiendront; ils avaient appartenu à vos ancêtres. Les affaires de cet homme ne nous concernent point. Pour ce qui nous regarde, ce n'est rien. Ces lois regardent le bonheur et la tranquillité de la société.
~~~~~~

LVI.

RÉGIME DES IMPERSONNELS

Pœnitet, Pudet, Piget, etc.

Me pœnitet *culpæ meæ.*

Les verbes *pœnitere*, se repentir; *pudere*, avoir honte; *pigere*, être fâché; *tædere*, s'ennuyer; *miserere*, avoir compassion, veulent à l'accusatif le nom ou pronom qui précède le verbe français, et au génitif le nom qui le suit; c'est-à-dire, que la personne *qui se repent, qui a honte* ou *pitié*, est cen·ée le régime direct du verbe, et se met à l'accusatif, tandis que la chose dont on *se repent*, dont on *a honte*, etc., se met au génitif (1). De plus, tous les verbes, excepté *volo, nolo, malo, audeo, cupio*, deviennent impersonnels devant *pœnitet, pudet*, etc., c'est-à-dire qu'on les met à la troisième personne du singulier, et le nom ou pronom qui les précède se met à l'accusatif. Mais, lorsque *volo, nolo, malo*, etc. se trouvent devant ces impersonnels, on n'exprime point *me, te, se, nous*, etc.

Exemples :

Je me repens de ma faute, *Me pœnitet culpæ meæ* (c'est comme s'il y avait : *pœna culpæ meæ tenet me*). *Pœnitet* est composé du nom *pœna* et du verbe *tenet; pudet*, de *pudor* et de *tenet; miseret*, de *misericordia* et de *tenet; tœdet*, de *tœdium* et de *tenet; piget*, de *pigritia* ou *pigredo*, et de *tenet* ou d'*habet*. Le substantif que l'on met au génitif, est le régime des noms *misericordia, pœna*,

---

(1) On trouve dans Cicéron, *facinus pœnitere*, se repentir d'une action.

pudor, tædium, pigritia ; et le nom de la personné qui est à l'accusatif, est le régime du verbe *tenet* ou *habet.*

Ainsi :

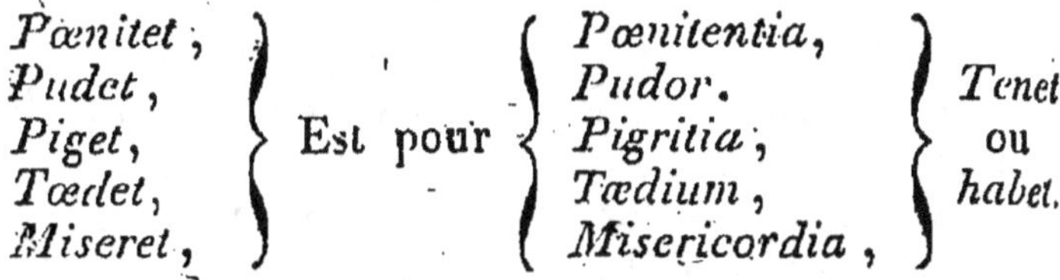

<table>
<tr><td>*Pœnitet*,
Pudet,
Piget,
Tœdet,
Miseret,</td><td>Est pour</td><td>*Pœnitentia*,
Pudor.
Pigritia,
Tædium,
Misericordia ,</td><td>*Tenet*
ou
habet.</td></tr>
</table>

Le roi a pitié de cet homme, *Regem miseret hominis* (c'est comme s'il y avait : *Misericordia hominis habet regem*).

Je commence à me repentir de ma faute, *Incipit me pœnitere culpæ meæ* (c'est comme s'il y avait: Le repentir de ma faute commence à s'emparer de moi, *Pœna culpæ meæ incipit me tenere*).

Vous devez avoir honte de votre négligence, *Debet te pudere tuæ negligentiæ* (c'est-à-dire, la honte de votre négligence doit vous avoir, *Pudor tuæ negligentiæ debet habere te.*)

Je veux me repentir de mon crime, *Volo pœnitere sceleris mei*, et non pas *vult* ni *volo me pœnitere*, etc.

Vous aimez mieux vous repentir, *Mavis pœnitere*, et non pas *te pœnitere.*

Je ne veux pas me repentir, *Nolo pœnitere*, et non pas *non vult, nolo me pœnitere* (1).

---

(1) Quand ces verbes sont suivis immédiatement d'un infinitif, on peut l'exprimer par un nom dérivé du verbe. *Ex.* : Je m'ennuie de vivre, *Me tædet vitæ* (*tædium vitæ me tenet*).

Possum et *cœpi* s'emploient personnellement devant *pœnitere, pudere*, etc. *Ex.* : Ils peuvent se repentir, *Pœnitere possunt.* Tite-Live. Ils commencèrent à se repentir, *Pœnitere cœperunt.*

THÈMES.

Un jour vous vous repentirez de votre paresse,
et vous aurez honte de votre négligence. Vous serez
fâché du temps perdu. Aujourd'hui vous vous en-
nuyez de l'étude, et alors vous vous ennuierez de
l'oisiveté. Commencez donc à vous repentir de vos
erreurs. Le riche orgueilleux n'a pas compassion du
pauvre. Le fort n'a pas pitié du faible. Vous ne voulez
pas avoir honte de vos désordres. Vous aimez mieux
être fâché des malheurs des autres que des vôtres.

~~~~~~

Ce peuple charitable a pitié des pauvres malheureux. Vous commencerez bientôt à vous repentir de
votre désobéissance. Ceux qui ont étudié l'histoire
du paganisme, devraient avoir honte d'ignorer l'histoire du Peuple de Dieu. Les scélérats se repentent
rarement de leurs crimes. Mes oncles ont compassion des pauvres. Mon frère semblait avoir honte de
sa paresse et de sa négligence. Les pères se repentent de leur bonté envers les enfans. Les écoliers
paresseux s'ennuient du travail. Ils n'ont pas honte
d'être toujours ignorans. Ces jeunes-gens ne veulent pas avoir honte de leur dissipation.

~~~~~~

Le philosophe Diogène n'eut jamais honte de sa
pauvreté; il ne se repentit jamais d'habiter dans un
tonneau. Je ne puis pas avoir compassion de ces
écoliers paresseux qui s'ennuient du travail, et qui
ne se repentent jamais des fautes commises, ni du
temps perdu. Votre frère ne veut ni se repentir, ni
avoir honte de son orgueil insupportable; il aime
mieux avoir honte de la vertu que du vice. Vous
commencez à vous repentir de votre sort. Aujour-
d'hui vous avez mieux aimé mépriser mes conseils
que les suivre. Vous n'avez pas voulu vous repentir

de votre mauvaise conduite, ni changer lorsque je vous exhortais à le faire : et aujourd'hui il n'est plus temps.

LVII.

RÉGIME DES VERBES

Refert, Interest.

Refert, Interest *Regis.*

LES verbes *refert*, *interest*, veulent au génitif le nom qui suit le verbe français *il importe*, et à l'accusatif, avec *ad*, si c'est un nom de chose inanimée. Après ces Verbes, les pronoms *me*, *te*, *se*, *nous*, *vous*, *lui*, *leur*, s'expriment par *meâ*, *tuâ*, *nostrâ*, *vestrâ*, *suâ*, devant lesquels on sous-entend *causâ*. Si ces pronoms sont suivis d'un nom ou d'un adjectif, on met au génitif ce nom ou cet adjectif. S'il y a ces phrases : Il nous importe *à tous deux*, il leur importe *à tous deux*, etc., on les tourne ainsi : Il importe *à l'un et à l'autre de nous, de vous, d'eux*, etc. (1).

Exemples :

Il importe au roi, *Refert* ou *interest regis.*

---

(1) Pour concevoir pourquoi *refert* et *interest* veulent le génitif après eux, il faut les décomposer. 1.° *Refert* est composé de *res* et de *fert*. Le régime de *refert*, qui est au génitif, est par conséquent le régime du mot *res*, et non pas de *fert*; par *exemple :* Il importe à l'homme, *Refert hominis*, c'est-à-dire, *res hominis fert.* Il importe à moi, à toi, à vous, etc., *Fert in re meâ*, ou *causâ meâ, tuâ, vestrâ*, ou bien, *pro re meâ, tuâ, nostrâ; pro causâ nostrâ.* 2.° *Interest* est composé d'*inter* et d'*est*, *negotia* sousentendu. Le génitif qui suit ou qui précède ce verbe est donc le régime de *negotia. Ex. :* Il est de l'intérêt de l'homme, ou l'homme à l'intérêt, *Hominis interest*, c'est-à-dire, *est inter negotia hominis, est inter negotia mea, tua*, etc.

Il m'importe, il vous importe, il nous importe, *meâ, tuâ, nostrâ, interest.*

Il importe à vous seul, César, *interest tuâ unius Cæsaris,* ou *Cæsar,* sous-entendu *qui es Cæsar* (1).

Il importe à notre honneur, *Refert ad honorem nostrum.*

Il importe à l'un et à l'autre de nous, de vous, d'eux, *Utriusque nostrûm, vestrûm illorum refert,* ou *interest.*

THÈMES.

Il aurait importé à ces jeunes-gens d'être sages et studieux. Il est de leur intérêt de bien profiter. Il importe à tous les écoliers d'écouter bien attentivement les explications des auteurs latins, et de les graver profondément dans leur mémoire. Il importe au maître d'expliquer les règles de la grammaire latine; mais il est de l'intérêt de tous les écoliers de le bien écouter. Il serait de l'intérêt de votre fils de venir plus assidûment. Il m'importe de blâmer la conduite de ce jeune homme (2).

———✦———

Il importe à notre gloire de conclure une paix qui nous soit honorable. Il serait de l'intérêt de tous les hommes de vivre fraternellement. Il m'importe à moi seul de pourvoir à ma santé et à ma conservation. Il importait à vous, jeune (3)

---

(1) On trouve aussi le génitif *tui* : Il importe à vous seul, *Tui solius interest ; Mei solius refert loqui,* Il importe à moi seul de parler.

(2) *Refert, interest* prennent quelquefois deux régimes. *Ex. :* Il importe à moi et à la république, *Meâ et reipublicæ interest.*

(3) Si le nom qui suit ces pronoms *à moi, à toi, à nous, à vous,* etc., marque quelque dignité ou qualité, on tourne mieux par *qui suis, qui êtes,* etc. *Ex. :* Il importe à vous, orateur, c'est-à-dire, qui êtes orateur, *Tuâ, qui es orator, interest.*

homme, de travailler assidûment. Il aurait importé à votre réputation de réparer vos désordres. Il aurait importé à votre bonheur de devenir savant et vertueux. Il nous importe à nous seuls de vous instruire, et à vous de profiter de nos instructions.

<center>~~~~~</center>

Il importe à tous les hommes de vivre honnêtement. Le sage croit *qu'*il lui importe de vivre pauvre. Les jeunes-gens pensent qu'il importe à eux (1) seuls de devenir savans et vertueux. Il aurait importé à l'un et à l'autre de nous, d'éviter cette faute. Votre père et moi détestons la vanité. Il importerait aux hommes vains et orgueilleux de fuir notre compagnie. Il a toujours importé aux jeunes-gens de suivre les conseils des vieillards.

<center>~~~~~</center>

Il importe à notre santé de vivre sobrement. Il importera à votre vieillesse d'être prudent. Il im-

---

(1) *Lui*, *leur*, *eux*, avec *refert*, *interest*, s'expriment par *suâ*, quand ils se rapportent au nominatif de la phrase; et par *ejus*, *illius*, ou *ipsius*, *eorum*, *illorum*, *ipsorum*, lorsqu'ils ne s'y rapportent point. Or, pour connaître s'ils se rapportent au nominatif de la phrase, il suffit de voir si ce nominatif répond à la question *à qui?* faite sur le verbe *il importe*. *Ex. :* L'écolier ignore combien il lui importe. *D.* Qui est-ce qui ignore? *R.* L'écolier. *D.* A qui importe-t-il ? *R.* A l'écolier. — Comme vous répondez deux fois le même mot (l'écolier), *lui* se rapporte au nominatif de la phrase; ainsi dites : *Discipulus ignorat quanti suâ referat.* Le maître qui aime l'écolier, n'ignore pas combien il lui importe. *D.* Qui est-ce qui n'ignore pas? *R.* Le maître. *D.* A qui importe-t-il? *R.* A l'écolier. — Comme vous répondez deux mots différens (le maître et l'écolier), *lui* ne se rapporte pas au mot *maître*, qui est le nominatif de la phrase; il faut donc l'exprimer par *ejus* ou *illius*, et dire : *Magister discipulum diligens, non ignorat quanti illius referat.* Ces jeunes-gens pensent qu'il importe à eux de devenir savans, *Hi adolescentes putant suâ referre fieri doctos.* Je crois qu'il leur importe, *Credo illorum interesse.*

portait à l'un et à l'autre de vous deux, d'accomplir votre devoir et d'étudier vos leçons. Il importe à la république d'être bien gouvernée. Il importe aux armées d'avoir de bons généraux. Il importe à l'Etat d'avoir des lois justes. Il importe au sénat d'être composé de gens sages et instruits. Il importera à vous, écoliers, de vous acquitter de vos devoirs, de contenter vos parens et vos maîtres.

~~~~~

Il aurait importé à l'un et à l'autre de nous deux, de fuir la compagnie de ces jeunes débauchés. Il est de l'intérêt de l'un et de l'autre de vous deux, de ne point suivre notre exemple. Votre frère et moi détestons l'avarice ; il nous importera à tous deux de fuir la compagnie des avares. Vous auriez intérêt de lire les excellens ouvrages qui ont été composés par ce grand homme. Vos deux frères sont très-sages. Il importe à l'un et à l'autre d'eux, de persévérer dans le bien ; il est de l'intérêt de l'un et de l'autre de pratiquer toujours la vertu.

~~~~~

Il est de votre intérêt, soldats, d'être fidèles au prince et de lui obéir. Il importait à vous seul de devenir savant, pour être utile à la société. Les richesses et les honneurs ne sont pas désirables ; il nous importe donc à nous tous de les mépriser. Il importait à vous, Paul, de suivre les exemples de votre père. Vous avez cru qu'il vous importait de m'écrire, et je pense qu'il m'importe de vous faire réponse. Il importe à l'un et à l'autre de nous deux d'entretenir cette amitié.

~~~~~

Il importe à l'Eglise d'enseigner la vérité, et de réfuter les erreurs. Il importait à notre bonheur d'avoir des amis fidèles et sincères. Il a toujours été de l'intérêt des princes de rendre les peuples heu-
~~~~~

reux. Il nous importera à tous de donner bon exemple, et aux autres de le suivre. Le sage sait qu'il importe à lui seul de souffrir les injures. Il importe à notre bonheur et à notre tranquillité de vivre en paix avec les peuples voisins.

LVIII.

RÉGIME DE L'IMPERSONNEL est.

Est *regis* tueri subditos.

Est *meum, tuum, nostrum, vestrum, suum.*

QUAND le verbe *esse* est impersonnel, et qu'il signifie *appartenir*, *c'est à*, *c'est à faire à*, *c'est le propre de*, il gouverne le génitif. Après ce verbe, les pronoms *à moi, à toi, à nous, à vous; à lui, à eux* (1), se rendent en latin par *meum, tuum, nostrum, vestrum, suum,* (on sous-entend *negotium*). Si cependant on pouvait les tourner par *mien, tien, notre, votre,* on les exprimerait par, *meus, tuus, noster, vester,* que l'on ferait accorder avec le nom.

Exemples :

Il est d'un roi, il appartient à un roi de défendre ses sujets, *Est regis tueri subditos.* C'est comme s'il y avait : *Est negotium* ou *munus,* ou *officium regis tueri subditos,* c'est le devoir d'un roi de défendre ses sujets ; *ou plutôt,* défendre ses sujets est le devoir d'un roi, *Tueri subditos est officium regis.*

---

(1) *Lui, leur, eux,* etc., avec *esse* impersonnel, se tournent par les possessifs *son, ses,* etc., et s'expriment par *suum,* lorsqu'ils se rapportent au nominatif de la phrase, et par *ejus, illius* ou *ipsius, eorum, illorum, ipsorum,* lorsqu'ils ne s'y rapportent point. *Ex.* : Ils croient que c'est à eux, *Credunt suum esse.* Je pense que c'est à eux, *Puto illorum esse.*

C'est à moi de parler, *ou il m'appartient de parler*, *Meum est loqui* c'est-à-dire, *meum officium* ou *negotium est loqui*, ou plutôt, *loqui est officium méum*, parler est mon devoir.

Ce livre est à moi (*tournez*, ce livre est le mien), *Hic liber est meus* (1).

THÊMES.

Il est d'un prince sage d'établir des lois justes. Il est d'un sujet de les observer. C'est au général à commander, et au soldat à obéir. Il est d'un père d'aimer ses enfans ; il est d'un fils d'aimer et de respecter ses parens. C'était au maître à instruire ces enfans ; mais c'était aux enfans à écouter le maître et à lui obéir. C'est à vous de réprimer l'orgueil de cet insolent. C'est le propre des soldats de parler de siége et de batailles. C'est à vous, mes amis, de suivre mes conseils. C'est à moi de vous instruire , et à vous d'écouter mes leçons et de les graver dans votre cœur.

C'est à moi de commander et à vous d'obéir. C'est à vous, orateur, de parler, et au peuple de vous écouter. Ce discours est à vous. Cette maison est à moi. C'est à vous de donner bon exemple, et à nous de le suivre. Le maître croit que c'est à lui d'avoir soin des élèves. Je pense que c'est aux élèves à se soumettre au maître, et je crois que c'est à eux de lui obéir en tout. Il est du sage de pratiquer toutes les vertus, et de fuir tous les vices. Il est d'un enfant d'être obéissant aux parens.

Vos fils croyaient que c'était à eux de venir. C'est aux pères de famille à bien élever leurs en-

---

(1) On trouve souvent ces pronoms au génitif. *Ex. :* Cette vigne est à moi seul, *Hæc vinea est mei solius.*

fans ; c'est aux enfans à suivre les conseils d'un père sage. C'est encore aux pères de famille à corriger les vices de leurs enfans, et à leur montrer le chemin qui conduit à la justice et à l'honnêteté. C'est aux enfans à suivre ce chemin. Le sage croit fermement que c'est à lui à persévérer dans la sagesse. C'est à vous, jeunes-gens, à imiter les bons exemples et à fuir les mauvais.

Tous les hommes disent que c'est aux professeurs à exciter les paresseux par des châtimens, et à encourager les diligens par des récompenses. A la vérité, je suis persuadé que c'est aux maîtres à agir ainsi ; mais je dirai toujours que c'est aux élèves à travailler assidûment pour devenir savans. C'est aux sujets d'aimer et de respecter le prince, et c'est au prince de défendre l'intérêt des sujets. Ces champs et ces prés sont à vous. Ce cheval est à moi.

C'est à vous, César, à mettre un frein à cette audace effrénée ; c'est à vous seul à arrêter cette violence et ces concussions. C'est à un instituteur chrétien à découvrir à ses élèves la vérité enveloppée sous les voiles de la fable. Il est d'un père de famille d'instruire ses enfans et de les exhorter à pratiquer la vertu. C'est à nous à exciter les élèves au travail et à l'amour de l'étude. C'est à nous à bien employer le temps. C'est aux princes à faire la paix et la guerre. Il est d'un petit esprit d'aimer les richesses (1).

____

(1) *On sous-entend*, c'est le vice d'un petit esprit d'aimer les richesses, *Est vitium*, etc.

LIX.

RÉGIME DE L'IMPERSONNEL opus est.

Mihi opus est *amico.*

Quand on exprime *avoir besoin* par l'impersonnel *opus est*, on met en latin au datif, le nom
ou pronom qui précède le verbe français, et à l'a-
blatif le nom qui le suit. S'il est suivi d'un infinitif
français, on met de même l'infinitif latin, parce
qu'il y a un *que retranché* sous-entendu. Au lieu
d'un infinitif latin, on met mieux le participe passé
à l'ablatif, qu'on fait accorder avec son régime
exprimé ou sous-entendu, pourvu que le verbe
gouverne l'accusatif ; s'il gouvernait un autre cas,
cela n'aurait pas lieu (1).

Exemples :

J'ai besoin d'un ami (*tournez*, besoin est à moi
d'un ami), *Mihi opus est amico.*

Il est nécessaire de faire cela (*c'est-à-dire*, que
cela soit fait), *Opus est hoc fieri.*

Il a besoin de consulter, *Opus est consulto* (sous-
entendu *negotio*).

Il eut besoin d'aller trouver le préfet, *Ei opus
fuit præfecto convento.*

THÈMES.

Aujourd'hui j'ai besoin de repos, demain de
travail. Nous avons tous besoin d'un ami vrai et

______

(1) On voit encore *opus* indéclinable, et employé comme
adjectif. *Ex.* : Nous avons besoin d'argent (*c'est comme
s'il y avait* ✱ l'argent nous est nécessaire), *nummi nobis
opus sunt.*

sincère Nous avons tous besoin des conseils salutaires de nos parens. Les princes ont besoin d'une grande autorité pour gouverner les peuples. La terre aurait besoin de pluie. Un homme malade aurait besoin de la santé. Ces malheureux auront besoin de secours. Nos enfans auront besoin d'argent. Ce jeune homme aurait besoin d'étudier plus assidûment. Ces pauvres misérables avaient besoin de gagner leur vie.

***

Tous les soldats avaient besoin d'habits et de souliers. Cette grande armée aurait eu besoin de discipline. Cette place aura besoin d'une forte garnison. Les assiégés auraient eu besoin de vivres. La ville aurait eu besoin d'eau et de munitions. L'armée aurait eu besoin de notre secours. J'ai besoin de lire les ouvrages de cet auteur. Vous auriez besoin de consulter le médecin. Nous aurions eu besoin de favoriser ce grand prince. Nous avons besoin de lever une grande armée, et de marcher contre ce prince.

LX.

RÉGIME DU VERBE INTERDICO.

Interdico *tibi domo meâ*.

Le verbe *interdico* veut le nom de la personne au datif, et celui de la chose à l'ablatif (gouverné par le verbe *uti*, sous-entendu (1). Si ce verbe est suivi d'un infinitif, on se sert d'un nom dérivé du verbe pour l'exprimer.

---

(1) On peut tourner le verbe *interdico* par le passif, en deux manières : 1°. en mettant le verbe à l'impersonnel passif, et les deux régimes au même cas qu'à l'actif ; 2°. en prenant le cas du verbe, ou le nom de la chose dont

Exemples :

Je vous interdis ma maison , *Interdico tibi domo meâ.* C'est comme s'il y avait : *Interdico tibi uti domo meâ* ; je vous défends de vous servir de ma maison.

Je vous défends de chasser, *Interdico tibi venatione* (c'est-à-dire , *uti venatione*).

THÈMES.

Nous interdisons l'entrée de la classe à tous les écoliers paresseux. Nous leur interdisons encore la compagnie des élèves séditieux. J'ai interdit la porte de ma maison à tous les impies. Dieu interdira l'entrée du ciel à tous les méchans. Il interdira la gloire éternelle aux avares qui auront adoré l'or et l'argent. Il refusera les récompenses éternelles aux riches tenaces qui auront interdit la porte de leurs palais aux pauvres. Le médecin nous avait défendu l'usage des légumes. Je vous défendrai de fréquenter ces jeunes-gens pervers.

~~~~~~

Le réglement de cette maison défend l'entrée des auberges à tous les élèves grands et petits : et nous défendons l'entrée du collége à tous ceux qui transgresseront cette défense. Les médecins avaient défendu à cet homme de boire des liqueurs , mais il n'a point observé cette défense. Je défends à tous les paresseux de s'amuser et de jouer avec les autres. Les lois nous défendent de chasser et de pêcher. Ce maître sévère interdisait les amusemens

---

il est défendu de se servir, pour nominatif : mais, de quelque façon qu'on l'exprime, le nom de la personne se met toujours au datif. *Ex. :* Afin d'interdire l'eau et le feu à Cicéron, *Ut aquâ et igne Tullio interdiceretur* ; afin qu'il fût défendu à Cicéron de se servir de l'eau et du feu : *ou bien ,* afin que l'eau et le feu fussent interdits à Cicéron , *Ut aqua et ignis Tullio interdicerentur.*
~~~~~~

à tous ceux qui n'étaient pas sages; il avait interdit à tous la lecture des mauvais livres. Les anciens interdisaient le feu et l'eau à ceux qui avaient trahi la patrie.

LXI.

RÉGIME DES VERBES dono, induo

Donotibi hanc vestem, ou *te hâc veste.*

LES verbes *donare*, faire présent, *induere*, revêtir, veulent le nom de la personne au datif, et celui de la chose à l'accusatif; ou bien, le nom de la personne à l'accusatif, et celui de la chose à l'ablatif. Le verbe *afficio* veut seulement l'accusatif de la personne, et l'ablatif de la chose. *Dignor*, juger digne de; *frustror*, frustrer; *muneror*, *remuneror*, récompenser, etc, veulent toujours le nom de la personne à l'accusatif, et celui de la chose à l'ablatif.

Exemples :

Je vous donne cet habit, *Dono tibi hanc vestem*, ou *dono te hâc veste ;* c'est-à-dire : je vous fais présent de cet habit.

Mettre un habit à quelqu'un, *Induere alicui vestem*, ou *induere aliquem veste.*

Causer de la douleur à quelqu'un, *Afficere aliquem dolore.*

Dieu récompensera les justes d'une gloire éternelle, *Deus munerabitur justos gloriâ immortali.*

THÈMES.

Le prince a revêtu tous ses ministres d'un habit de pourpre. Les habitans de cette ville couronnèrent la statue du prince de lauriers. Nous vous avons frustré de votre espérance. Ce bon père aime tous ses enfans. Nous avons récompensé tous les hommes de lettres d'une pension annuelle. Nous regardons ces enfans dignes de récompense. Nous n'avons pas causé du désagrément à ces jeunes-gens. Si vous êtes sage, je vous récompenserai d'une petite boîte qui sera fort jolie et fort bien faite.

———

La nouvelle de votre maladie m'avait accablé de douleur et de tristesse. Le prince a gratifié tous les soldats d'une certaine somme d'argent; il leur a fait présent de deux habits et de plusieurs autres petites choses. Il a récompensé tous les généraux de la croix de mérite; il les a tous revêtus d'un habit, qui était tout couvert de galons d'or et d'argent. Il leur a fait présent d'un beau cheval et d'une épée. Ceux qui se distingueront dans la suite seront revêtus des mêmes honneurs.

———

Les Dieux domestiques, ou les Lares, étaient revêtus d'une peau de chien. Jonathas, qui aimait David d'un amour singulier, lui fit présent de son baudrier, de son arc et de son épée. Pharaon, roi d'E-gypte, revêtit Joseph d'un habit de pourpre ou de lin, lui mit un anneau au doigt, et un collier d'or au cou. Le prince a accordé le droit de bourgeoisie à plusieurs, et a comblé les autres de richesses et d'honneurs. Dieu récompensera les bons d'une gloire éternelle, et punira les méchans d'un sup-plice éternel.

LXII.

RÉGIME D'UN VERBE

SUIVI D'UN AUTRE VERBE.

Amat *ludere.* Eo *Lusum.*

Venio *ad Studendum.*

QUAND deux verbes sont de suite, et que le premier ne marque point de mouvement, on met le second au présent de l'infinitif. Si le premier verbe marque du mouvement, on met le second au supin en *um*, si le verbe en a un ; ou au participe du futur en *rus*, *ra*, *rum*, que l'on fait accorder avec le nominatif du verbe précédent, en genre et en nombre. Mais si le verbe n'a point de supin, ni de futur en *rus*, on tourne par *pour*, que l'on exprime par *ad*, avec le gérondif en *dum*, ou par *afin que*, que l'on exprime par *ut*, avec le subjonctif. On peut se servir de ces manières de s'exprimer, quoique le verbe ait un supin en *um*, et un futur en *rus*.

Exemples :

Il aime à jouer, *Amat ludere.*
Je vais jouer, *Eo lusum*, ou *lusurus.*
Je viens étudier (*studeo* n'ayant point de supin, tournez : pour étudier), *Venio ad studendum;* ou, afin que j'étudie, *Venio ut studeam.*

THÈMES.

La plupart des enfans aiment à causer, à rire, à badiner et à jouer. Ils ne peuvent se taire. Je ne veux pas nuire à cet homme, mais je veux le poursuivre sans cesse. Nous irons tous entendre ce célèbre orateur, qui doit prêcher demain : c'est un homme d'une grande éloquence et d'un grand mérite. Les paresseux iront jouer pendant que les autres iront étudier les leçons, et ils iront étudier et faire leurs devoirs pendant que les autres iront jouer à la paume.

⁓⁓⁓⁓

Nous venons commencer notre devoir. Nous viendrons réprimer vos désordres, et vous irez subir la peine méritée. Cette bonne mère chérissait beaucoup ses enfans; elle venait tous les jours les habiller, et leur porter de la nourriture. Je voudrais obtenir une place; mais je n'ai pas les talens nécessaires. Interrogez tous les hommes; tous vous répondront : je veux faire fortune. Nous pouvions faire la paix, mais nous aimons mieux faire la guerre : un jour la guerre engendrera la paix.

⁓⁓⁓⁓

La plupart des flatteurs vont favoriser le prince; plusieurs d'entre eux le tromperont, aucun peut-être ne lui dira la vérité. Nous allions voir les beaux tableaux de cette galerie, lorsque votre frère est arrivé; mais nous irons demain parcourir toutes les plus belles campagnes des environs de la ville. Nous irons visiter nos fermiers, nous irons leur donner nos ordres. Tous ces soldats doivent aller voir le capitaine. Plusieurs jeunes-gens vont étudier les mathématiques et la physique.

⁓⁓⁓⁓

Nous irons embrasser notre mère, la féliciter, et lui souhaiter beaucoup de prospérité. Vous viendrez pêcher avec nous, je veux vous divertir. Tous les vaisseaux ennemis vinrent échouer au port de cette ville. Nous allâmes délivrer nos compagnons des mains de ces barbares. Ils sont venus nous nuire plusieurs fois. C'est une bonne œuvre d'aller voir les malades, visiter les prisonniers, consoler les affligés, donner quelque secours aux faibles, et encourager les forts.

Lorsque Xerxès, roi des Perses, eût déclaré la guerre à l'Europe, les Athéniens allèrent consulter l'oracle d'Apollon. La Pythie ordonna de nommer Miltiade pour général. L'élite de la jeunesse Spartiate, sous la conduite de Léonidas, alla s'emparer du passage des Thermopyles ; le roi, enflammé de colère, s'avança avec toutes ses troupes, et alla ravager et brûler les villes et les villages. Thémistocle envoya un esclave au roi pour lui annoncer les desseins des Grecs. Le roi aussitôt alla camper plus loin. Les Grecs avaient envoyé abattre le pont.

LXIII.

Redeo *ab ambulando.*

Lorsque deux verbes sont de suite, et que le premier signifie mouvement pour venir de quelque lieu, on met le second au gérondif en *do*, avec *à* ou *ab* (1) ; mais si ce second verbe a un régime, et qu'il gouverne l'accusatif, il est mieux de se servir du participe en *dus, da, dum,* que l'on met à l'ablatif, avec *à* ou *ab*, en le faisant accorder avec le régime : ce qui ne peut avoir lieu lorsque le verbe gouverne un autre cas.

Exemples :

Je reviens de me promener, *Redeo ab ambulando.*

Je revenais de visiter mes terres, *Redibam ab agris invisendis.*

Je reviens d'étudier mes leçons. *Redeo à studendo lectionibus meis.*

______

(1) On met *à* devant une consonne, et *ab* devant une voyelle, un *y*, un *h* et un *j*.

THÈMES.

Tous ces ouvriers viennent de travailler à ma vigne. Les enfans de votre sœur venaient de jouer à la paume. Je venais de dormir, lorsque vous êtes arrivé. Le clergé vient de chanter vêpres et complies. Toute la multitude venait de voir les beaux tableaux de cet habile peintre. Nous venons de voir nos enfans. Votre oncle venait de voir mon frère, lorsqu'il apprit la mort du ministre par le courrier. Je viens de lire et d'écrire. Ces deux chasseurs viennent de parcourir les forêts voisines.

Mon cousin était très-fatigué, lorsqu'il vint de parcourir ces hautes montagnes. Ces jeunes-gens viennent de visiter les principales curiosités de cette ville. Nous revenions de parcourir ces vastes déserts, lorsque vous nous avez trouvés. Ce paysan vient de travailler la terre. Les écoliers venaient d'apprendre les leçons et de faire les devoirs donnés. Vous venez de prendre des poissons. Je viens d'acheter des livres. Nous venons de courir les cerfs, et de chasser les sangliers. Vous revenez de vous acquitter de vos fonctions journalières.

LXIV.

Te hortor *ad legendum*.

APRÈS les verbes qui signifient mouvement vers quelque lieu, ou inclination vers quelque chose, comme *impellere ad*, pousser à ; *hortari ad*, exhorter à ; *pervenire ad*, parvenir à, etc., on exprime *à* par *ad*, et l'on met le verbe au gérondif en *dum*. Si cependant le second verbe a un régime, et qu'il gouverne l'accusatif, il est mieux de se servir du participe en *dus, da, dum*, que l'on met à l'accusatif avec *ad*, en le faisant accorder avec son régime (1).

Exemples :

Je vous exhorte à lire, *Te hortor ad legendum;* à lire l'histoire, *Ad legendam historiam.*

THÊMES.

Nous exhortons les paresseux à travailler, et à bien employer le temps. Le désir d'apprendre excite les jeunes-gens à étudier et à lire les bons auteurs ; mais l'amour du plaisir les entraîne à jouer et à s'amuser. Tout porte l'homme à faire le bien, et tout l'engage à fuir le mal. La soif de l'or porte les avares à violer les droits les plus sacrés, et à enfreindre les lois les plus saintes. Cette même passion engage les marchands à traverser les mers et à vaincre les plus grandes difficultés.

Le désir de la gloire porte les hommes à parcourir les provinces et les royaumes. La douleur nous force à nous plaindre. Nos armées se préparent à combattre l'ennemi. Nous vous aiderons à venir à bout de vos entreprises. Tous ces motifs nous ont engagés à attaquer nos ennemis. La curiosité nous a portés à parcourir toutes ces provinces. Aimons-nous mutuellement, peut-être nous parviendrons à notre but. Les passions portent la créature vile et méprisable à se révolter contre le créateur.

---

(1) Nous avons déjà parlé de cette règle ; mais comme nous avons résolu de suivre pas à pas le rudiment de Lhomond, il l'a répétée, il faut donc que nous la répétions aussi.

LXV.

Consumit tempus *legendo.*

Dedit mihi libros *legendos.*

QUAND *à*, devant un infinitif français, peut se tourner par *en*, et le participe présent, on met cet infinitif au gérondif en *do*, avec ou sans la préposition *in* (1). S'il peut se tourner par *pour*, avec l'infinitif passif, on se sert du participe en *dus*, *da*, *dum*, que l'on fait accorder avec le nom qui précède (2).

Exemples :

Il passe son temps à lire (*tournez en lisant*), *Consumit tempus legendo* ; à lire l'histoire, *legendo historiam*, ou mieux, *in legendâ historiâ.*

Il m'a donné des livres à lire, *Dedit mihi libros legendos*, c'est-à-dire, pour être lus (3).

Il fut chargé de le faire, *Id agendum suscepit.*

THÊMES.

Les jeunes-gens passent le temps à jouer, à rire et à badiner, tandis qu'ils devraient l'employer à lire

---

(1) Quand la particule *à* est précédée d'un de ces verbes, *apprendre, enseigner, commencer*, l'infinitif français qui suit, se met au présent de l'infinitif latin. *Ex. :* J'apprends à lire, *Disco legere.* J'enseigne à parler latin, *Doceo latinè loqui.* Je commence à concevoir cela, *Incipio id capere.* La particule *à*, devant un infinitif, se tourne de plusieurs façons ; c'est ce que nous verrons dans la troisième partie.

(2) Si *en* peut se tourner par *lorsque, pendant que,* on pourra l'exprimer par *inter*, avec le gérondif en *dum. Ex. :* Il chantait en se promenant, *Inter ambulandum canebat.*

(3) On peut dire aussi, *Libros mihi dedit quos legerem,* Il m'a donné des livres afin que je les lusse. J'ai deux leçons pour que je les apprenne, *Duo pensa habeo quæ ediscam.* *Quos* est pour *ut eos ; quæ* est pour *ut ea.*

et à étudier. Le maître a donné des fables à lire à
ces jeunes-gens ; il leur a aussi donné de petites
histoires à traduire. Les athées ont plusieurs absur-
dités à dévorer. Ce général avait mille hommes à
conduire. Un avare nous a donné une grande somme
à conserver. Le prince laissa cette ville à défendre
à dix mille hommes. Votre frère nous proposa
une énigme à deviner. Nous avons donné nos terres
à cultiver à ces étrangers.

―――――

Nous employons notre temps à écrire et à lire
l'histoire ancienne. Heureux celui qui aura passé
sa vie à faire le bien et à éviter le mal. Celui qui
aura consumé les jours de sa vie à jouir des plaisirs
et des honneurs mourra dans le désespoir. Nous
donnons nos blés à moissonner et nos foins à fau-
cher à ces ouvriers. J'ai donné mes fruits à cueillir
à ces femmes. Cet homme me confia ses biens à administrer. Un roi impie proposa un veau d'or au
peuple à adorer. Ce grand homme a pris mes enfans
à instruire.

―――――

Heureux les hommes qui auront passé leur vie
à instruire les ignorans, à donner bon exemple et
à secourir les malheureux. Malheureux, au contraire, les hommes qui auront employé les momens
de leur vie à amasser des trésors, à mépriser les pauvres, et à jouir des plaisirs trompeurs et périssables.
Je vous donnerai des lettres à porter à ce magistrat.
Nous lui laisserons nos affaires à décider. Vous
avez donné vos enfans à nourrir et à instruire à cet
instituteur.

―――――

Heureux encore l'homme qui aura bien passé sa
vie, qui en aura employé tous les jours à pratiquer les vertus chrétiennes, et qui pourra dire, à
l'heure de la mort : J'ai passé mon temps à servir

Dieu et le prince, à honorer mes parens, à respecter les lois et à défendre la patrie. Les Anciens condamnaient les coupables à boire la ciguë. Notre professeur nous a donné un discours à imiter. Nous avons trouvé plusieurs questions à examiner. J'ai beaucoup de choses à vous communiquer. Nous avons plusieurs devoirs à remplir.

***

Hercule acquit une grande gloire en taillant en pièces les Amazones auprès du fleuve Thermodon, et en faisant mourir les deux tyrans Diomède et Busiris, qui étaient deux barbares. Diomède prenait les étrangers, et les jetait à des chevaux féroces pour être dévorés ; Busiris les livrait aux sacrificateurs pour être immolés à Jupiter. Hercule donna une grande preuve de son industrie en nettoyant les écuries d'Augias, roi d'Elide. Il montra une grande habileté en domptant le taureau féroce envoyé par Neptune, et en enlevant les pommes d'or du jardin des Hespérides.

LXVI.

Vidi eum *ingredientem*.

Après les verbes *videre*, voir; *sentire*, sentir ; *audire*, entendre, écouter ; *mirari*, admirer ; *invenire*, trouver, l'infinitif français se met au participe présent, que l'on fait accorder avec le régime des verbes *voir*, *sentir*, etc. (1).

Exemples :

Je l'ai vu entrer, (*tournez*, j'ai vu lui entrant), *Vidi eum ingredientem.*

---

(1) Après ces verbes, on peut mettre un *que* retranché, ou tourner la phrase par *lorsque*. *Ex.* : Plusieurs vous ont entendu dire, *c'est-à-dire*, lorsque vous disiez, *Multi te audierunt, cùm diceres.* Je l'ai entendu dire, *c'est-à-dire*, j'ai entendu qu'on le disait, *Id audivi dici.*

Vous l'entendrez parler, *Illum loquentem au-
dies.*

THÈMES.

Nous avons entendu chanter le merle. Je vis
mourir ce soldat courageux. Nous avons entendu
prêcher cet orateur, homme d'une grande éloquence. Nous avons vu promener le roi. J'en-
tendrai parler ces magistrats, je les verrai défendre
les intérêts de l'état. Vous avez vu les vaincus fuir,
et les vainqueurs les poursuivre. Je vis arriver
l'ambassadeur d'Autriche. Votre père admirait travailler ces ouvriers pleins d'adresse et d'industrie.
Je vis tomber notre général. Le maître nous a vus
rire, parler, jouer et folâtrer.

Nous avons admiré combattre les soldats de cette
nation; nous les avons vus vaincre. Nous enten-
dions crier les habitans de la ville, lorsqu'ils virent
approcher l'armée, et qu'ils entendirent le bruit
des armes et les cris des soldats. Je les considérais
marcher de loin. Ce grand homme sentait approcher la mort. Je l'ai vu mourir, je l'ai écouté
donner de sages conseils à ses enfans. Nous avons
entendu descendre le maître; je l'ai vu venir. Nous
avons vu un peloton de soldats, conduire au supplice ce scélérat lié et garrotté comme le plus grand
de tous les criminels.

Les compagnons d'Alexandre-le-Grand l'admi-
raient, tantôt ranger une armée en bataille, ou
étendre ses troupes sur une plaine; tantôt assiéger
une ville ou combattre courageusement avec l'ennemi. Les généraux et les soldats de son armée,
qui l'avaient vu, vainqueur de toutes les nations de
l'Asie, supporter patiemment les travaux de la
guerre, le virent aussi mourir au milieu du cours
de ses victoires. Lorsqu'il sentit la mort approcher,

il donna sa main droite à ses soldats pour l'em=
brasser.

<center>~~~~~~~~~~~~~~~~~~~~~~~~~~~~~~</center>

RÉCAPITULATION,

Depuis le n.° 22 jusqu'au n.° 66.

THÉMES.

Il est de notre intérêt de lire les ouvrages propres
à former nos cœurs à la vertu. Je vous exhorte
à connaître les bons poëtes latins et français. Vous
semblez préférer le jeu et la dissipation à des connais=
sances très-précieuses. J'ai pitié des hommes oisifs,
ils doivent s'ennuyer de vivre. Vous pouvez vaincre
toutes ces difficultés, mais il faut user de la péné-
tration et de l'intelligence reçues du Créateur. Les
jeunes-gens qui aiment à perdre le temps, ne peuvent pas faire de grands progrès. Les sciences ne
sont pas faciles à acquérir ; il ne faut pas passer
les jours entiers à jouer, si vous voulez devenir savant.

<center>~~~~~~~~~~~~~</center>

Toutes les affaires de votre père vous regardent.
Tous les biens de ce vieillard vous appartiennent.
Lorsque vous avez des devoirs à faire, vous ne
devez pas employer votre temps à faire des baga-
telles et des niaiseries, mais l'employer à vous acquitter de votre tâche. J'ai engagé votre père à
venir me voir. J'inviterai votre oncle à dîner demain. Je vous donnerai des lettres à porter à mes
sœurs et à mes frères. J'ai reçu un présent de mon
père. Nos magistrats ont reçu du prince une superbe boîte. Nous sommes très-contens de ce jeune
homme : il travaille et fait des progrès.

<center>~~~~~~~~~~~~~</center>

Mon fils, tu n'aimes pas à travailler ; le travail
seul peut cependant te procurer les connaissances

nécessaires. Je te vois badiner, lorsque tu devrais t'appliquer à l'étude. Je t'engage à étudier tes leçons, et ensuite tu les réciteras. Tu n'as rien à faire, dis-tu ; je t'ai cependant donné une histoire à lire, des fables à apprendre : étudie-les donc. Tu n'iras pas te promener, si tu perds ton temps à jouer. Je t'entends murmurer : il te serait plus utile d'apprendre tes fables, et de t'acquitter de ton devoir, qui est bien facile à composer.

***

Tu passes la plus grande partie de la journée à folâtrer et à t'amuser avec les mauvais sujets de la ville. Tu joues aux échecs, lorsque tu devrais songer sérieusement à tes occupations. Commence enfin à te repentir de ta paresse, et je ne te blâmerai plus de ta négligence. Je t'exhorte à aimer le travail, à remplir les devoirs que tu as à faire, et alors je serai content de toi. Il nous importe de travailler à notre salut.

***

Les soldats qui ont pris la fuite dans un combat, ont ordinairement honte de leur lâcheté, et ils doivent se repentir de leur désertion : le remords suit toujours les mauvaises actions. Les dames Troyennes s'ennuyaient de la navigation et des fatigues de la mer : c'est pourquoi elles voulaient rester en Sicile. Mais bientôt connaissant leur égarement, elles commencèrent à se repentir de leur entêtement et de leur opiniâtreté. Les anciens philosophes n'avaient pas honte de leur pauvreté. Celui qui emploie bien le temps ne se repentira jamais de sa vie passée.

***

Il importe à tous les hommes de mériter l'estime des gens de bien, et surtout à vous, jeunes-gens, qui étudiez les beaux-arts. Une mauvaise conduite ne sera jamais approuvée d'un maître sage, ni des parens vertueux. Malheur à ceux qui passent le

temps à boire et à jouer. Travaillons courageusement ; nous avons encore beaucoup de difficultés à surmonter, beaucoup d'obstacles à vaincre
pour parvenir à la perfection ; en un mot, il
nous reste encore bien du chemin à faire. Nous
aurons bien des ennemis à vaincre, et beaucoup de
lauriers à cueillir.

———

S'il importe à un grand prince de lever des
armées nombreuses, et de défendre les limites de
ses états, il lui importe aussi de confier l'adminis-
tration des affaires publiques à des hommes sages et
vertueux. Il nous importe à nous tous d'avoir des
gouverneurs sages et éclairés. Il importe à moi seul,
mes enfans, de vous enseigner des lettres et tout ce
qui est utile à l'homme pour bien vivre. Il importe
à vous deux de profiter de mes instructions. Je me
repentirais un jour de mes soins et de mon zèle envers vous, si vous ne retiriez aucun fruit de mes
conseils. Il importe à votre gloire et à votre réputation de devenir savans, et utiles à l'état. Vous avez
donc besoin de vous bien appliquer à vos devoirs
journaliers, si vous voulez acquérir l'amour et l'estime de vos parens.

———

RÉCAPITULATION,

Depuis le n.° 55 jusqu'au n.° 66.

Hoc *ad me* pertinet.

THÈMES.

La ruse semble ne pas moins appartenir à un
général d'armée, que la prudence. Les Athéniens
combattant contre les habitans de Mégare, Solon,
à qui appartenait la conduite de cette guerre,
enleva deux vaisseaux aux ennemis. Cette prise,

avait rapport à ses vues, et il en profita habile-
ment. Il s'empara aussi d'une grande quantité d'habits, qui appartenaient aux ennemis; il prit ensuite
Mégare, où il trouva toutes les richesses qui appartenaient aux Mégariens.

———

Il appartenait à Ovide de prononcer sur les
causes de nos égaremens. Ce poëte disait : si vous
bannissez l'oisiveté, les armes de l'amour n'ont
plus de force..... Occupez-vous, vous serez en sûreté. Cet excellent préservatif regarde aussi toutes
les autres passions. Celui qui hait le travail, hait
la vertu ; et quiconque aime l'oisiveté, aime le
vice : tant (1) ces choses ont de rapport l'une à
l'autre. Les preuves sont inutiles, puisque nous
avons l'expérience.

———

Me pœnitet *culpæ meæ.*

THÈMES.

Celui qui a honte de sa faute, et qui s'en repent, est digne de pardon. Deux patriciens n'avaient
pas eu honte de conspirer contre Titus, le meilleur
des empereurs romains. Ce bon prince eut pitié du
sort que se préparaient ces deux personnages. Il les
invita à souper ; il les mena au spectacle, et leur
confia les épées des gladiateurs. A ce trait de bonté,
les conspirateurs vaincus se repentent de leur criminel dessein, ils le lui avouent, et l'empereur leur
pardonne.

———

Le vrai pauvre n'a pas honte de sa pauvreté;
mais le pauvre orgueilleux a toujours honte de sa
misère, parce qu'il n'est pas véritablement résigné
à la volonté de l'Etre-Suprême. Il est ennuyé de

———

(1) *Tant*, s'exprime par *adeò*, ou par *tantus, a, um.*

sa vie et de sa pauvreté ; il a honte de son état et de sa condition : tandis que celui qui est humble, ne sera jamais ennuyé de sa misère, ni de ses souffrances, et n'aura point de honte de l'état, ni de la condition dans laquelle Dieu a voulu le placer. Il supporte avec patience toutes les peines et les fatigues, qui sont comme inséparables de la pauvreté.

Incipit *me* pœnitere *culpæ meæ.*

THÉMES.

Ceux qui ont bien vécu ne doivent pas être fâchés de mourir. La vie est toujours assez longue quand elle est pure. La crainte de la mort ne convient qu'à ceux qui ont mené une vie dont (*tournez de laquelle*) ils doivent se repentir. Nous devons avoir compassion de ceux qui n'ont pas honte de mépriser les biens du ciel pour conserver les biens de la terre. Ils espèrent peu les joies éternelles, puisqu'ils peuvent ne pas s'ennuyer des plaisirs passagers.

Les méchans qui n'ont jamais eu honte des crimes les plus grands ; qui ne se sont jamais repentis de leurs fautes ; qui n'ont pas été fâchés de la perte de leur réputation, ni du déshonneur de leur famille, commenceront, à la mort, à se repentir de leur vie passée dans le crime ; mais il sera trop tard, leur repentir sera inutile. Ils voudraient bien alors s'être repentis plutôt de leurs désordres ; ils aimeraient mieux avoir eu honte de leur mauvaise conduite pendant leur vie, que de s'en être glorifiés ; ils désireraient s'être repentis de leurs fautes et avoir fait une sincère pénitence ; mais il ne sera plus temps, ce désir sera vain.

Interest *Regis.*

THÈME.

Il importe à tout homme de mériter l'estime des gens de bien, mais surtout à ceux qui sont à la tête des autres, car il est de leur intérêt de se concilier la confiance et la bienveillance de tous ceux qui sont sous leur obéissance ; et il leur importe d'en être aimé (*d'être aimé d'eux*). Et s'il importe à un prince d'être aimé de ses sujets, il est de l'intérêt de ceux-ci d'être soumis au prince et d'observer les lois. S'il est de l'intérêt d'un monarque d'avoir des armées nombreuses et des soldats bien disciplinés, il lui importe également de confier les fonctions publiques à des citoyens vertueux.

Refert *meâ, tuâ, nostrâ,* etc.

THÈME.

Il importe à vous et à moi de remplir nos devoirs journaliers. Il importe à moi de commander et à vous d'obéir, dans ce qui concerne les devoirs de votre état. Ainsi, lorsque vous êtes à l'étude, il est de votre intérêt d'étudier et de vous acquitter de la tâche qui vous est assignée ; lorsque vous êtes en classe, il vous importe d'écouter et de graver dans votre mémoire ce que je vous enseigne. Comme il est de mon intérêt de vous instruire, il est aussi du vôtre d'être attentifs. Vous savez qu'il est de votre intérêt de ne pas dépenser mal à propos l'argent de vos parens.

Interest *tuâ unius.* Refert *ad honorem.*

THÊMES.

Il importe à moi seul, mon fils, de vous enseigner l'histoire ancienne, et il importe à votre gloire et à votre honneur de ne rien négliger pour répondre à mes soins. Votre frère commence à avoir honte de son oisiveté, ce qui me cause un grand plaisir. Il vous importe à tous deux, et il importe à votre réputation de suivre mes conseils. Je me repentirais de mon zèle et de mes soins, si vous ne profitiez pas du temps propre aux études. Il est de l'intérêt de l'un et de l'autre de mettre tous les momens à profit. Souvenez-vous de ce que je vous ai souvent dit : Le temps perdu est irréparable. Il nous importe donc d'employer tous les instans.

Si le soin de vous enseigner les règles de la grammaire m'appartient, la nécessité de les étudier vous regarde. Un grand avantage vous attend si vous réussissez, et une grande humiliation si vous ne réussissez pas. Il importe à votre bonheur futur de bien employer le temps de votre jeunesse : car si vous l'employez mal, vous serez malheureux, parce que vous serez toujours ignorans. Il est donc de votre intérêt de devenir savans : mais si vous voulez le devenir, il faut étudier. Il vous importe à tous les deux de vous rendre capables d'exercer l'état auquel vous vous destinez.

Est *Regis.*

THÊME.

Il est d'un honnête homme de donner bon exemple, et aux autres de le suivre ; comme aussi il est du sage d'oublier les injures, et de se souvenir des bienfaits. Ç'a toujours été le propre des fourbes, d'user de mensonge, de duplicité et d'équivoque; mais il sera toujours d'un homme droit de parler comme il pense, et de n'employer aucun déguisement; car il n'est jamais permis de mentir, pas même (1) pour faire du bien à un ami.

Est *Meum.*

THÈME.

Les fonctions des hommes sur la terre sont différentes. C'est à moi de commander, et à vous d'obéir. C'est à moi de vous montrer le bon chemin, et à vous de le suivre. C'est à vous de vous taire et à moi de parler, parce que c'est à moi de vous instruire, et à vous d'apprendre. Un enfant sage et studieux est bien persuadé *que* c'est à lui à faire tous ses efforts pour devenir savant, et il ne se trompe pas; car c'est bien à lui à employer utilement tous les momens de la journée.

RÉCAPITULATION.

THÈMES.

Il est d'un prince d'administrer les affaires de ses états, de gouverner son peuple avec justice et équité, et de le rendre heureux; de faire des lois, et de les faire maintenir: il est aussi d'un sujet d'aimer son prince, de respecter ses ordres, et d'obéir aux lois. Nous savons *qu'il* a toujours importé au prince et aux sujets de vivre heureux; et

______

(1) *Pas même,* s'exprime par *ne quidem,* en mettant un mot entre *ne* et *quidem.*

pour vivre heureux, il faut s'aimer mutuellement. Il importe donc à celui qui est maître, de traiter ceux qui sont sous lui avec douceur et bonté, et à ceux qui doivent obéir, de le faire avec promptitude et complaisance. C'est le seul moyen d'être tous heureux et tranquilles.

—✧—

Il est d'un bon père de bien enseigner à ses enfans les principes de la religion, et de les accoutumer à pratiquer les vertus de leur âge ; mais c'est à nous à inspirer à nos élèves l'amour de l'étude et le désir d'acquérir les connaissances utiles. Le temps passe et fuit rapidement : c'est à nous d'en profiter. Si vous ne faites pas ce que je vous dis et ce que je vous commande, vous vous en repentirez un jour. C'est à moi de vous avertir et de vous commander, et à vous d'obéir. Tâchez de faire le bien, de vous comporter honnêtement, et de devenir des hommes utiles à la société.

Interdico *tibi domo meâ*.

THÈME.

Bienheureux ceux qui s'interdisent la possession des biens de la terre : le Seigneur leur donnera en échange les trésors célestes, et ne leur interdira point l'entrée du Ciel. Malheur, au contraire, à ces grands du monde qui, ne s'interdisant point les livrées de leur grandeur, s'interdisent entièrement l'idée de leur faiblesse. Dieu, pour les confondre, les couvrira d'ignominie, et leur interdira pour toujours le bonheur de le contempler dans le séjour des bienheureux.

Mihi opus est *amico.*

THÊME.

J'aurai besoin de repos et de tranquillité pendant quelque temps; c'est pourquoi j'interdirai ma retraite à tous ceux qui m'ont assiégé jusqu'à ce jour. J'aurai encore besoin de quelques livres, mais je les achèterai dans la suite. Tous ceux que j'ai sont anciens, et j'aurais besoin de quelques ouvrages nouveaux qui jouissent d'une grande réputation. Si vous pouvez me les envoyer, vous me ferez (1) plaisir : lorsque vous aurez besoin de quelque chose, je vous l'enverrai. Si vous avez besoin de mes livres, je vous les prêterai, lorsque je les aurai lus.

Amat *ludere.*

THÊMES.

Un prince qui aime à faire le bien, voit chaque jour s'accroître pour lui l'amour de ses sujets. Toutes les fois qu'il lui arrive de paraître en public, le peuple court au-devant de lui, et pousse des cris d'allégresse. Je ne puis assez admirer le naturel heureux de Titus, fils de Vespasien. Cet empereur croyait avoir perdu la journée lorsqu'il n'avait pu faire du bien à personne. La postérité la plus reculée ne cessera de le louer.

La flatterie produit des maux infinis; les personnes qui doivent la craindre le plus, sont les

---

(1) Quand après *si*, il y a un second verbe au futur, on met le premier au même futur.

princes. Ce monstre habite continuellement dans leur palais (dans le palais *d'eux*) ; il ne cesse de suivre les princes partout, et de leur cacher la vérité. Un bon prince doit fermer les oreilles à tous les discours flatteurs, et les ouvrir à la vérité. Car souvent la plupart de ses vils adulateurs qui le louent en sa présence, cherchent à lui nuire lorsqu'il est absent.

Eo *lusum.*

THÈMES.

Les Solitaires allaient dans les déserts méditer les vérités éternelles. Ils croyaient entendre continuellement ces terribles paroles : Levez-vous, morts ; levez-vous, et venez écouter votre dernière sentence. Cette pensée formidable venait troubler, à la vérité, la douceur de leur solitude ; mais elle venait en même temps éloigner de leur esprit les images séduisantes des plaisirs qui venaient continuellement se présenter à leur souvenir.

Ce matin, mes enfans, votre professeur est venu me parler de votre conduite, et m'avertir de votre paresse et de votre négligence ; il m'a prié d'écrire à vos parens ; mais j'irai moi-même leur annoncer cette agréable nouvelle. Sans doute, ils ne vous ont pas envoyés dans cette ville pour vous amuser et pour folâtrer avec les polissons, ni pour perdre votre temps. Un bon écolier ne va pas s'amuser, rire et badiner en classe ; il va écouter, étudier et faire son devoir, et vous devez y aller faire les mêmes choses.

Redeo *ab ambulando.*

THÉME.

Lorsque vous venez de vous amuser, de jouer
et de folâtrer avec une troupe de petits polissons qui
ne font autre chose, vous mériteriez d'être châtiés
sévèrement. Vous avez fait de grands progrès, le
soir, lorsque vous revenez de parcourir les rues et
les carrefours de la ville? Et si je vous demande:
d'où venez-vous?—Nous venons d'étudier, nous
venons de finir notre devoir;—tandis que vous
venez de courir, et de faire les polissons avec les
autres. Vous êtes de petits menteurs.

Te hortor *ad legendum.*

THÉME.

Mes enfans, je vous exhorte à abandonner les
mauvaises compagnies, à vous appliquer à l'étude,
à faire vos devoirs avec exactitude, à écouter en
classe, à devenir sages, à obéir à votre professeur,
et enfin, à contenter vos parens et moi. Je vous
engage à faire tous vos efforts pour obtenir les premières places de la classe: c'est le seul moyen de
réparer le temps perdu, et de satisfaire votre professeur et vos parens, qui s'épuisent pour vous
donner une éducation honnête.

Consumit tempus *legendo.*

THÉMES.

La plupart des hommes passent le temps à ne
rien faire, ou à mal faire, ou à faire ce qu'ils

ne sont pas obligés de faire. Cependant la vie est courte ; employons donc tous les momens à faire le bien, à éviter le mal, et à lire de bons ouvrages. Quand nous perdons, à courir après des avantages dangereux ou frivoles, un temps destiné à fixer notre bonheur, nous sommes bien inconsidérés.

Vous ne pourriez mieux employer votre temps qu'à lire la vie de saint Martin, écrite par Sulpice Sévère. Ce digne pasteur avait passé sa vie à instruire les ignorans, à annoncer l'évangile aux pauvres, et à assister les orphelins. D'abord vous seriez occupés à admirer les bonnes actions qui se trouvent dans cette histoire ; à contempler l'amour, la fidélité, le zèle et l'attachement de Martin pour l'empereur ; sa charité et son amour pour les pauvres (la charité de *lui*).

Dedit *mihi libros legendos.*

THÈME.

Un prince qui a les affaires d'un royaume à administrer, doit avoir beaucoup de prudence, parce qu'il a plusieurs choses à faire, et plusieurs à omettre. Dieu, qui lui a confié les peuples à gouverner, lui a donné aussi les talens qui lui sont nécessaires pour remplir les fonctions qui sont attachées au poste qu'il occupe (*c'est-à-dire*, lequel il occupe.) Le prince peut se reposer d'une partie des affaires de son royaume, sur la confiance et la vigilance de ses ministres ; il peut donner à l'un une province à gouverner, à l'autre les finances à administrer, à celui-ci la justice à rendre, à celui-là une armée à commander, etc.

Vidi eum *ingredientem.*

THÈMES.

Lisez l'histoire ancienne, vous verrez le grand Annibal, général des Carthaginois, jurer aux pieds des autels une haine implacable aux Romains, les regarder comme les oppresseurs de sa patrie : vous le verrez garder fidèlement ce serment pendant toute sa vie. Vous admirerez ce rusé Carthaginois conduire son armée à la victoire et au pillage ; assiéger Sagonte, ville alliée des Romains : vous l'entendrez dicter la paix aux Sagontins, et leur ordonner d'abandonner la ville à demi-rasée.

Rien n'est plus admirable que de voir ce grand homme franchir d'abord les Pyrénées, traverser toutes les provinces méridionales des Gaules, combattre à chaque instant les peuples barbares qui habitaient ces contrées, passer le Rhône avec des peines infinies, arriver au pied des Alpes couvertes de neige et de glace, les traverser et pénétrer enfin dans l'Italie. Maintenant nous le verrons haranguer ses troupes, les encourager par des récompenses, et les mener à une victoire assurée.

RÉCAPITULATION.

THÈME.

D'abord les Romains avaient envoyé demander satisfaction aux Carthaginois ; mais lorsqu'ils furent informés de l'arrivée d'Annibal, ils se hâtèrent d'envoyer le consul Scipion à sa rencontre avec une armée. Annibal, qui venait (1) de combattre les Gaulois et les montagnards qui habitaient les Alpes, passait encore son temps à exercer ses soldats, et à les aguerrir. Le consul vint ranger son armée en bataille devant l'ennemi, et exhorta ses soldats à combattre vaillamment. Annibal, voyant approcher l'ennemi, s'avance, le charge, et le défait complètement.

LXVII.

SYNTAXE DES PRONOMS.

ACCORD DU PRONOM AVEC L'ANTÉCÉDENT.

Deus *qui* regnat.

LE pronom relatif, *qui, quæ, quod,* s'accorde en genre et en nombre avec le nom ou pronom qui le précède, et que l'on nomme *Antécédent.* Quand le relatif a deux antécédens, on le met au pluriel, parce que deux singuliers valent un pluriel. Si ces antécédens sont de différens genres, le relatif s'accorde avec le plus noble. S'ils sont de choses inanimées, le relatif se met au pluriel neutre.

Exemples :

Dieu qui règne, *Deus qui regnat.*

Ma mère qui souffre; *Mater mea quæ dolet.*

L'animal qui court, *Animal quod currit.*

Il importe à moi qui enseigne, *Refert meá qui doceo* (*meá,* tient lieu du génitif *mei*) (2).

---

(1) *Venir de,* devant un infinitif, s'exprime par *modò,* et le verbe se met au temps de l'indicatif.

(2) *Qui,* avec le verbe *doceo* au passif ; mis pour un nom de chose, se met à l'accusatif. *Ex.* : Ecoutez la règle qui vous est enseignée, *Audi regulam quam tu doceris* (sous-entendu *ad quam*).

Qui, quæ, quod, se rapportent quelquefois à un nom ou

Le père et la mère que j'aime, *Pater et mater quos amo.*

La vertu et le vice qui sont opposés, *Virtus et vitium quæ sunt contraria.*

THÈMES.

Numa, qui gouvernait Rome, était un prince grand et illustre. Rome, qui admirait les vertus de ce grand prince, était étonnée. Le Ciel qui l'avait donné aux Romains, ne le conserva pas assez long-temps. Les nations voisines qui connaissaient les vertus de Numa, étaient désireuses de le voir. Il rendit les Romains très-heureux, parce qu'il aimait la paix. Romulus, au contraire, aimait la guerre, et la faisait volontiers. Les Romains oublièrent bientôt Romulus; mais il conservèrent long-temps le souvenir de Numa.

Les généraux qui commandent nos armées sont très-habiles dans l'art militaire. Les provinces qui ont été submergées, étaient vastes et fertiles. Les histoires qui furent racontées, excitèrent l'admiration des auditeurs. Les lois qui seront portées, rendront nos villes heureuses. Mon frère et ma sœur qui partiront demain, et qui reviendront après-demain, me raconteront les choses qu'ils auront vues et qu'ils auront entendues. Mon oncle et ma tante, qui sont malades et qui guériront, me donneront la récompense qu'ils m'ont promise, si j'étais sage et studieux.

à un pronom sous-entendu. *Ex.* : Celui qui désire le bien d'autrui, perd justement le sien, *Qui alienum appetit, meritò amittit suum. Qui* est ici pour *homo qui,* ou *ille qui.* Ce que vous avez appris de moi, ne le dites à personne, *Quæ à me audisti, nemini dixeris. Quæ* est pour *ea quæ,* ou *verba quæ.*

Le mensonge et la vérité qui sont contraires, et que tous les gens de bien détestent, sont bien communs. La douceur et la colère, qui sont différentes, ne sont pas toujours louables. Le vin et l'eau, qui sont très-nécessaires à l'homme, deviennent rares et chers. Le lièvre et le renard que vous avez tués, sont deux animaux qui ont une belle peau, et qui ne sont pas rares dans ce pays. La vache et le bœuf qui mangent, et que vous avez achetés hier, sont très-forts et très-robustes. Le maître et la maîtresse qui jouent, et que nous aimons beaucoup, sont très-affables.

La viande et le pain que nous avons achetés, et qui nous nourrissent, sont excellens. Les passions qui nous tyrannisent, et que nous apportons en naissant, sont très-fortes. Les étrangers qui vendaient les marchandises que nous avons achetées, sont très-affables. Les campagnes que nous cultivons, et qui nous fournissent les fruits nécessaires, sont très-vastes et très-fertiles. Le rossignol et le merle que nous avons achetés, et que nous apprivoisons, chanteront mélodieusement. La terre et la mer qui furent découvertes, sont très-abondantes. Le jardin et le château qui ont été vendus, sont fort agréables.

Les vaisseaux qui transportaient ces marchandises, furent engloutis par les flots. Les coupables qui ont enduré tous ces cruels tourmens, et que vous avez vus mourir, n'étaient pas citoyens de ce département. Mon grand-père et ma grand'mère que vous aviez vus, et qui commençaient à radoter, sont morts. La panthère et le tigre que nous vîmes, et qui étaient attachés avec des chaînes, étaient très-cruels. Les peines et les tourmens que nous redoutions, et que nous avons cependant soufferts, n'ont pas été longs. La mort et le jugemen que tous les hommes craignent, et qu'aucun ne peut éviter, sont très-redoutables.

— · · ·

Les tours et les remparts de cette ville, qui ont été rasés, étaient imprenables. Les maisons et les temples qui furent pillés et détruits étaient très-riches. Le général qui commandait la garnison, était très-habile dans l'art de la guerre. Le loup et la louve que nous avons poursuivis, ravagent toutes les provinces voisines. Votre frère et votre sœur, que je connais et que j'estime, viendront demain. La loi et le jugement qui furent conformes, seront examinés. L'occasion et le moment que nous avons saisis, étaient favorables.

LXVIII.

DU RELATIF QUI, QUÆ, QUOD.

Puer *quem* pœnitet.

Le relatif se met au cas où l'on mettrait l'antécédent, dont il tient la place : pour le connaître, il n'y a qu'à exprimer l'antécédent au lieu du relatif qui le représente. *Qui* se met au nominatif, comme on voit par l'exemple, *Deus qui regnat* ; cependant, lorsque le verbe latin veut à un autre cas le nom ou pronom qui est au nominatif en français, le *qui* relatif se met au cas que le verbe latin demande. Le *que* relatif se met toujours au cas du verbe suivant. S'il est gouverné par deux verbes qui veulent différens cas, on l'exprime deux fois, et on le met au cas de chaque verbe.

Exemples :

L'enfant qui se repent, *Puer quem pœnitet.*
Le maître qui a besoin, *Magister cui opus est.*
Le roi qui a intérêt, *c'est-à-dire*, à qui il importe, *Rex cujus interest.*

Dieu que j'aime, *Deus quem amo.*

La grammaire que j'étudie, *Grammatica cui studeo.*

Les pauvres que nous devons aimer et secourir, *Pauperes quos amare et quibus opitulari debemus.*

THÈMES.

Les Français qui avaient besoin de la paix, à qui il importait d'en jouir, sont aujourd'hui tranquilles et paisibles. Le roi que le Ciel leur a rendu, est le meilleur des princes. Les voyages que nous ferons, nous seront fort utiles. Les enfans qui se repentent des fautes qu'ils ont commises, méritent le pardon qu'ils demandent. De mauvais citoyens ne troubleront plus la paix que nous avons obtenue. Les avares qui ont compassion des pauvres, sont des prodiges que nous ne rencontrerons pas souvent.

L'histoire ancienne et l'histoire romaine que nous avons étudiées, et que nous étudions encore, sont inférieures à l'histoire de France. Lisez cette histoire que vous ne connaissez pas ; elle vous offrira des actions admirables. Charlemagne que nous célébrons, était un prince qui mérita l'amour des peuples. Vous qui n'avez pas honte d'ignorer la vie de Henri IV, et à qui il importait cependant de la connaître, vous devez être bien ignorans et bien insensibles au bonheur de votre patrie. Les pauvres que nous avons secourus, prieront Dieu pour nous.

Vous n'avez pas vu les provinces et les royaumes que j'ai parcourus. Cultivez les sciences que vous aimez, et contentez les professeurs qui soignent votre éducation. Les langues que vous étudiez, et que vous apprenez, ne sont pas bien difficiles. Il ne faut pas négliger cette étude qui est très-précieuse.

J'ai lu les lettres que vous aviez envoyées. Venez voir la maison et le jardin que j'ai achetés, et que je veux conserver. Demandez qui (1) vous voudrez. La géographie et l'histoire que j'ai lues et étudiées, étaient très-amusantes et très-instructives. Donnez-moi les récompenses que vous jugerez à propos.

～～～～

Les écoliers sages et studieux, que nous aimons et flattons. Les misérables que nous aurions protégés et secourus. Les courtisans qui flattent et trompent le prince. Les ouvrages des anciens philosophes, que nous lisons et méditons. Les enfans que nous avons flattés et encouragés au travail. Le maître que nous devons respecter et satisfaire. Les méchans que nous avons menacés et punis. Les enfans vertueux que tous les hommes flattent et admirent. Vos parens que j'ai vus et caressés, viendront demain. Les petits enfans que cette bonne mère caresse et embrasse, sont sages.

LXIX.

Animal *quem* vocamus leonem.

Qui, *quæ*, *quod*, entre deux noms auxquels il se rapporte également, s'accorde mieux avec celui qui suit. Il est élégant de n'exprimer l'antécédent qu'après le *qui* ou *que* relatif, et alors on met l'antécédent au même cas que le relatif.

Exemples :

L'animal que nous appelons lion, *Animal quem vocamus leonem.*

____

(1) Si le *qui* français peut se tourner par *celui qui*, mettez-le au cas que gouverne le verbe précédent. *Ex.:* Envoyez qui vous voudrez (*tournez*, celui que vous voudrez) *Mitte quem voles* (sous-entendu *mittere*).

La lettre que vous avez écrite m'a été très-agréable : au lieu de dire, *Litteræ quas scripsisti, mihi fuerunt jucundissimæ*, dites, *quas scripsisti litteras, eæ mihi fuerunt jucundissimæ*.

THÈMES.

Les fruits que nous appelons pommes sont excellens. La liqueur que nous nommons vin est délicieuse. L'astre que nous appelons soleil fut adoré par les anciens Perses. Les progrès que fait votre frère ne sont pas grands ; cependant la science que vous étudiez n'est pas difficile. Les jeunes-gens que vous fréquentez et que vous favorisez, vous détournent de vos devoirs. Votre maître qui vous avait toujours favorisé, vous haïra. Le vice que nous nommons paresse, est odieux à tous les hommes.

La voûte immense que nous appellons ciel, est l'ouvrage de Dieu. Les présens que vous avez envoyés à ce prince, ont été très-bien reçus. La route que je vous montre est la plus courte et la meilleure. La leçon que j'ai étudiée est la plus difficile de toutes. Les enfans que vous favorisez sont très-sages ; ceux que vous avez punis étaient innocens. Les livres que le maître nous a interdits sont très-mauvais. Les pauvres que ce riche a secourus étaient dans la plus grande misère. Les terres que nous avons achetées sont très-fertiles.

La divinité que les Anciens appelaient Jupiter, passait pour le père de tous les autres dieux. Les hommes qu'ils ont déifiés, et qu'ils ont adorés, étaient pleins d'imperfections et de vices. Pompée, qui fut la gloire de l'empire romain, était très-avide d'honneurs et de gloire. L'animal que les Egyptiens avaient pour dieu, était un jeune bœuf. Les vices que nous appelons paresse et orgueil, sont très-communs.

LXX.

DONT ou DE QUI.

Deus *cujus* miramur providentiam.

Libri *quibus* utor.

Dont, *de qui*, est toujours gouverné par le mot de la phrase après lequel on peut mettre, par interrogation, *de qui? de quoi?* Ce mot est ou un nom, ou un adjectif, ou un verbe. Ainsi, quand *dont* est gouverné par un nom, il se met au génitif; quand il est gouverné par un adjectif, il se met au cas que gouverne cet adjectif; quand il est gouverné par un verbe, il se met au cas que régit ce verbe.

Exemples :

Dieu dont nous admirons la providence, *Deus cujus miramur providentiam.*

La récompense dont vous êtes digne, *Merces quâ dignus es.*

Les livres dont je me sers, *Libri quibus utor,* etc.

THÊMES.

Le soleil dont nous admirons la splendeur est un astre bien magnifique. La tranquillité dont nous jouissons, est le plus précieux de tous les trésors. Le caractère dont cet enfant est doué nous a paru très-opiniâtre. Le marchand de qui vous avez reçu cet argent, est très-avare. Vos professeurs, de qui vous recevez tous les jours de bons conseils, ne vous refuseront pas les choses dont vous aurez besoin. Les écoliers dont nous sommes contens recevront les récompenses dont ils sont dignes.

~~~~~

Vous devez aimer et respecter vos parens, de qui vous avez reçu tous ces bienfaits. Les historiens dont vous me parliez hier, sont fabuleux. Le ma-
~~~~~

gistrat de qui vous avez obtenu ce service, est
fort complaisant. Les thêmes et les versions que
je vous dicte et dont vous vous acquittez, ne me
paraissent pas difficiles. Les richesses dont nous
jouissons, sont périssables. Le danger dont j'ai délivré cet enfant, était plus affreux que tu ne penses.
La paix dont l'Europe jouit, rend le commerce
florissant. L'homme dont vous admirez les actions,
a la passion de médire.

LXXI.

A QUI.

Homo *cui* officium præstitisti.

A qui, se met au cas que demande le verbe,
ou l'adjectif auquel il se rapporte.

Exemples :

L'homme à qui vous avez rendu service, *Homo
cui officium præstitisti*; ou, par un autre cas,
Homo in quem officium contulisti.

L'enfant à qui cela est utile, *Puer cui id utile est.*

THÊMES.

Le pauvre à qui vous avez donné l'aumône, priera
Dieu pour vous. L'étranger à qui vous avez donné
l'hospitalité, vous reconnaîtra un jour. Les enfans
à qui j'ai prêté ces livres, sont très-studieux et très-
sages. Les hommes à qui le vice est nuisible, deviennent meilleurs en pratiquant la vertu. Les jeunes-
gens à qui vous avez été utile, se souviendront toujours de vous. Les domestiques à qui vous avez
confié cette lettre, sont très-exacts à s'acquitter des
commissions. Les amis à qui nous avons rendu service, n'ont pas abusé de notre libéralité.

Le marchand à qui vous avez demandé ces deux
volumes, est très-honnête. Le procureur à qui nous

avons confié notre affaire, est très-habile dans l'art de chicaner. Les jeunes-gens à qui la politesse convient, doivent toujours être prévenans envers les autres. Vos parens à qui vous devez témoigner votre reconnaissance, sont très-doux envers vous. J'ai vu votre frère, à qui j'ai dit ce que vous m'aviez confié. Ces jeunes-gens, à qui vous aviez interdit la lecture des romans, ont perdu cette aimable innocence, qui est le plus bel ornement de la jeunesse.

LXXII.

PAR QUI.

Romulus *à quo* Roma condita fuit.

Par qui, suivi d'un verbe passif, se met à l'ablatif avec *à*. *Par qui*, signifiant par le moyen duquel, s'exprime par *per* avec l'accusatif (1).

Exemples :

Romulus par qui Rome fut fondée, *Romulus à quo Roma condita fuit.*

Celui par qui j'ai obtenu ma grâce (*c'est-à-dire*, par le moyen duquel)*, Is per quem*, ou *cujus ope veniam impetravi.*

THÊMES.

Aléxandre-le-Grand, par qui la ville d'Alexandrie fut fondée, mourut jeune. César, général romain, par qui les Gaulois furent vaincus, était chauve. Titus, par qui Jérusalem fut détruite, était le meilleur des princes. Scipion, par qui Carthage fut prise et rasée, était doué de toutes les vertus

---

(1) Au lieu de l'accusatif, on peut mettre l'ablatif, et dire : *Ope meâ, ope tuâ, ope ejus, ope illorum*, etc., *id fecit, vel impetravit.*

civiles et militaires. Jésus-Christ, par qui nous avons été rachetés, était le fils de Dieu. Le Saint-Esprit, par qui nous avons été sanctifiés, procède du Père et du Fils. Le magistrat, par qui j'obtins cette place du prince, était très-obligeant.

———————

Le peuple romain, par qui toutes les nations de l'univers furent vaincues, était très-belliqueux. Les écrivains, par qui ces funestes principes ont été répandus, méritent des punitions sévères. Cette femme, par qui tu as été nourri, était bien bonne. Le remède par lequel j'ai obtenu ma guérison, est facile à composer et à prendre. Les motifs par lesquels vous pourrez toucher ces cœurs de fer, sont difficiles à trouver. L'issue par laquelle nous sommes sortis, était très-étroite. Les personnes par lesquelles je me suis introduit auprès du prince, sont très-officieuses.

———————

RÉCAPITULATION,

Depuis le n.º 67 jusqu'au n.º 72.

Deus *qui* regnat.

THÈME.

Le consul Scipion qui commandait l'armée romaine, fut blessé pendant le combat, et il aurait même perdu la vie, sans la valeur du jeune Scipion son fils, qui le dégagea du milieu d'une troupe de Numides qui l'entouraient. La défaite des Romains fut un prodige sinistre, qui jeta la terreur et la consternation dans toute l'Italie; et Rome, qui avait vu venir ceux qui avaient échappé à ce carnage, était agitée de diverses pensées.

Pater et mater *quos* amo.

THÈMES.

La victoire qu'Annibal remporta auprès du Tésin, fut le prélude de celle qu'il remporta bientôt après, auprès de la Trébie, sur le consul Sempronius; ensuite il prit un château que les Romains avaient fortifié, et s'empara de tous les vivres qu'ils avaient ramassés dans cette forteresse. Enfin, toutes les provinces que les Romains avaient acquises, et auxquelles ils avaient déjà donné des lois, furent prises par l'armée carthaginoise.

Les progrès qu'Annibal a faits dans l'art militaire, qu'il n'avait point étudié dans les auteurs, comme font les généraux de nos jours; l'amour et l'estime qu'il s'est acquises dans son armée; les avantages qu'il a remportés sur les Romains, lui ont acquis une gloire qui passera jusqu'à la postérité la plus reculée. Cependant, selon Tite-Live, qui a écrit l'histoire que vous étudiez, et que j'ai étudiée moi-même, Annibal était un homme qui massacrait impunément tous ceux qui tombaient entre ses mains.

Virtus et vitium *quæ* sunt contraria.

THÈME.

La vérité et le mensonge, qui sont toujours opposés, le sont encore ici; car j'ai lu deux auteurs qui parlent d'Annibal, et qui ne lui attribuent ni la dureté, ni la brutalité que Tite-Live lui reproche : au contraire, Plutarque et Cornélius-Népos donnent à ce général tous les talens et toutes les bonnes qualités qui font les grands hommes, et qui se trouvent rarement réunies dans le même, comme elles l'étaient dans Annibal. Mais Tite-Live, qui ne pouvait dissimuler les succès que le Carthaginois avait eus sur les Romains, voulait sans doute lui en ôter la gloire.

Puer *quem* pœtinet.

THÈME.

Les Romains qui se repentaient déjà de leur négligence, et qui avaient besoin d'un prompt secours, se hâtèrent de lever une seconde armée, à la tête de laquelle ils mirent le consul Flaminius, qui aurait eu besoin d'une prudence consommée pour résister à Annibal, et qui n'en avait pas beaucoup. Il vint s'opposer à l'ennemi auprès de Trasimène. Le rusé Carthaginois, à qui ce pays n'était pas connu, et à qui il importait de le connaître, envoya des gens pour reconnaître les lieux; et il n'eut pas sujet de se repentir de cette démarche.

Deus *quem* amo.

THÈME.

Annibal assemble ceux de son armée qu'il connaissait les plus intrépides, et en qui il avait le plus de confiance, leur fait part du projet qu'il a formé, des moyens qu'il faut prendre pour l'exécuter, et leur montre l'endroit qu'il a choisi pour tendre des pièges aux Romains. Il leur donne les ordres qu'ils doivent observer, et les envoie, pendant la nuit, s'emparer de ces défilés. Ensuite il rappelle au reste de l'armée les deux victoires qu'il avait remportées, et les récompenses qu'il leur avait promises, s'ils combattaient courageusement.

Pauperes *quos* amare, et *quibus* opitulari debemus.

THÉME.

Les anciens historiens, que nous lisons et que nous étudions, qui ont rapporté la vie et les exploits d'Annibal, nous fournissent une foule de traits semblables au précédent : les ruses de ce grand homme, qu'ils ont admirées et étudiées, les étonnent. Aussi ils le représentent comme le général le plus rusé qui ait jamais existé. En effet, toutes les fois qu'il se trouvait engagé dans quelque mauvais pas, il trouvait des moyens qui lui réussissaient à merveille, et les soldats courageux et intrépides, qu'il aimait et qu'il favorisait, étaient toujours choisis pour les exécuter.

Animal *quem* vocamus leonem.

THÉME.

Les avantages qu'Annibal avait eus sur les Romains, lui furent très-utiles ; car, après la bataille de Trébie, une troupe de cette nation que les historiens appellent Gaulois-Transalpins, vint se joindre à l'armée carthaginoise. Cette nation, qu'Annibal s'attacha par des récompenses, lui fut très-utile dans la suite ; car les fatigues que son armée essuya en traversant la Pouille, la diminuèrent considérablement. Il perdit dans ce trajet plusieurs chevaux qu'il avait amenés d'Espagne, et presque tous ces animaux que Juvénal appelle bêtes de Gétulie, et que nous nommons éléphans.

Deus *cujus* miramur providentiam.

THÈME.

Ce grand homme, dont toute la postérité admirera le courage et l'intrépidité, et dont tous les généraux doivent imiter l'exemple, après avoir donné à ses soldats les récompenses dont ils étaient dignes, et à toute son armée les louanges qu'elle avait méritées, monte sur un éléphant dont il se servit pour traverser la Pouille, qui était presque impraticable par les marais dont elle était couverte, et arrive auprès de Trasimène, dont il ordonna de reconnaître la position.

Homo *cui* officium præstitisti.

THÈME.

Les soldats auxquels Annibal avait donné ordre de reconnaître les lieux, et auxquels il avait, sans doute, promis des récompenses s'ils s'acquittaient promptement et fidèlement de cette commission, virent approcher le consul Flaminius, à qui les Romains avaient donné le commandement de l'armée, mais à qui il manquait beaucoup de prudence pour la bien commander. Aussitôt ils vinrent l'annoncer à Annibal ; celui-ci, à qui le caractère de Flaminius était encore inconnu, était fort désireux de le connaître.

Romulus *à quo* Roma condita fuit.

THÈMES.

ENTRE le lac et les montagnes était un passage étroit, par lequel Annibal descendit jusqu'à la vallée prochaine, commandée par les hauteurs dont elle était environnée. Les forêts par lesquelles ces hauteurs étaient couronnées, les rendaient propres aux stratagèmes militaires. Alors la cavalerie Numide, par laquelle les Romains étaient harcelés, fit semblant de prendre la fuite. Annibal voyant son arrière-garde suivie par le consul, lui laisse l'entrée du vallon libre. Aussitôt les Numides, par lesquels il avait été attaqué auparavant, fondent sur lui de toutes parts, et taillent son armée en pièces.

Flaminius, par qui l'armée romaine était commandée, resta sur le champ de bataille. Cependant les gens par lesquels Annibal fit chercher le corps de ce consul, pour lui donner la sépulture, ne purent le trouver : et il ne put savoir par qui il avait été tué, parce que les brouillards, par lesquels toutes les montagnes des environs furent couvertes pendant le combat, ne permettaient pas de distinguer les vaincus d'avec les vainqueurs.

RÉCAPITULATION.

THÈMES.

LES Romains devenus sages, par les échecs qu'ils avaient reçus, firent choix d'un homme qui devait les sauver, quoique d'abord ils crussent devoir s'en repentir. Ils nommèrent dictateur Quintus-Fabius-Maximus, dont le mérite et les talens le rendaient digne des premières charges de la république. Ce grand homme profitait de tous les événemens et de toutes les circonstances que la fortune lui présentait. Les Romains qui se repentaient d'abord de cette élection, mais qui avaient cependant besoin de la sagesse et de la prudence de Fabius, lui donnèrent un collègue.

～～～

Ils nommèrent Quintus-Minutius-Rufus, à qui ils donnèrent le commandement de la cavalerie, dont il était indigne. Car c'était un homme qui, à la vérité, ne manquait pas de courage, mais qui avait besoin de prudence, et à qui il importait d'être moins présomptueux, et d'écouter les conseils du dictateur qu'il devait suivre et étudier; et ne pas imiter l'exemple de Scipion, de Sempronius et de Flaminius qui avait été si funeste à la république.

LXXIII.

Me laudas, *mihi* faves.

§ I.

Les pronoms *me, te, se, nous, vous, le, la, lui, les, en, y,* se mettent au cas que gouverne le verbe ou l'adjectif auquel ils se rapportent.

Exemples :

Il m'a obéi (*c'est-à-dire,* il a obéi à moi) : *mihi paruit.*

Je vous ai donné un livre (*c'est-à-dire,* j'ai donné à vous un livre), *Tibi dedi librum.*

Cela nous sera utile, *Id nobis erit utile.*

Vous me louez, *Me laudas.*

Vous me favorisez, *Mihi faves.*

THÈMES.

Dieu m'a donné la vie et la santé, il me l'ôtera un jour. Il me défend et me protége. Tous les

jours il me donne de nouvelles marques de la
bon'é qu'il a toujours eue pour moi. Il m'a fait
tout ce que je suis, cependant il n'avait pas besoin de moi : je ne lui étais utile en aucune façon.
Il m'aime, il me favorise. Il me donne tout ce
qui m'est nécessaire ; il m'accorde la santé, il me
prolonge la vie, il me conduit et me dirige en
tout. Il nous a tous créés, il nous nourrit tous,
il nous conserve ; et cependant nous ne l'aimons
pas comme nous devrions l'aimer.

Votre père vous aime et vous caresse ; votre
maître vous loue et vous favorise, parce que vous
êtes sage et studieux. Si vous êtes paresseux, tout
le monde vous détestera ; vos condisciples vous
mépriseront ; personne ne vous caressera. Il vous
est absolument nécessaire de travailler et de vous
appliquer à vos devoirs : c'est le seul moyen de
vous rendre propre aux fonctions auxquelles la
Providence vous destine ; c'est le seul moyen de
devenir utile à la société, et de vous procurer
l'amour et l'estime des hommes.

Je m'offre à toi, mon frère ; si tu veux aller
chasser demain, je t'accompagnerai, et je te mon-
trerai les meilleurs postes. Je te donnerai des leçons touchant cette partie, qui te seront très-
utiles dans la suite. Je me flatte de connaître les
meilleurs postes de la forêt voisine, et je m'engage à te les montrer et même à te poster le mieux
que je pourrai ; mais il faudra m'obéir. Je m'expose à des reproches , si tu ne tues quelque pièce
de gibier. Cependant je ne te tromperai pas : il
ne me conviendrait pas de tromper mon frère.

Je m'efforcerai , mes enfans, de vous enseigner
tout ce qui vous est utile et nécessaire pour devenir

vertueux. Si vous voulez m'écouter avec attention, je vous raconterai une petite histoire qui vous plaira, et qui vous restera dans la mémoire. Il nous est avantageux de nous instruire des mœurs des Anciens; il ne nous conviendrait pas d'ignorer l'histoire des Grecs et des Romains. Il nous importe de travailler à notre salut et à notre instruction. Mon ami, je me mets en chemin, je te recommande mes enfans et mes biens, je te les confie.

§ II.

Tibi promisi librum, *etc.*

Le, *la*, *les*, se mettent au cas du verbe suivant, et s'accordent en genre et en nombre avec le nom auquel ils se rapportent.

Exemple :

Je vous ai promis un livre, et je vous le donnerai, *Tibi promisi librum, hunc tibi dabo.*

THÊMES.

Je vois le ciel, et je l'admire. Nous regardons les astres, et nous les considérons. Nous adorons Dieu, et nous le prions. Vous lisez les livres que vous avez achetés, et vous les étudiez. J'admire la vertu, je la respecte et je l'aime; mais je ne la pratique pas assez. J'ai vu le danger, et je l'éviterai. Vous m'aviez promis une récompense, et vous ne me la donnez pas. Je déteste le vice, je le fuis et je le punis. Tout le monde ne le fait pas (1). J'aime la vérité, et je la dis toujours; vous ne le faites jamais.

____

(1) Si *le* n'est pas précédé d'un nom auquel il se rapporte, on le tourne par *cela*, et on l'exprime par les pronoms neutres *hoc, id, illud. Ex. :* Je ne le ferai pas, (*tournez* je ne ferai pas cela), *Hoc non agam.*

Nous aimons les enfans sages , et nous les favorisons. Les riches devraient aider les pauvres, et les secourir. Le maître estime les écoliers sages, et les récompense. Ces enfans ont lu plusieurs histoires , et ils les ont retenues. Ce célèbre orateur a fait de bons ouvrages , et il les a publiés; vous ne le ferez pas. Ce bon père de famille a eu plusieurs enfans, il les a nourris et instruits. J'ai vu plusieurs fois cette belle femme; mais je ne la connais pas. J'ai lu plusieurs fois ces fables ; mais je ne les ai point apprises par cœur.

Je vous accorderai mon amitié, si vous la gagnez. Je vous donnerai des éloges , si vous les méritez. Le sage vous donnera des conseils nécessaires, mais ne les méprisez pas. Votre maître vous parle, et vous ne l'écoutez pas ; il vous interroge, et vous ne répondez pas : il vous commande d'apprendre votre leçon , et vous ne la savez pas, vous ne la regardez pas. Nous aimons la philosophie, et nous l'étudions. Le sage aime les vertus, et il les pratique. Nous estimons les hommes sages , et nous les chérissons.

§ III.

Dices *ei*. Id *illis* facile est.

Lui, *leur*, se tournent par *à lui*, *à elle*, *à eux*, et ils sont gouvernés par un verbe ou par un adjectif.

Exemples :

Vous lui direz (*tournez*, vous direz à lui), *Dices ei*.

Cela leur est facile (*tournez*, cela est facile à eux), *Id illis facile est*.

THÈMES.

Les abeilles sont fort laborieuses : les hommes
devraient imiter cet exemple. L'industrie et l'activité leur sont naturelles ; cependant le repos ne
leur est pas inconnu. Nous leur sommes bien différens. La lâcheté et l'oisiveté leur sont inconnues. Un travail assidu leur fournit les choses
nécessaires à la vie. Le superflu leur est inutile,
et il leur devient nuisible. Quelquefois le frélon
les attaque ; mais elles lui résistent et lui disputent long-temps la victoire. La chaleur et les fontaines limpides leur sont nécessaires.

* * *

Le beau coloris de la rose lui provient de la fraî-
cheur que lui procure l'haleine des zéphyrs. La
rosée du matin lui donne l'éclat que vous lui
voyez. La bonne odeur qui lui est naturelle, lui
procure la préférence que nous lui accordons. Les
variétés que nous lui remarquons lui ont été ac-
cordées par la nature ; l'art ne lui prête aucun
secours. Ces enfans sont donc sourds : je leur
parle, et ils ne m'écoutent point : je leur montre
cette rose, et ils ne la voient point, ou ils ne com-
prennent pas ce que je veux leur dire. Faites-leur
un signe, peut-être vous le leur ferez comprendre.

* * *

§ IV.

Vidi tuam domum et illius *pulchritudinem
miratus sum.*

En se tourne par *de lui*, *d'elle*, *d'eux*, *d'elles*,
et il est gouverné ou par un nom, ou par un
adjectif.

Exemples :

J'ai vu votre maison, et j'en ai admiré la beauté

(*c'est-à-dire*, la beauté d'elle), *Vidi domum tuam et illius pulchritudinem miratus sum.*

Vous en êtes bien content (*c'est-à-dire*, content d'elle), *Illá sané contentus es.*

J'aime cet enfant, et j'en suis aimé (*c'est-à-dire*, je suis aimé de lui, *Puerum diligo et ab eo diligor.*

THÊMES.

Nous avons parcouru plusieurs provinces, et nous en avons admiré les richesses et les curiosités. Nous avons vu de grandes forêts, et nous en avons traversé plusieurs. Nous avons traversé aussi de belles plaines; et souvent nous en avons examiné le sol et la fécondité. Vous avez consulté plusieurs savans, et vous en avez été content : ils vous ont parlé d'histoire et de géographie, parce qu'ils en étaient parfaitement instruits. L'entretien de ces gens-là est agréable pour un curieux ; vous avez dû en être très-satisfait.

~~~~~~

Vos enfans ont lu l'histoire, et ils en ont profité. Votre général fit une grande faute, et le nôtre en tira parti. Notre père nous donnait de bons conseils, mais nous en abusions. L'ennemi prit cette ville, et en enleva les richesses. Les nations voisines nous déclarèrent la guerre, mais elles s'en repentent. Vous avez perdu le temps de votre jeunesse : vous vous en repentirez un jour. Vous êtes ignorant, et vous en avez honte. Les pauvres sont dans la misère, et les riches n'en ont pas pitié. Aimons Dieu, et nous en serons aimés.

~~~~~~

Nous admirons les vertus des autres, et nous n'en pratiquons aucune. Nos sages parens nous ont toujours donné de bons conseils, et nous n'en avons suivi aucun. Nos maîtres nous ont aimés,

ils nous ont instruits, et ils en ont été mal satis-
faits; ils ont eu une grande bonté et une grande
douceur à notre égard, et nous en avons abusé.
L'or est un métal bien précieux, cependant nous
n'en sommes pas très-désireux, parce que nous
n'en avons pas besoin. Nous jouissons d'un grand
bien, et nous en tirons un revenu considérable.
Je connais ce marchand étranger, et j'en suis
connu.

§ V.

Res est gravissima, *huic* operam dabo.

Y se tourne par *à lui, à elle, à eux, à elles,*
et se met au cas du verbe suivant.

Exemple :

L'affaire est très-importante, j'y donnerai mes
soins (*c'est-à-dire*, je donnerai mes soins à elle),
Res est gravissima, huic operam dabo.

THÈMES.

Vous viendrez à bout de l'ouvrage que vous
avez entrepris; mais il faut y employer tous vos
soins. Cette matière est difficile à traiter; vous
devez y apporter une grande attention. La mort
nous talonne, et nous n'y pensons pas. Notre salut
est l'affaire la plus importante, et nous n'y travaillons pas. L'étude des sciences vous est très-
nécessaire; vous devriez vous y appliquer. Il nous
est arrivé un grand malheur : nous ne nous y at-
tendions pas; mais nous n'y avons pas contribué.
Ces enfans vous demandent grâce de leurs écarts;
ils vous promettent de n'y plus revenir.

Le prince a accordé plusieurs récompenses à
ceux qui s'étaient distingués; nous n'y avons pas

participé.. Le devoir que vous nous donnez, est difficile à faire : il faut vous y bien appliquer. Cette statue est bien faite : le sculpteur y a employé tous ses moyens et toute son industrie. La mort nous menace; il faut donc s'y préparer. Cette passion vous tyrannise sans cesse; il faut y résister. Ce célèbre orateur fit un beau discours; tout le peuple y applaudit. La loi nous commande; et nous n'y obéissons pas (1).

§ VI.

Superbus *se laudat.*

On exprime *se* par *sui, sibi, se,* en le mettant au cas du verbe, quand le nominatif est un nom de chose animée, qui fait sur elle-même l'action marquée par le verbe; mais si le nominatif est un nom de chose inanimée, qui ne fasse pas sur elle-même l'action marquée par le verbe, on tourne ce verbe par le passif.

Exemples :

L'orgueilleux se loue : *comme c'est l'orgueilleux qui se loue lui-même,* dites : *Superbus se laudat.*

Il se flatte, *sibi blanditur.*

Ce mot se trouve dans Phèdre (*tournez, ce mot est trouvé dans Phèdre), Vox illa invenitur apud Phædrum* (2).

THÊMES.

Les habitans de ce pays se livrent à la culture

---

(1) Comme *en* et *y* servent souvent de pronoms aux noms de lieu, nous renvoyons la règle à suivre en pareil cas, aux questions de lieu.....

(2) Quelquefois le nominatif est regardé comme animé, quoiqu'il soit de chose inanimée. *Ex. :* Le poison se glisse dans les veines, *Venenum sese in venas insinuat.*

des terres; plusieurs d'entre eux s'occupent à la taille des arbres; quelques-uns s'adonnent à la plantation de la vigne, dont ils se nourrissent. Les marchands s'adonnent au commerce, dont quelques-uns s'enrichissent. Les matelots se confient à la mer, pour se procurer un vil intérêt; souvent ils se louent entre eux de leurs succès; ils se flattent de leur courage et de leur habileté. Nos occupations se (1) renouvellent tous les jours; ainsi l'occasion de s'instruire se présente sans cesse. Les moyens de chasser l'oisiveté s'offrent tous les jours à nous. Les belles pierreries se trouvent dans les mines.

Les pauvres se louent à des riches, dont ils reçoivent un modique salaire : ainsi les hommes s'aident mutuellement. Le riche se fait un devoir de récompenser le pauvre, et le pauvre s'attache à servir le riche. Si nous saisissions toutes les occasions qui se présentent, nous ferions bien nos affaires, et le venin de la paresse ne pourrait jamais se glisser dans nos cœurs. Les mauvaises inclinations s'insinuent peu à peu dans les jeunes-gens, et enfin elles y prennent racine. Si vous aimez l'argent, peu à peu la soif de l'or se glissera dans votre cœur, et vous deviendrez un avare. Toutes ces coquilles se trouvent sur le bord de la mer.

Les abeilles sont très-laborieuses : nous devrions leur ressembler. Elles se nourrissent de fleurs; le roi se met à leur tête, et il les excite à travailler; elles s'exposent à la mort, pour le défendre contre l'ennemi. Le vice et l'irréligion se

---

(1) Il y a plusieurs phrases dans ces thèmes, où les nominatifs, quoiqu'inanimés, sont regardés comme animés.

10

sont glissés, et se glissent dans la société. La religion s'anéantit peu à peu en France; tandis qu'elle se transporte et se perpétue dans des contrées étrangères. Le jour s'en va, le temps se passe, et nous n'y pensons point. Ces beaux vers se trouvent dans Virgile. Cette épigramme se trouve dans Martial. Ces objets se trouvent chez tous les marchands de cette ville.

Mon frère est allé à la maison de campagne, il s'amusera beaucoup : il se glorifie des progrès qu'il a faits pendant l'année. La version que nous avons faite, se trouve dans Tite-Live. Nous avons été très-contens ; tout s'est passé à merveille dans cette assemblée. Nos mauvaises inclinations se fortifient tous les jours. Raisonnons juste et notre jugement se formera. La langue française se perfectionne tous les jours. Ces fables se trouvent dans Phèdre. L'or et l'argent se trouvent dans les entrailles de la terre.

---

§ VII.

Petrus et Paulus *se invicem* laudant.

Quand *se* se rapporte à deux nominatifs, qui font l'un sur l'autre l'action marquée par le verbe, on ajoute l'adverbe *invicem* au pronom *suî*, *sibi*, *se*, à moins qu'il ne soit gouverné par une préposition.

Exemples :

Pierre et Paul se louent ; *Petrus et Paulus se invicem laudant.*

Ils se battent, *Inter se pugnant.*

THÈMES.

Le pauvre et le riche se donnent des secours mutuels ; ils s'enrichissent en s'associant. Le commer-

çant et le fabricant se voient souvent, et se fréquentent. Le soldat et le général se louaient de
leurs bons succès. Le père et le fils s'entretenaient
d'affaires de famille. Les Français et les Russes se
battirent courageusement. Vos deux enfans s'amusent. Le roi et le berger ne se disputent point leurs
rangs. Tous les habitans de la campagne se rendaient à la ville ; j'entendais de toutes parts le bruit
des gens qui se pressaient, et qui ne pouvaient
s'entendre. Les principaux de la ville se croyaient
plus sages que les autres.

Votre frère et le mien se fréquentent, et s'aiment beaucoup. Les deux princes se disputent l'empire de la mer ; ils se font une guerre cruelle et
sanglante. Les Français et les Italiens se sont as-
sociés. Les soldats désespérés s'entretuaient. Le
froid et le chaud se combattent. L'eau et le feu se
contrarient. Le vice et la vertu se choquent. Trissotin et Vadius se donnent mutuellement de l'en-
cens : la vanité et l'orgueil dont ils sont enflés,
les obligera bientôt à changer de langage. Ces deux
enfans se réjouissent de voir approcher les vacances.

RÉCAPITULATION,

Depuis le n.° 65 jusqu'au n.° 73.

THÊMES.

Toute l'Europe admire les victoires que nous
avons remportées. Je vous renvoie les livres que
vous m'aviez prêtés. Considérez ce bel arbre que
j'ai planté. Vous voyez le jardin que je voulais
acheter. Je lirai l'ouvrage que vous avez composé.
Réprimez les vices honteux que vous avez con-
tractés. Je cultiverai les terres que vous m'avez

vendues. Je vous demande les instrumens de labourage que vous m'avez promis. Voyez ce peuple qui est devenu nombreux, et que la misère menace. Vous avez puni votre fils que vous aviez déjà menacé.

~~~~~~~

Je réciterai les beaux vers que j'ai étudiés et appris. Les écoliers que nous aimons et favorisons, se montrent bien dignes de nos éloges. J'admire cette chaumière et ce château, que je vois réunis. Je vous rendrai les services que je pourrai rendre. Vos sœurs que j'ai rencontrées, lisaient, en se promenant, les nouvelles historiettes qu'elles ont achetées. La paix dont nous jouissons est le plus précieux de tous les biens. Cette ville dont j'admire la beauté et la grandeur, renferme plusieurs grands hommes.

~~~~~~~

Mon père de qui vous avez obtenu ce service important, mérite des éloges et des actions de grâces. Le repos dont je jouis maintenant, m'est bien agréable. Le libraire de qui j'ai emprunté ces livres, est très-obligeant. J'ai vu votre mère, à qui j'ai caché les secrets que vous avez voulu me confier. Les écoliers qui étudient l'histoire que nous avons achetée, n'ont pas honte d'ignorer la langue latine. Les jeunes-gens à qui nous avons interdit la lecture des romans, ont presque perdu leur innocence. Nous devons aimer et respecter le prince qui nous gouverne et qui nous protége.

~~~~~~~

J'ai vu ce grand labyrinthe, et j'en connais tous les détours. J'admire l'esprit pénétrant de ce jeune homme, à qui j'enseigne les principes de la géographie et de la poésie. Rien n'est plus beau que la vertu à laquelle nous formons nos élèves. J'ai sou-
~~~~~~~

vent admiré le talent du poële par qui ces belles
odes ont été composées. Il importe au jeune homme
à qui j'enseignais la langue grecque, de vaincre les
difficultés par lesquelles il était arrêté.

Vous avez connu mon livre, et en avez emprunté
toutes les phrases qui vous convenaient. Cette conduite rappelle la fable du geai qui se para des plumes
du paon. Il est ridicule de copier ceux dont les ouvrages ont précédé les nôtres. Je vous accuse de
m'avoir dérobé un très-grand nombre d'expressions
que vous auriez dû imiter. Tous vos lecteurs ont
reconnu ces nombreux larcins qui gâtent votre ouvrage. Il fallait le faire moins gros, et ne pas le
remplir de locutions qui ne vous appartiennent pas.
Chacun blâme cette manière d'agir qui n'est pas
loyale, et que personne ne peut excuser.

Je blâme ces enfans par qui cet honnête homme
a été insulté. Récitez les leçons que vous avez étudiées pendant la récréation. J'écrirai au ministre,
par qui j'obtiendrai facilement la restitution des
propriétés qui m'ont été enlevées. Il vous importe
d'étudier et de réciter souvent l'histoire de France;
vous auriez honte d'en ignorer les premiers élé-
mens. Les maîtres menacent et punissent les écoliers; mais nous n'usons pas de semblables moyens
envers nos élèves: nous leur recommandons la
diligence, et nous les blâmons quand ils sont
paresseux.

LXXIV.

QUI INTERROGATIF.

Quis *Vestrûm.*

§ I.

LE *qui* interrogatif n'a point d'antécédent : on le connaît quand on peut le tourner par *quelle personne ?* il s'exprime par *quis*, *quæ*, *quod*, ou *quisnam*, *quænam*, *quodnam*, et le nom pluriel qui suit, se met au génitif, ou à l'ablatif avec *è* ou *ex*, ou à l'accusatif avec *inter.*

Exemples :

Qui de vous ? *Quis vestrûm*, ou *ex vobis*, ou *inter vos ?*

Qui est content de son sort ? *Quis suâ sorte contentus est ?*

THÊMES.

Qui de vous ne voudra point prévenir les artifices du méchant ? Qui de nous oserait avancer contre cet ennemi redoutable ? Qui de vous peut espérer une récompense du maître ? Qui de nous pourrait s'ennuyer en lisant cet ouvrage excellent ? Qui se repentira de n'avoir pas lu pendant sa jeunesse ? Qui aura honte de son ignorance ? Qui regrettera les momens perdus ? Qui a compassion des pauvres ? Qui de nos élèves remportera le premier prix ? qui des maîtres est content de cet écolier ?

Qui des juges a prononcé la sentence ? Qui des rois a établi les meilleures lois ? Qui des princes est le plus puissant de l'Europe ? Qui est le meilleur de ces enfans ? Qui est le plus sage d'entre eux? Qui de vous s'ennuie du travail? A qui les pauvres demanderont-ils l'aumône? A qui avez-vous donné cette somme? Pour qui travaillez-vous? De qui devez-vous obtenir cette grâce? Pour qui la demandez-vous? A qui de nous confierez-vous vos secrets? A qui des écoliers donnerez-vous ces récompenses?

Qui de nous aimera et favorisera un jeune ignorant? De qui pouvons-nous attendre des progrès? Par qui cette faute a-t-elle été commise? Par quel général cette province fut-elle conquise? A qui importe-t-il des écoliers de lire l'histoire ancienne? Par qui avez-vous envoyé cette lettre à la poste? Par quel ordre voulez-vous agir ainsi? de quelle part commandez-vous? Par quels motifs faites-vous cela? A qui de vous ai-je donné des ordres? A qui de vous me suis-je confié?

§ II.

Uter est doctior, *tu-ne an frater?*

Qui des deux ou *lequel des deux,* s'exprime par *uter, utra, utrum,* et les deux noms qui suivent se mettent au même cas que *uter :* on met *ne* après le premier, et *an* devant le second ; le superlatif français se met au comparatif latin.

Exemples :

Qui des deux, *ou* lequel des deux est le plus savant, de vous ou de votre frère ? *Uter est doctior, tu-ne an frater ?*

THÊMES.

Qui est le plus sage de Pierre et de Paul ? Qui fut le meilleur général de Scipion ou d'Annibal ? Lequel des deux fut le plus grand conquérant d'Alexandre ou de César ? Qui fut le plus sage d'Aristide ou de Fabius ? Lequel des deux peuples a remporté la victoire, des Français ou des Prussiens ? Lequel des deux, du voluptueux ou de l'avare, a pitié des malheureux ? Qui a honte de sa conduite ? l'avare ou le prodigue ? Lequel des deux remportera le prix ? le diligent ou le paresseux ?

~~~~~~~

Lequel des deux est le meilleur à boire, de l'eau ou du vin ? Qui s'ennuie plutôt, du maître ou du disciple ? Lequel des deux se repentira plutôt de sa faute, du prudent ou de l'imprudent ? Lequel des deux, de Numa ou de Charles IX, regardez-vous comme le plus estimable ? A qui des deux importe-t-il, de vous ou de votre frère, de lire et d'étudier cet ouvrage ? Qui des deux, de vous ou de votre frère, a besoin de mes conseils ? Lequel des deux peuples a honte de sa défaite, de l'Autrichien ou du Français ?

~~~~~~~

§ III.

Quis te vocavit ? *Quem* vocas ?

Qui interrogatif est tantôt le nominatif, et tantôt le régime du verbe suivant : il est le nominatif quand on peut le tourner par *qui est celui qui ?* il est le régime quand on peut le tourner par *qui est celui que ?*

Exemples :

Qui vous a appelé (*c'est-à-dire*, qui est celui qui vous a appelé) ? *Quis te vocavit ?*

Qui appelez-vous, (*c'est-à-dire*, qui est celui que vous appelez) ? *Quem vocas ?*

THÊMES.

Qui vous a appris à connaître les bons et les mauvais poëtes ? Qui vous a appris les règles de la musique ? Qui peut espérer de bien gouverner les peuples ? Celui qui les connaît. Qui pourra les connaître ? Celui qui les étudiera. Qui connaissez-vous le mieux des sept Sages de la Grèce ? Aristide et Socrate. Qui estimez-vous des écoliers ? Qui fréquentez-vous de ces jeunes-gens ? Qui de nous récompenserez-vous ? Demandez plutôt, qui de nous punirez-vous ? Qui cherchez-vous ? Qui favorisez-vous ? Qui flattez-vous ? Qui aimez-vous ? Qui vous a donné ce bon conseil ?

~~~~

Qui écouterez-vous de nous ? Qui avez-vous loué ? Qui a honte de sa mauvaise conduite ? Qui se repent de ses désordres ? Qui s'ennuie de travailler ? Qui favorise le vol ? Qui a compassion de ces enfans ? Qui viendra demain de vos parens ? Qui vous a écrit cette lettre ? Qui avez-vous trouvé ? A qui avez-vous envoyé ce livre ? A qui vous confiez-vous ? Qui avez-vous condamné au silence ? Qui a cherché à vous nuire ? Qui a jeté ces pierres ? Qui a-t-il frappé ? Qui croyez-vous ? Qui avez-vous envoyé au maître ?

LXXV.

QUE INTERROGATIF.

Quid agis ? *cui rei* studes ?

LE *que* interrogatif se tourne par *quelle chose*, et s'exprime par *quid*, lorsque le verbe suivant gouverne l'accusatif ; mais si le verbe suivant gouverne un autre cas, il faut exprimer le mot *chose*. Avec un verbe de prix ou d'estime, il se tourne par *combien*, et s'exprime par *quanti*.

Exemples :

Que faites-vous (*tournez*, quelle chose faites-vous) ? *Quid agis ?*
~~~~

Qu'étudiez-vous ? *tournez*, quelle chose étudiez-vous)? *Cui rei studes ?*

Que vous a coûté cette maison (*tournez*, combien vous, etc.)? *Quanti tibi constitit hæc domus ?*

THÈMES.

Que racontez-vous de nouveau ? Qu'avez-vous vu dans ce pays? Qu'estimez-vous ce cheval? Que vous coûtent ces deux grands livres? Qu'avez-vous fait ce matin ? Qu'avons-nous (1) de plus précieux qu'une tendre mère? Qu'étudient ces jeunes-gens? Que trouverez-vous dans ce livre? Que prétend faire ce jeune homme? Que deviendra-t-il? Quoi de plus insensé que la jeunesse? Quoi de plus honteux que l'ignorance? Quoi de plus bas que le mensonge? Quoi de plus odieux que la paresse? Quoi de plus estimable qu'un ami vrai et sincère? Que demandent ces enfans? Qu'avez-vous besoin?

Que désire ce vieillard? Que porte cet étranger? Que vend ce marchand? Qu'achètent ces gens-là? A quoi s'occupe cet ouvrier? De quoi traite cet auteur? Que défend cette loi? Qu'ordonne ce précepte? Que sera-ce de ces jeunes-gens? Qu'arrivera-t-il de tout cela? Que vous a coûté cette terre? Que demandez-vous de ce jardin? A quoi avez-vous manqué? Que disait le maître ce matin? Que favorisez-vous? Quoi de plus ridicule que ces paroles? A quoi pensez-vous ? Que lisez-vous ? De quoi vous nourrissez-vous? Qu'enviez-vous? Que vous importe-t-il? Que vous défend le maître?

____

(1) *Quoi*, ou *que*, au commencement d'une phrase, se tourne par *quelle chose*, et s'exprime par *quid. Ex. :* Quoi de plus beau que la vertu? *Quid virtute pulchrius?*

LXXVI.

QUEL, QUELLE.

Quænam mater liberos suos non amat?

Quota hora est? *septima.*

Quel, *quelle*, s'expriment aussi par *quis*, *quæ*, *quod*, ou *quisnam*, *quænam*, *quodnam*, et s'accordent avec le nom suivant, en genre, en nombre et en cas. Lorsque *quel*, *quelle* signifient *quantième*, on les exprime par *quotus*, *quota*, *quotum*, et l'on répond par le nombre ordinal. Quand on peut ajouter le mot *grand*, ils s'expriment par *quantus*, *quanta*, *quantum*.

Exemples :

Quelle mère n'aime pas ses enfans ? *Quæ* ou *quænam mater liberos suos non amat ?*

Quel avantage y a-t-il dans la vie ? *Quod commodum habet vita ?* ou mieux, *Quid commodi habet vita* (1) ?

Quelle heure est-il ? sept heures, *Quota hora est ? septima* (c'est la septième).

Quel malheur nous menace (*c'est-à-dire*, quel grand malheur)! *Quanta nobis instat pernicies !*

THÈMES.

Quel voisin vous aimera , si vous ne craignez ni Dieu , ni les hommes ? Quel homme pourra se fier à vous ? Quelle sûreté trouverait-il auprès de vous? Quel avantage trouverait-il dans votre compagnie ? Quel profit retirera-t-il de votre entretien ? Quelle beauté règne dans le ciel ? Quelle heure est-il chez vous ? Quel livre lisez-vous? Quel jour partirez-

____

(1) *Quel*, suivi d'un nom de chose, s'exprime mieux par *quid*, avec le génitif.

vous? le sept du mois. En quel mois arriverez-vous?
au mois de septembre. Quelle année êtes-vous né?
l'an dix-huit cent dix. Quelle chaleur il faisait!
Quels enfans favorisez-vous?

~~~~~~

Quelle estime peut-il attendre des hommes?
Quelle honte pour mon cousin, de fréquenter
ce mauvais sujet! Quel succès espérez-vous de
cette entreprise? Quelle gloire avez-vous ac-
quise? Quelle heure était-il, lorsque vous êtes
parti? dix heures. Quelle forêt avez vous parcourue?
Quel animal avez-vous tué? Quelle folie avez-vous
faite! Quelle campagne habitez-vous? Quels progrès avez-vous faits? Quelles victoires avons-nous
remportées? Quelle route aviez-vous prise? Quel
projet avez-vous conçu?

LXXVII.

Quis te redemit? *Jesus Christus.*

Quem miseret pigrorum? *neminem.*

La réponse se met ordinairement au même cas
que la demande. Cependant, avec les impersonnels
est, refert, interest, la réponse, quand elle se fait par
un pronom, se met à un autre cas. Le verbe de la
demande est toujours sous-entendu dans la réponse; ainsi, quand on demande : *qui vous a racheté?* et que l'on répond : *Jésus-Christ,* c'est
comme si l'on répondait : *Jésus-Christ m'a racheté?*

Exemples :

Qui vous a racheté? Jésus-Christ, *Quis te redemit? Jesus Christus (me redemit).*

Qui a pitié des paresseux? personne, *Quem miseret pigrorum? neminem (miseret).*

A qui importe-t-il? à moi? *cujusnam interest?
med.*
~~~~~~

A qui appartient-il de parler? à moi, *Cujus est loqui? meum (loqui est meum negotium)*.

THÈMES.

Qui a rendu ses peuples heureux? Henri IV. Qui a protégé les savans? François Ier. Qui conquit les Gaules? César, général romain. Qui fonda Rome? Romulus. Qui rasa Carthage? Scipion. Qui eut pitié des blessés? le général. Qui aura compassion de ce pauvre aveugle? les passans. Qui avança le premier? le général. Qui eut honte de sa lâcheté? les soldats. Qui prit la fuite? les vaincus. A qui importait-il de remporter la victoire? à nous, Français.

A qui importe-t-il de défendre la patrie? à vous, soldats. A qui appartient-il de commander? à moi seul : et d'obéir? à vous, soldats. A qui importera-t-il d'être victorieux? à nous. Avez-vous vu votre père et votre mère (1)? oui? Leur avez-vous parlé? oui. Viendront-ils? non. Avez-vous apporté vos livres? oui. Les autres sont-ils venus avec vous? non. Ne les (2) avez-vous pas vus? non. Ne firent-ils pas leur devoir hier? non. Ne viendront-ils pas ce matin? non. Se sont-ils levés? oui.

Avez-vous lu l'histoire? oui. Avez-vous retenu beaucoup de choses? non. Qui vous a enseigné la géographie? un de nos professeurs. Restait-il long-

---

(1) Quand on interroge sans négation, on met en latin, *an* ou *num*, ou *numquid* devant le premier mot, ou *ne* après; et la réponse se fait par le verbe de l'interrogation. *Ex.* : Dormez-vous? *Num dormis?* Non, *Non dormio* (*num* et *numquid* s'emploient quand la réponse doit être négative.)

(2) Si l'interrogation se fait par deux négations, *ne je pas, ne tu pas*, etc., on met *an non*, ou *nonne*, devant le premier mot. *Ex.* : N'avez-vous pas vu le roi? *An non*, ou *nonne vidisti regem?* Non, *Non vidi.*

temps avec vous ? non. Avait-il fini, il s'en allait (1). Avez-vous fait votre devoir, vous vous amusez. Avons-nous fait notre thême, nous commençons notre version. Avons-nous lu l'histoire, nous étudions la géographie. Qui vous a donné ces leçons de mathématiques? mon frère. Faites-vous des progrès ? non. Cette science vous plaît-elle ? oui. N'avez-vous pas étudié la physique? non.

***

A qui importerait-il de faire des progrès ? à moi. À qui appartient-il de travailler ? à moi. Quelle langue étudie votre frère ? la langue latine. Laquelle voulez-vous étudier ? la langue grecque. Quel état voulez-vous prendre? l'état militaire. Est-ce que vous avez l'âge ? non. Ne voulez-vous pas aller chasser demain ? non. Ne voulez-vous pas venir chez moi? non. Est-ce que vous êtes fâché contre moi ? non. Est-ce que vous êtes malade aujourd'hui? oui. Est-ce que vous n'avez pas dîné ? non. Avez-vous mal à la tête ? oui. Votre frère est-il à la maison de campagne? non. A-t-il eu dîné, il est parti pour la chasse.

LXXVIII.

Puer, *abige* muscas.

QUAND on commande, le verbe se met à l'impératif; s'il est à la troisième personne, on emploie la troisième personne du présent du subjonctif, et l'on n'exprime pas le *que* français. Quand on défend, on met *ne* avec le subjonctif ou l'im-

(1) Si l'interrogation tient lieu de *lorsque, aussitôt que,* on l'exprime par *quùm, statimque, simùl atque. Ex.:* Avait-il soupé, il s'en allait (*tournez,* lorsqu'il avait soupé, il....), *Quùm cœnaverat, abibat.*

pératif ; ou bien l'on se sert de *noli* pour le singulier, et de *nolite* pour le pluriel, avec l'infinitif (1). On se sert presque toujours de *ne* avec le subjonctif, quand le verbe est à la troisième personne (2).

Exemples :

Laquais, chassez les mouches, *Puer, abige muscas.*

Qu'il s'en aille, le traître, *Abeat proditor.*

N'insultez pas les malheureux, *Ne insultes,* ou *ne insulta miseris,* ou bien *noli, nolite insultare miseris.*

Qu'il ne dise pas, *Ne dicat.*

Qu'il ne sorte pas de la maison, *Domo ne exeat.*

THÈMES.

Mes enfans, ne faites pas à autrui ce que vous ne voudriez pas que l'on vous fît (*qu'il fût fait à vous-mêmes*) ; et faites à autrui ce que vous voudriez que l'on vous fît (*que les autres fissent à vous*). Faites le bien, et fuyez le mal. N'accusez pas votre frère du crime ; ne le soupçonnez pas de mauvaise intention. Ayez compassion des pauvres, si vous voulez que Dieu ait compassion de vous. Souvenez-vous des bienfaits, et oubliez les injures. Pardonnez à vos frères, et Dieu vous pardonnera. Observez les commandemens de Dieu. Honorez votre père et votre mère. Respectez le prince et les lois.

(1) Au lieu de *noli* ou *nolite,* les poëtes emploient quelquefois *mitte,* ou *mittite, parce* ou *parcite, absiste* ou *absistite, desiste,* ou *desistite, cave* ou *cavete,* avec l'infinitif ou le subjonctif. *Ex. : Parce pias scelerare manus,* Ne souillez pas vos mains religieuses. *Parce linguis ;* Taisez-vous. *Cave putes,* N'allez pas croire.

(2) Cette manière de s'exprimer marque le souhait et le désir ; c'est un véritable *que* de désir, qui, se trouvant au commencement d'une phrase, ne s'exprime pas en latin.

Que mon domestique porte cette lettre à la poste. Allons, soldats, suivez-moi; emportons ce poste. Levez-vous, mes amis; partons. Que votre frère marche le premier. Que mes chevaux soient prêts. Que la table soit mise. Que mes gens ne s'écartent point. Que mon fils vienne. Que le coupable se présente; qu'il s'avoue; qu'il soit puni d'exil ou de mort. Que la sentence soit lue et exécutée. Que le licteur s'approche. Que mes ordres soient exécutés. Que cette race périsse.

~~~~~~

Voici les imprécations que les Anciens faisaient contre ceux qui violaient les sépultures : Que le violateur meure le dernier de sa race! qu'il s'attire l'indignation des dieux! qu'il meure subitement! qu'il soit précipité dans le Tartare! qu'il ne revienne jamais parmi les vivans! qu'il soit privé de sépulture! qu'il soit dévoré par les corbeaux! qu'il voie les ossemens des siens déterrés et dispersés! que les mystères des dieux troublent le repos dont il pourrait jouir! qu'il soit traîné dans la sombre demeure par les Furies! que lui et les siens soient réduits au même état que celui dont il a troublé la sépulture!

~~~~~~

Mon fils, ne faites de mal à personne. Ne détournez pas les autres du chemin de la vertu. Ne parlez mal de personne. Ne rendez jamais le mal pour le mal. Ne conservez dans votre cœur aucun mauvais ressentiment envers vos frères. Ne fréquentez point le méchant. Ne vous livrez point au vice. Ne méprisez point les sages conseils de vos maîtres et de vos parens; ne leur désobéissez jamais. Ne manquez jamais de vous acquitter de vos devoirs. Servez Dieu et le prince. Vivez en ami avec tout le monde.

LXXIX.

SYNTAXE DES PARTICIPES.

PARTICIPES JOINTS AU NOMINATIF.

Gallus escam *quærens.*

Il y a, en latin, deux participes de l'actif, comme : *Amans*, aimant ; *amaturus*, devant aimer ; deux du passif, comme : *Amatus*, aimé ; *amandus*, devant être aimé. Les participes sont de véritables adjectifs, qui s'accordent en genre, en nombre et en cas avec le nom auquel ils se rapportent, et de plus, ils gouvernent le même cas que les verbes d'où ils viennent. Lorsque le participe se rapporte au nominatif du verbe, il s'accorde avec ce nominatif en genre, en nombre et en cas.

Exemples :

Un coq cherchant de la nourriture, trouva une perle, *Gallus escam quærens, margaritam reperit.*

Cicéron devant prononcer un discours, vint ; *Cicero orationem habiturus, venit.*

L'enfant ayant été interrogé, répondit ; *Puer interrogatus respondit.*

Devant être interrogé, il craignait, *Interrogandus timebat.*

THÉMES.

La mort de Socrate philosophant tranquillement avec ses amis, est la plus douce que l'homme puisse désirer. La mort de Jésus expirant dans les tourmens, injurié, raillé, maudit de tout un peuple, est la plus horrible que l'homme puisse craindre. Socrate prenant la coupe empoisonnée, bénit celui qui la lui présente, et qui pleure. Jésus souffrant les tourmens les plus affreux, prie pour ses bourreaux acharnés. Socrate devant être condamné à mort, demeure tranquille dans la prison. Jésus devant souffrir la mort la plus cruelle et la plus ignominieuse, s'approche du lieu de son supplice.

⁓⁓⁓

Télémaque soupirant, étonné et hors de luimême, se prosterna à terre; levant les mains au ciel, il s'écrie : O Jupiter, ayez compassion d'un malheureux que le destin poursuit! Le père des Dieux jetant les yeux sur le jeune Grec, et voyant les dangers qui l'environnaient, eut compassion de lui. Devant être immolé aux mânes des Troyens, il est délivré par le secours et la protection de Jupiter; devant rester en Sicile, il retourne à Ithaque; devant être englouti par les flots de la mer, il se sauve.

⁓⁓⁓

Annibal traversant les Gaules, franchissant les montagnes des Alpes, rencontra beaucoup d'obstacles : devant entrer en Italie, il défit les armées romaines; traversant les marais de la Pouille, monté sur un éléphant, il souffrit beaucoup. Cependant il avançait toujours, pillant, saccageant les villes, tuant les habitans. Traversant l'Apennin, il fut obligé de camper au milieu de la neige. Descendant de cette montagne, il s'avança dans les plaines fertiles de l'Italie, portant partout la terreur et la mort.

LXXX.

PARTICIPES JOINTS AU RÉGIME DES VERBES.

Urbem *captam* hostis diripuit.

Le participe qui se rapporte au régime du verbe, s'accorde avec ce régime en genre, en nombre et en cas. (Le participe se rapporte ordinairement au régime du verbe, quand ce régime est un des pronoms, *le, la, les, lui, leur*).

Exemples :

La ville ayant été prise, l'ennemi la pilla (*tournez*, l'ennemi pilla la ville prise); *Urbem captam hostis diripuit.*

Les citoyens devant être passés au fil de l'épée, le vainqueur leur pardonna (*tournez*, le vainqueur pardonna aux citoyens devant être passés...); *Civibus ferro necandis victor pepercit.*

THÈMES.

Les leçons ayant été apprises, les écoliers les récitent. Le devoir ayant été fait, le maître le corrige. Les élèves devant être punis, le maître leur pardonne. Les coupables devant être conduits au supplice, le roi leur pardonna. Les lois ayant été portées, nous les observons. Turenne marchant à la tête de l'armée, tout le monde l'admirait. Se disposant à livrer bataille, les ennemis le craignaient. Les ennemis ayant pris la fuite, les soldats les poursuivirent. Les ayant atteints, ils les passèrent tous au fil de l'épée.

La conjuration de Catilina ayant été découverte, Cicéron la dissipa. Ayant assemblé les sénateurs, il leur découvrit tous les desseins de ce traître. Rome devant être détruite, il la sauva. Les consuls, et la plupart des sénateurs devant être assassinés, il leur sauva la vie. Les complices de Catilina ayant été découverts, Cicéron les fit arrêter. Ayant été mis en prison, il les fit mourir. Les conjurés ayant livré bataille, les Romains les mirent en fuite et en tuèrent un grand nombre.

Brennus, général des Gaulois, ayant rassemblé une armée formidable, la conduisit vers Rome. Les Romains étant venus au-devant des Gaulois, Brennus les tailla en pièces. L'armée romaine ayant été mise en fuite, il en fit un grand carnage. Rome étant abandonnée, l'armée gauloise y entra. Les vieillards devant être respectés, les Gaulois les passèrent au fil de l'épée. La ville devant être épargnée, les soldats la brûlèrent. Les ennemis montant au Capitole, les Romains les repoussèrent.

LXXXI.

ABLATIF ABSOLU.

Partibus factis, sic locutus est leo.

QUAND le participe ne se rapporte ni au nominatif, ni au régime du verbe, on le met à l'ablatif avec le nom auquel il est joint en les faisant accorder en genre et en nombre.

Exemples :

Les parts étant faites, le lion parla ainsi : *Partibus factis, sic locutus est leo* (on sous-entend une préposition; *c'est comme s'il y avait*, après les parts faites, *à partibus factis*).

La lettre étant déjà écrite, votre esclave est venu; *Scriptá jàm epistolá, venit puer tuus* (1).

THÈMES.

La bataille de Pharsale étant donnée, Caton se prépare à la mort. Ayant dit adieu à ses enfans et à ses amis, il demanda les dialogues de Platon. Ayant lu le traité de l'immortalité de l'âme, il essaya la pointe de son épée; l'ayant placée à côté de lui, il dit : Je suis enfin maître de moi-même. Tout le monde s'étant retiré, il se donna un coup

____

(1) Les conjonctions, *quand, lorsque, pendant que, après que, après avoir,* etc. se traduisent souvent par l'ablatif absolu. *Ex. :* Annibal vint en Italie quand vous étiez consul, *Annibal, te consule, in Italiam venit.*

dans le ventre. La blessure n'étant pas mortelle, il tomba de son lit. Ayant renversé une table voisine, deux esclaves accoururent à ce bruit.

~~~~~~

L'ayant vu baigné dans son sang, ils furent saisis de frayeur. Ayant les yeux ouverts, il ne parlait point. Ayant été remis sur le lit, la blessure ayant été pansée, et ayant repris ses esprits, il repoussa le médecin. Ayant rouvert sa blessure et arraché ses entrailles, il expira. Timoléon ayant purgé la Sicile de tous les tyrans, accorda la paix aux Carthaginois. Le traité ayant été conclu, il partit. Ayant pacifié ce royaume, il mourut. Le successeur de ce grand homme, ayant rassemblé une armée, marcha contre les rebelles. Les ayant battus et mis en fuite, il rétablit la tranquillité dans cette province.

~~~~~~~~~~~~~~~~~~~~~~

RÉCAPITULATION,

Depuis le n.° 73 jusqu'au n.° 81.

L'HOMME de bien qui a promis un service à son prochain, le lui rend. S'agit-il de manquer aux lois de l'honneur, il ne le fait jamais. Les ambitieux n'agissent pas ainsi : toutes les choses leur sont faciles, pourvu qu'elles leur soient utiles. Le sage évite la cour et le palais des grands : il en connaît les désordres, et en redoute les dangers. Il chérit sa famille, et il en est chéri. Il jouit de la paix de l'âme, et il en est très-digne. S'il lui arrive quelque faveur de la fortune, il en use, mais il ne s'y abandonne pas. Il connaît les lois de l'état, et il s'y soumet. Il admire les merveilles de la nature, et en révère l'auteur.

~~~~~~

Les petits esprits et les hommes médiocres aiment
~~~~~~

à se louer, tandis que la modestie se trouve dans l'homme de mérite. Ils essuient continuellement des humiliations ; mais ils ne s'en affectent nullement. Toujours disposés à parler de ce qu'ils ne savent pas , ils éprouvent mille plaisanteries, à cause de leur sotte vanité dont ils ne se corrigent pas. Ils savent toutes les nouvelles de la ville et de la province, et ils les débitent avec assurance. Avertissez-les de cette imprudence, ils ne s'en fâcheront pas. Lorsque l'orgueil et la présomption se sont glissés dans l'âme d'un sot, il n'est plus maître de lui-même.

Lequel des deux temples est le plus ancien, le petit ou le grand ? Laquelle de ces deux femmes est la plus modeste, de la jeune ou de la vieille ? Laquelle de ces deux vertus est la plus belle, de la prudence ou de la force ? Qui des deux se repentira, de Pierre ou de Paul ? Lequel des deux était le plus éloquent, de Démosthène ou de Cicéron, Lequel des deux fut le plus grand poëte, d'Homère ou de Virgile ? Lequel des deux fut le plus habile général, d'Alexandre ou de César ? Ces questions sont difficiles à décider.

Qui est venu vous voir ce matin ? mon frère. Quel état exerce-t-il ? la médecine. Qui a manqué à son devoir ? un écolier que nous voyons rire et causer souvent. Qui devons-nous honorer ? un Dieu qui nous comble de bienfaits tous les jours. De qui avez-vous reçu cette lettre que vous tenez ? de mon père qui viendra bientôt me voir. Quoi de plus agréable que la présence d'un père chéri ? Quel enfant n'aime pas ses parens ? Qu'avons-nous de plus précieux qu'un tendre père et une tendre mère ? Quel livre lisez-vous maintenant ? Télémaque, dont les maximes me paraissent bien bonnes à retenir.

Qui de vous peut s'ennuyer en lisant l'histoire ? Un enfant à qui toute lecture déplaît est un paresseux. A qui importerait-il de lire cette histoire ? à moi et à tous les jeunes-gens qui aiment à profiter. Lequel des deux est le plus savant, de ton frère ou de ta sœur ? Ma sœur, qui passe toutes les journées à lire. Qui se repentira de n'avoir pas assez lu ? Mon frère, à qui il aurait importé de suivre mes conseils. Quel homme ne connaît pas les grandes actions de ce général ? Qui aura honte de sa paresse et de sa lâcheté ? Vous et tous ceux qui vous imitent.

L'empereur Commode ayant été tué, Pertinax fut déclaré empereur par ceux qui avaient tué Commode. Pertinax voulant rétablir les affaires qui étaient en très-mauvais état, et réprimer la licence des soldats, fut assassiné par ses gardes. La dignité impériale ayant été mise en vente par les soldats, et Julianus leur ayant promis une assez grande somme, ils le proclamèrent aussitôt empereur ; mais n'ayant pu payer la somme promise, il fut abandonné des soldats, et mis à mort par l'ordre de Septimus Sévérus.

Sévère faisant semblant de venger la mort de Pertinax, s'empara de l'empire. Ayant destitué les prétoriens à cause de ce meurtre abominable, il en nomma d'autres. Ayant ensuite attaqué séparément Pescennius-Niger, gouverneur de Syrie, et Claudius-Albinus, gouverneur de la Grande-Bretagne, ses compétiteurs à l'empire, il les vainquit en bataille rangée. Ayant pris la ville d'Antioche où Niger s'était réfugié, il le tua comme il se sauvait vers l'Euphrate. Ce gouverneur étant mort, Byzance, qui lui était restée fidèle, fut prise par Sévère.

Tout étant paisible en Orient, Sévère porta ses armes en Occident; il se battit auprès de Lyon, contre Claudius-Albinus. Ayant pris et tué un grand nombre de soldats, et Albinus lui-même étant tombé entre ses mains, il le fit mourir, et demeura seul maître de l'empire. La ville ayant été pillée et brûlée, la tête d'Albinus fut portée à Rome (1). Les fauteurs de ce gouverneur ayant été pris, Sévère les massacra. Étant retourné en Orient, il vainquit plusieurs autres peuples. Ayant ensuite entrepris la guerre contre la Grande-Bretagne, il mourut.

***

Artaxerxès le Persan, ayant défait les Parthes en trois batailles, et ayant tué leur (le roi *d'eux*) roi Artaban, fit revivre l'empire de Perse en Orient. Ayant fait des courses sur les terres des Romains, il fut défait par Alexandre. L'empereur ayant remporté cette victoire, entreprit une expédition contre les Germains. Ayant été tué par eux, Maximin lui succéda. Celui-ci ayant terminé heureusement la guerre d'Allemagne, fit un carnage horrible dans la ville de Rome, par son gouverneur, qui y (*ibi*) massacra la plupart des nobles.

***

Amilcar étant mort, Asdrubal prit le commandement de l'armée d'Espagne. Celui-ci ayant été tué, Annibal fut élu général. Ayant soumis la plus grande partie de l'Espagne, il attaqua Sagonte. Les Romains lui ayant envoyé des députés, il ne les écouta point. Sagonte étant réduite aux extrémités, il s'en rendit maître. Ayant passé tous les habitans au fil de l'épée, il partit avec toutes ses troupes. Ayant franchi les montagnes des Pyrénées, il traversa les Gaules et défit tous ceux qui s'opposèrent à lui.

---

(1) *Romam.*

Ayant passé le Rhône, et défait les Gaulois qui s'étaient campés sur les bords de ce fleuve, Annibal parvint au pied des Alpes. Ayant franchi ces montagnes, et entrant en Italie, les Romains s'opposèrent à lui. L'armée romaine ayant été vaincue, Annibal la poursuivit. Ayant remporté plusieurs victoires, il envoya un député à Carthage (1). Ayant demandé du secours au sénat carthaginois, il ne l'obtint pas. Magon venant à son secours, fut défait par les consuls Néron et Livius. Annibal ayant appris la mort de son frère, versa des larmes.

RÉCAPITULATION,

Depuis le n.° 73 jusqu'au n.° 81.

Pronoms *Me*, *Te*, *Se*, etc.

THÈMES.

FABIUS, quoique païen, nous a donné un exemple de patience qu'il nous serait utile d'imiter. Ce général ne suivit point l'exemple de ceux qui l'avaient précédé. Il aurait pu aller droit à Annibal et l'attaquer ; mais il se contenta de le suivre, de le prolonger dans ses marches, de le harceler, de le fatiguer par de légers combats, en se tenant à une distance qui lui laissât la liberté d'en venir aux mains avec le Carthaginois, lorsque la fortune lui en présenterait l'occasion, ou de se retirer, s'il le jugeait à propos. Annibal, pour l'obliger à descendre dans la plaine, ravageait tous les environs ; mais rien ne put l'y contraindre.

Les affaires de Rome étaient en mauvais état, il fallait y mettre ordre ; la république se trouvait

---

(1) *Carthaginem.*

dans un mauvais pas, il fallait l'en tirer; aussi
Fabius fut insensible à tout ce que les Romains
purent lui objecter, et il sut préférer le salut de sa
patrie à sa propre gloire. Les sénateurs blâmaient
la lenteur de ce général; mais elle leur fut très-
utile. Et le rusé Carthaginois qui en connut tout
le prix, commença à désespérer de la conquête de
Rome, qu'il s'était tant de fois promise. Tous les
jours il voyait l'armée romaine sur les hauteurs
voisines, et en admirait l'ordre et la marche.

Pendant ce temps-là, Minutius mettait le trouble
dans l'armée, et s'insinuait peu à peu dans l'esprit
des soldats par ses discours séditieux. Il se flattait
de vaincre Annibal, si le sénat voulait lui donner
le commandement de l'armée. Les sénateurs qui
appelaient la conduite de Fabius lâcheté et faiblesse, le lui donnèrent. Cependant Fabius ne
s'ébranla point de tous ces bruits publics; il par-
tagea l'autorité du commandement entre lui et le
séditieux collègue qui lui avait été donné. Il disait en lui-même : si l'occasion d'en venir aux
mains avec Annibal se présente, nous verrons
comment les choses se passeront.

Fabius ne se trompait pas; car Minutius se repentit bientôt de sa présomption et de sa témérité.
Annibal qui avait appris la nouvelle de cette élection, en était bien content, parce qu'il avait trouvé
l'homme qu'il lui fallait. Il l'attira insensiblement
dans un lieu où la commodité du terrain lui était
favorable. Minutius aurait pu voir les piéges que
lui tendait le rusé Carthaginois, mais il n'y fit aucune attention; la présomption l'aveugla. Il en
vint aux mains avec les Carthaginois, et si (1)

____

(1) *Si*, suivi d'une négation, s'exprime par *nisi*.

Fabius ne fût accouru à son secours, les ennémis commençaient à l'envelopper dans la plaine, et il y aurait péri avec toute son armée.

~~~~~~

Je veux vous raconter encore un trait singulier de la vie d'Annibal, qui se trouve dans Tite-Live, dans Cornélius-Nepos, et peut-être même dans d'autres historiens. Un jour ce général, trompé par des guides, s'était enfoncé dans des gorges de montagnes où Fabius le tenait enfermé, et où il aurait péri avec toute son armée, sans la ruse singulière qu'il imagina pour se tirer de ce mauvais pas. Il se trouvait dans son camp une assez grande quantité de bœufs dont il s'était emparé en entrant dans ces vallées.

~~~~~~

Les coteaux des environs étaient couverts de vignes, dans lesquelles se trouvait une grande quantité de fagots de sarmens. Annibal en ramassa et en attacha aux cornes de tous les bœufs qui étaient dans le camp, et y ayant fait mettre le feu, il les lâcha sur les hauteurs occupées par les Romains. Ceux-ci voyant ces animaux s'entre-choquer, en admirent la marche et la fureur. Effrayés de ce nouveau prodige, ils prennent la fuite, abandonnent les postes, et laissent le passage libre à Annibal.

Quis vestrûm, ou *ex vobis*, ou *inter vos ?*

THÉME.

Qui de vous, mes amis, remportera le prix d'histoire ? Qui de nous, Monsieur ? Celui qui aura mieux fait pendant toute l'année. Qui de vous aura le premier prix de la classe ? Celui qui aura eu la premi re place dans les compositions. Qui de

vous sera le plus digne de nos applaudissemens ?
Qui de nous ? Celui qui aura sur la tête la couronne de sagesse : parce qu'il aura été digne du
meilleur de tous les prix. Lequel des deux pré-
férez-vous, du prix de place ou de sagesse ? Celui
de sagesse est préférable à tout autre.

Quid agis ? *Cui* rei studes ?

THÊME.

Vous restez toujours dans votre chambre. Que
faites-vous tout seul ? à quoi vous occupez-vous ?
Je m'occupe à l'étude. Quels auteurs étudiez-
vous ? J'étudie Virgile et Horace. J'irai bientôt
à ma maison de campagne pour y voir en quel état
sont mes terres. Que direz-vous au fermier s'il les
a négligées ? Quelles menaces lui ferez-vous ?
Quelle conduite tiendrez-vous à son égard ? Quels
moyens emploîrez-vous pour lui faire sentir ses
torts ? Que sera-ce s'il se plaint de l'ingratitude
du sol ? Que sera-ce s'il vous remet votre ferme ?
Que sera-ce enfin s'il ne vous paie pas ce qu'il
vous doit ? Quoi de plus désagréable !

Quæ mater liberos suos non amat ?

THÊME.

Quel prince ne se glorifie pas de sa grandeur,
de sa puissance et de ses trésors ? Quel juge ne
punit pas les coupables ? Quel scélérat ne craint
pas la mort ? Quel homme n'est pas reconnaissant
des bienfaits qu'il reçoit ? Quel enfant n'obéit pas
à ses parens et à ses maîtres ? Quel sujet ne respecte pas les ordres de son prince ? Quel royaume
n'est pas sujet aux révolutions ? Quelle nation n'est
pas inconstante ? Quel peuple est content de son
sort ?

Quod commodum habet vita ? *Quota* hora
est ? *septima.*

THÈME.

Quel avantage trouvez-vous dans la désobéissance et dans l'indocilité ? Quel plaisir trouvez-
vous à tourmenter vos parens et vos maîtres ? Quels
charmes y a-t-il dans la paresse et l'indolence ?
Quelle douceur y a-t-il dans l'indiscipline ? Qu'y
a-t-il de plus ennuyeux que la vie oisive ? Quel
jour du mois viendrez-vous ? Quelle heure sera-
t-il quand vous viendrez me voir ? Quel jour votre
oncle arriva-t-il ? le onzième. A quelle heure ?
à trois. Quel jour partira-t-il ? le dix-huitième.
A quelle heure ? à neuf heures.

Quanta nobis instat pernicies !

THÈME.

Quelle gloire pour vous, mes amis , de contenter vos parens et de satisfaire vos maîtres ! Quel
contentement et quelle satisfaction pour vos parens, d'avoir des enfans sages, studieux et obéissans ! Avec quelle douceur et avec quelle tendresse vous parleront-ils , lorsqu'ils vous verront !
Quel honneur pour vous d'être aimés de vos parens
et de vos maîtres ! Quelle honte , quelle confusion
pour un enfant qui est méprisé de ses parens et de
son maître ! Quelle satisfaction pour vous et pour
vos parens, s'ils vous voient remporter le premier
prix !

Quis te redemit ? *Jesus Christus.*

THÈME.

Qui a créé le monde ? Dieu. Qui fut le premier homme ? Adam. Qui fonda Rome ? Romulus. Qui fut le premier empereur romain ? César. Qui subjugua les Gaules ? César. Qui fut le premier roi de France ? Pharamond. Qui combattit-il avec avantage ? les Romains. Qui lui résista ? personne. Qui se repent d'avoir pratiqué la vertu ? personne. Qui a honte de faire le bien ? personne. A qui importe-t-il d'être heureux ? à tous. A qui appartient-il d'être juste ? à vous.

Nùm dormis ? *non dormio.*

THÈME.

Avez-vous fait ce que je vous avais commandé ? non. Le ferez-vous ? non. Me viendrez-vous voir demain ? oui. Avez-vous été aujourd'hui au spectacle ? non. Connaissez-vous la pièce qui a été donnée ? non. Irez-vous voir votre oncle ? oui. Avez-vous compassion des pauvres ? oui. Vous ennuyez-vous de m'entendre ? non. Vous importe-t-il d'écouter ce que je vous dis ? oui. Connaissez-vous Paris ? non. Aimez-vous les plaisirs de cette ville ? oui.

Puer , *abige* muscas. *Abeat* proditor.

THÈME.

Mes amis, soyez sages, et pratiquez la vertu. N'écoutez pas les mauvais conseils. Fuyez les mauvaises compagnies. Fréquentez les gens de bien.

Ecoutez les avis du sage. Fermez vos oreilles aux discours de l'impie. Fermez vos yeux aux mauvais exemples. Ne flattez personne, et n'écoutez point les flatteurs. Remplissez les devoirs de votre état. Soyez vrais et sincères. Que les méchans fuient loin de vous. Que les impies ne parlent point en votre présence. Que le menteur soit muet devant vous.

Que celui qui doit commander aux autres apprenne à commander à ses propres passions. Souvenez-vous des avis que je vous ai donnés dernièrement : ils vous seront très-utiles. Obéissez aux ordres du prince et de tous les autres magistrats subalternes, dans toutes les choses qui sont permises. Résistez au commencement de la colère. N'insultez jamais personne, en paroles ni en actions. Faites du bien à tout le monde. Faites l'aumône. Secourez l'indigent de votre bien et de vos conseils. Que votre main gauche ignore ce que fait la droite. Avez-vous de bonnes qualités, ne vous en vantez point.

PARTICIPES.

Gallus escam. *Partibus factis,* sic locutus est.

THÊMES.

Un jeune homme pratiquant la vertu est heureux, il jouit de l'estime de tout le monde ; mais s'écartant de cette route, il est malheureux et méprisé de tous les gens de bien ; et, vivant dans cet état, il s'expose au plus grand de tous les dangers. Car devant mourir un jour, et devant être jugé avec la dernière rigueur, il devrait penser à ce qu'il fait et à ce qu'il dit ; ne faire aucune action, ne dire aucune parole qui pût lui être nuisible ;

réglant ainsi ses actions, il pourrait espérer un sort
heureux en cette vie et en l'autre.

~~~~~

Tantale tourmenté au sein des eaux par la soif
la plus cruelle; Ixion attaché à une roue qui
tourne sans cesse; Prométhée dévoré par un vau-
tour qui déchire ses entrailles toujours renais-
santes; Sisyphe roulant un rocher qui retombe
sans cesse; les Danaïdes remplissant d'eau des
tonneaux percés; Encelade enseveli tout vivant
sous le mont Etna : toutes ces malheureuses victimes de la vengeance des Dieux, nous avertissent des châtimens cruels qui attendent le crime.
Les mânes de César errantes dans les Champs-
Elysées; le juste Caton, le brave Diomède, le
pieux Énée, l'intrépide Hector : tous ces héros
à qui l'antiquité profane a érigé des autels, nous
montrent les récompenses réservées à la vertu.

~~~~~

Les Gaulois ayant été repoussés, la garnison romaine rendit grâce au grand Jupiter qui présidait
dans le Capitole. Ayant été une fois avertis, ils
furent plus vigilans les nuits suivantes. Les pro-
visions venant à leur manquer, la misère leur dé-
clara une guerre plus cruelle que les Gaulois. Se
voyant donc réduits à l'extrémité, ils résolurent
de racheter leur liberté. Les principaux d'entre
eux ayant eu une entrevue avec Brennus, chef
des Gaulois, convinrent du prix. L'or étant déjà
pesé, Camille arriva et chassa l'ennemi, repro-
chant aux Romains leur lâcheté.

~~~~~

L'armée ennemie étant dispersée çà et là dans
les campagnes, Camille la tailla en pièces. Ceux
qui s'échappèrent s'étant retirés dans les villages
voisins, les paysans les massacrèrent. Rome étant
~~~~~

délivrée de ces barbares, les Romains y rentrèrent. Voyant les ravages que l'ennemi avait faits, ils élevaient les mains au ciel, en s'écriant : Grâces soient rendues au grand Jupiter, protecteur de notre nation, qui, délivrant cette ville du joug de l'ennemi, fait que nous avons le bonheur d'y rentrer sains et saufs. La ville ayant été presque ruinée, les habitans se préparèrent à la rétablir.

LXXXII.
SYNTAXE DES ADVERBES.

Parùm *vini.*

LES adverbes qui marquent la quantité, gouvernent le génitif ; il en est de même des adverbes de temps et de lieu.

Exemples :

Peu de vin, *Parùm vini.*
Beaucoup d'eau, *Multùm aquæ*, etc.
Nulle part, en aucun lieu du monde, *Nusquàm gentium.*
Le jour de devant les calendes, *Pridiè calendarum*, ou *Pridiè calendas* (on sous-entend *ante*).

THÈMES.

Vos parens ont toujours beaucoup de crédit et beaucoup de richesses ; ils ont trouvé assez de gens qui sont pauvres et qui ont besoin de secours ; ils ont assez de vertu, mais ils ont peu de richesses. Le général ennemi a eu trop de présomption et peu de courage. Il a trop d'inhumanité, il devrait avoir un peu de clémence. Il ne sera aimé nulle part, et en quel lieu du monde pourrait-il l'être ? Deux jours avant les nones d'Avril, il tua inhumainement un pauvre homme qui n'insultait personne ; trois jours après les ides, il en blessa un autre.

Voici nos soldats qui arrivent. Voilà la ville qu'ils ont prise. Les habitans sortirent au-devant de l'armée ; ils étaient rangés en ordre comme un bataillon de soldats. Les anciens, qui avaient plus de prudence et plus de sagesse, étaient à la tête de la multitude. Ils étaient habillés comme des magistrats ; ils avaient de la barbe comme les Juifs, et des moustaches comme les Chinois. Ils avaient beaucoup de douceur et assez de prudence ; mais ils avaient peu d'urbanité. Les soldats les ont traités avec douceur, non pas pour l'amour d'eux, mais pour l'amour du prince qui les gouverne, qui a assez de bravoure, beaucoup de justice et de désintéressement.

LXXXIII.

SYNTAXE DES PRÉPOSITIONS.

Juxta *aram* Jovis.

Les prépositions servent principalement à marquer de quelle manière une chose se fait, en quel lieu, dans quel temps ; c'est-à-dire, les différentes circonstances de temps, de lieu, de matière, etc. Parmi les prépositions, les unes gouvernent l'accusatif, et les autres (1) l'ablatif. Quelquefois on les sous-entend, quoiqu'elles soient toujours la véritable cause du régime. Il y en a qui veulent

(1) Voici celles qui gouvernent l'accusatif : *ad, adversùm, adversùs, ante, apud, circa, circiter, circum, cis, citra, contra, erga, extra, infra, inter, intra, juxta, ob, prope, penès, per, pone, post, præter, propter, secundùm, supra, trans, versùs, ultra, usque.* Celles qui gouvernent l'ablatif sont : *à, ab, abs, absque, clam, coram, cum, de, è, palàm, præ, protènùs, sine.* Les quatre suivantes veulent l'accusatif, quand elles sont jointes à un verbe de repos : *in, sub, subter, super.*

être mises après leur régime, comme : *tenùs*, *versùs*, etc.

Exemples :

Auprès de l'autel de Jupiter, *Juxta*, ou *prope aram Jovis.*

Depuis la terre jusqu'au ciel, *A terrâ usque ad cœlum*, etc.

Il était avec moi, *Mecum erat.*

Avec nous, *Nobiscum.*

Avec qui, *Quocum.*

Jusqu'aux oreilles, *Aurium tenùs.*

Vers l'orient, *Orientem versùs.*

THÊMES.

Venez avec nous, nous irons nous promener le long de la mer ; nous partirons ensemble. Je n'ai pas encore soupé : venez souper avec moi, et ensuite je viendrai avec vous. Nous irons du côté de la montagne, vis-à-vis de ce grand rocher que nous avons vu dernièrement, et sur lequel nous nous sommes assis. Nous descendrons ensuite vers la mer. Mon père est déjà parti pour aller à la promenade ; il a amené avec lui mon petit frère ; ils ont passé derrière le jardin ; ils ont pris le petit chemin qui est en-deçà du tribunal, et après avoir traversé la grande rue, ils ont tourné vers la place publique.

Avec qui étiez-vous hier ? avec mon père. Nous avons passé du côté de la prairie, et nous sommes descendus le long des vignes, jusqu'à la petite rivière que nous avons passée à gué. J'avais de l'eau jusqu'aux épaules, et mon père jusqu'aux reins. En sortant, nous nous sommes enfoncés dans le sable jusqu'aux genoux. Ensuite nous avons passé à travers les prés, et nous sommes descendus le long de ce petit chemin qui est au-delà de votre maison de campagne. — Nous avons avancé jusqu'à ce grand rocher dont vous me parliez, auprès duquel nous nous sommes reposés environ une demi-heure.

* * *

Jules-César fut un très-vaillant général ; mais, par orgueil ou par ambition, il tourna ses armes contre sa patrie, et la mit à deux doigts de sa ruine. Il vint en-deçà des Alpes, qui sont des montagnes très-hautes, situées entre la France et l'Italie, au-delà desquelles ce vaillant prince battit ses ennemis. La Sicile est au-dessous de l'Italie, et vis-à-vis de la Libye ; c'est une île agréable et fertile. Les Carthaginois la subjuguèrent et la possédèrent jusqu'à ce que les Romains les forcèrent de l'abandonner. La Corse est à côté de l'Italie, au-dessus de la Sardaigne : ces deux-îles sont au milieu de la Méditerranée.

* * *

Un enfant ne peut jamais devenir savant sans diligence et sans application. Celui qui désire de faire des progrès dans les sciences, doit lire beaucoup, écrire beaucoup, et étudier diligemment. Les plus grandes richesses sont méprisables en comparaison de la science et de la vertu ; cependant les hommes courent plutôt après l'or qu'après la vertu. Phaëton tomba du ciel dans la rivière du Pô en Italie, et périt dans les eaux : ses (*ejus*) sœurs pleurèrent sa mort, jusqu'à ce qu'elles furent changées en peupliers.

LXXXIV.

NOMS DE MATIÈRE.

Vas *ex auro* ou *aureum*.

Le Nom qui exprime la matière dont une chose est faite, se met à l'ablatif avec *è* ou *ex*. On peut, du nom de matière, faire un adjectif qui s'accorde avec le nom.

Exemples :

Un vase d'or, *Vas ex auro*, ou *vas aureum*.
Une table de marbre, *Tabula ex marmore*, ou *marmorea*.

THÈMES.

Nabuchodonozor, roi de Babylone, vit en songe une statue, dont la tête était d'or, la poitrine d'argent, le ventre de fer, les bras d'airain, les cuisses d'acier et les jambes en partie de fer et en partie d'argile. Les maisons que nous avons vues sont de briques. Tous les meubles de ce prince sont d'acajou. Le pavé de la chambre est de marbre. Cette statue colossale est de bronze. Les habits que nous portons sont de drap, et les bas de soie ; nos chapeaux sont de poils de lapin ou de lièvre. Une montagne d'or serait curieuse à voir.

J'ai connu un prophète qui portait un habit composé des couleurs les plus variées ; il n'était ni d'étoffe, ni de soie, ni de coton, ni de lin, ni de laine, ni de peau, ni d'aucune matière fabriquée par la main de l'homme : il était tissu de plumes et de poils de coq, très-semblables à ceux de poule. Il marchait superbement ; il portait un plumet de couleur rouge ; il avait la figure et la bouche de corne ; il avait les pieds en partie de chair et en partie de corne ; il couchait toujours sur un lit de planches, et lorsqu'il dormait, il mettait sa tête sous ses bras de plumes.

LXXXV.

NOMS DE MESURE.

DE DISTANCE ET D'ESPACE.

Velum longum tres ulnas, ou *tribus ulnis*.

LE Nom de mesure, de distance, d'espace et de proportion, se met à l'accusatif ou à l'ablatif sans préposition, quoiqu'il soit précédé d'un comparatif. Le lieu précis où une chose est arrivée s'y met aussi, mais on se sert du nombre ordinal *primus*, *secundus*, *tertius*, etc. (1).

Exemples :

Un voile long de trois aunes, *Velum longum tres ulnas*, ou *tribus ulnis*. (Il y a deux prépositions sous-entendues; c'est comme s'il y avait : *velum longum ad tres ulnas*, ou *velum longum ex tribus ulnis*.)

Il est éloigné de vingt pas, *Abest*, ou *distat viginti passus*, ou *passibus*.

Vous n'êtes pas plus grand que moi de deux doigts, *Duobus digitis major me non es*.

Il est tombé à dix pas d'ici, *Cecidit decimo abhinc passu*, *ad decimum abhinc passum*.

---

(1) Lorsque le nom de mesure est précédé d'un nom, on le met au génitif. *Ex. :* Une robe de trois aunes, *Trium ulnarum toga*. Distance de quinze pas, *Quindecim passuum distantia*.

Le nom propre de ville dont on est éloigné, se met aussi à l'ablatif. *Ex. :* Paris est fort éloigné de Lyon, *Lutetia multùm distat à Lugdúno*.

THÉMES.

La maison que nous avons achetée est haute de seize toises trois pieds cinq pouces et demi ; longue de trois cent vingt-cinq toises sept pieds et cinq pouces ; large de quatre-vingt dix-sept toises neuf pieds et trois pouces et demi. Les plus grandes chambres de cet appartement sont larges de six toises quatre pieds neuf pouces et trois lignes ; elles sont longues de trente-quatre pieds huit pouces et quatres lignes ; hautes de deux toises trois pieds quatre pouces et cinq lignes. Le puits qui est dans le jardin, a trois cent vingt-cinq pieds de profondeur, et trois toises six pieds et deux lignes de circuit.

La maison de campagne dont je vous ai parlé, est à dix-huit lieues d'ici ; elle est plus éloignée que la vôtre de quatre lieues, puisque la vôtre n'est qu'à quatorze lieues de la ville, et que la mienne en est à dix-huit. Elle a deux pieds trois pouces et deux lignes de longueur de plus que celle-ci ; elle est aussi plus haute de trois toises trois pieds trois pouces et deux lignes. Celle que j'ai vendue n'était située qu'à huit lieues de la ville, mais elle était moins grande que celle que j'ai achétée, de quatre toises cinq pieds et cinq pouces ; aussi elle était de dix lieues plus près que l'autre.

Connaissez-vous les nouvelles mesures qui ont été adoptées par le gouvernement français ? oui. Combien cet arbre a-t-il de mètres ? dix. Combien a-t-il de circuit ? un mètre. Votre père est un homme de haute taille : il a un mètre trois cent cinquante-six millimètres. La verge que cet homme portait, était longue d'environ un mètre et cent cinquante-six millimètres. Les brigands ont assassiné un voyageur, à quatre myriamètres de la ville; ils l'ont frappé avec un bâton à-peu-près long d'un mètre. Rouen est à trente lieues de Paris. Une route de trente lieues n'est pas longue.

LXXXVI.

NOMS DE L'INSTRUMENT,

DE LA CAUSE, DE LA MANIÈRE, etc.

Ferire *gladio.*

Le nom de l'instrument dont on se sert pour faire quelque chose; la cause pourquoi elle se fait; le nom de la manière dont elle se fait; le nom de la partie et de la peine (1), se mettent à l'ablatif sans préposition exprimée.

Exemples :

. Frapper de l'épée, *ou* avec l'épée; *Ferire (cum) gladio.*

Il mourut de faim, *Fame interiit* (c'est-à-dire) *præ fame interiit*).

Vous l'emportez en beauté et en grandeur, *Vincis formâ, vincis magnitudine.*

Il fut puni de mort, *Morte mulctatus est.*

Je tiens le loup par les oreilles, *Teneo lupum auribus.*

THÈMES.

Le plus bel arbre de mon jardin a été frappé de la foudre; il l'emportait sur tous les autres en hau-

---

(1) La peine particulière et déterminée se met à l'accusatif avec *ad*, comme nous l'avons vu plus haut. *Ex.* : Il fut condamné à mort, *Damnatus est morte*, ou *ad mortem.*

teur et en grosseur. Notre général fut tué d'un coup de sabre : je le vis qui tenait encore son cheval par la bride. Plusieurs soldats, qui avaient été blessés à la tête par des balles, sont morts de douleur. Nous étions accablés de tristesse, lorsque nous apprîmes la mort de mon frère : il tenait encore son compagnon par la main, lorsque je lui ai parlé; un moment après il est mort de langueur et de défaillance. Nous étions saisis de crainte de nous voir enfermés, d'un côté par la mer, et de l'autre par les ennemis.

***

Nous avons perdu quelques-uns de nos meilleurs soldats. Deux de mes compagnons, qui avaient toujours surpassé les autres en force, en courage et en hardiesse, ont péri par le fer des ennemis. Votre frère, qui s'était distingué dans le dernier combat par le bon ordre et la bonne conduite qu'il avait tenue, est mort d'une fièvre violente. J'en ai vu plusieurs étendus morts sur le champ de bataille, qui tenaient encore leur sabre à la main; je les distinguai facilement des autres, par la vertu martiale qui était peinte sur leur front.

***

Les hommes se battent avec les mains, avec des armes, des bâtons ou des pierres; les béliers, à coups de tête; les chiens avec les dents; les oiseaux avec les serres et le bec. Tous les petits enfans de cette ville jouaient du violon, du flageolet et de la harpe. Nos soldats sont revenus couverts de blessures. Les assiégés mouraient de faim et de soif. Les assiégeans étaient accablés de fatigue et transis de froid; plusieurs étaient attaqués de la fièvre; plusieurs mouraient de douleur et de chagrin. Le général était transporté de colère et de fureur.

LXXXVII.

NOMS DU PRIX, DE LA VALEUR.

Hic liber constitit *viginti assibus*.

Le nom qui marque le prix, la valeur de quelque chose, se met à l'ablatif sans préposition exprimée (1).

Exemple :

Combien a coûté ce livre? vingt sous; *Quanti constitit hic liber? (pro.) viginti assibus.*

THÈMES.

La maison que nous habitons a coûté cinquante mille écus. Les prés que vous voyez, et dont vous admirez la belle situation, coûtèrent quinze cent mille francs. Le pont de pierre que nous avons construit sur cette rivière, a coûté dix-huit cents louis; et les réparations dont il a besoin nous coûteront au moins sept cent cinquante francs. Cette belle pendule en fer, que vous avez entendu sonner, à été vendue six cent quinze francs, et aujourd'hui elle est estimée mille deux cent cinquante-neuf livres. Les meubles que j'ai achetés, m'ont coûté mille six cent soixante-quinze livres tournois.

~~~~~~

J'ai acheté la forêt que nous avons parcourue, dix huit-mille écus. Elle avait été vendue, pendant

---

(1) Avec les verbes de prix et d'estime, *plus, davantage* s'expriment par *pluris; moins, à meilleur marché*, par *minoris; combien*, par *quanti; très-peu, à très-bon marché*, par *minimi; bien cher*, par *maximi; beaucoup*, par *multi; grandement*, par *permagni; peu, à bon marché*, par *parvi; tout autant*, par *tantidem; rien*, par *nihil.*
~~~~~~

la révolution , trois cent mille huit cent cinquante-
cinq livres en assignats ; aujourd'hui elle vaut vingt-
cinq mille trois cent quarante-cinq écus ; mais les
réparations que j'y ai faites m'ont coûté environ
trois mille sept cent soixante-dix-huit francs en
argent , et j'ai tout payé argent comptant. Les portes de bois et la muraille de pierre dont elle est environnée , me coûtèrent mille quatre cent cinquante-
sept livres en assignats. Les ouvriers travaillent à
vingt-cinq sous par jour. Je donne cent francs par
an pour la faire garder , et la moitié plus pour les
réparations dont elle a continuellement besoin.
Toutes ces choses me coûtent bien cher , et cela
me coûterait encore davantage dans tout autre endroit.

RÉCAPITULATION,

Depuis le n.° 81 jusqu'au n.° 87.

THÈMES.

Plusieurs monumens superbes de pierre et de
marbre ont été élevés en l'honneur de Bacchus.
Plusieurs villes lui ont érigé des statues de marbre,
de bronze ou d'autre matière. J'ai vu des pyramides
élevées en l'honneur de ce dieu , qui étaient ornées
d'un bas-relief en bronze. Des hommes qui surpas-
sent les Visigoths en barbarie, ont renversé une belle
statue que la reconnaissance publique avait élevée à
ce poëte , qui avait chanté les mœurs du premier
âge. Elle était placée à deux myriamètres de cette
ville. Des monumens d'or et d'argent devraient être
érigés aux citoyens qui versent leur sang pour la
patrie : les grands hommes doivent être honorés de
cette manière.

Je veux bâtir une maison toute en pierre de taille; elle aura vingt mètres de largeur, soixante-quatorze de hauteur ; elle sera située à cent cinquante pas de la ville, et elle sera plus large que mon ancienne, de trois mètres et demi, et plus haute de quatre; mais elle sera moins longue de deux mètres trois cent cinquante-cinq millimètres. Elle me coûtera plus de vingt mille francs, et cependant l'emplacement m'a coûté fort peu ou plutôt rien. Elle sera environnée d'une muraille de brique, et d'un jardin d'une grande étendue et d'une grande fertilité; car les arbres portent des pommes qui pèsent deux kilogrammes et demi; nous les vendrons quatre sous pièce.

LXXXVIII.

NOMS DE TEMPS.

On peut faire sur le temps quatre sortes de questions, 1.º quand une chose s'est faite ou se fera (*quandò?*) 2.º combien de temps elle a duré ou durera (*quandiù?*); 3.º depuis quel temps elle se fait (*à quo tempore?*); 4.º en quel espace de temps elle s'est faite ou se fera (*quanto tempore?*)

QUESTION QUANDO?

Veniet *die dominicâ.*

Tout nom qui répond à la question *quand* (*quandò?*) se met à l'ablatif sans préposition exprimée, et l'on se sert du nombre ordinal.

Exemples :

Il viendra dimanche, *Veniet* (*in*) *die dominicâ.*

Le mois prochain ; *Mensê proximo.*

À trois heures, *tertiâ horâ* (c'est-à-dire, à la troisième heure.)

Quand partirez-vous? *Quandò proficisceris?*

Jeudi prochain, à cinq heures ; *Die Jovis proximè sequenti, quintâ horâ.*

THÊMES.

Quand viendrez-vous me voir? Jeudi prochain, à cinq heures du soir. Ma mère est partie le vingt-trois du mois de novembre, à huit heures du matin. Elle reviendra le premier jour du mois de janvier. Ce magistrat est entré en fonctions le douze du mois de juillet; il avait été nommé par le roi le vingt-cinq du mois précédent. A quelle heure soupez-vous? à huit heures. Vous m'attendrez à six heures du soir, et nous irons nous promener avant votre souper. La république française avait commencé l'an mil sept cent quatre-vingt-douze; la date en avait été fixée au vingt-deux septembre.

Le déluge arriva l'an du monde, mil six cent cinquante six ; il finit le onzième mois de l'an mil six cent cinquante-sept. Dieu fit alliance avec Abraham, l'an deux mil quatre-vingt-trois. Josué, chef des Israélites, mourut l'an deux mil cinq cent soixante-dix. Saül fut élu roi des Hébreux en deux mil neuf cents. Le temple de Jérusalem fut construit trois mille ans après la création du monde. Cyrus, roi de Perse, se rendit maître de Babylone, et accorda la liberté aux Juifs, l'an trois mil quatre cent soixante-dix.

Louis quinze mourut le dix mai, mil sept cent soixante-quatorze. Le célèbre Montesquieu naquit en mil six cent quatre-vingt-neuf; il publia les Lettres persannes à trente-deux ans; il donna, à quarante-cinq ans, l'ouvrage sur les causes de la grandeur et de la décadence des Romains; il mit au jour, à cinquante-cinq ans, l'Esprit des Lois, ouvrage magnifique qu'il commença à vingt ans.

Dieu se reposa le septième jour après la création du monde. L'empereur Adrien rebâtit la ville de Jérusalem, cent trente ans après la naissance de Jésus-Christ. Charlemagne fut nommé Empereur d'Occident l'an huit cents.

QUESTION QUANDIU?

Regnavit *tres annos.*

QUAND on veut marquer combien de temps une chose a duré ou durera, c'est la question *quandiù*; alors le nom de temps se met à l'accusatif sans préposition exprimée, et l'on se sert du nombre cardinal, *unus*, *duo*, *tres*, etc.

Exemples :

Il a régné trois ans, *Regnavit (per) tres annos,* ou (*in*) *tribus annis.*

Combien de temps a-t-il commandé? *Quandiù imperavit?* six ans, *sex annos,* ou *annis.*

THÈMES.

Le déluge universel dura onze mois : Noé avait vécu six cents ans lorsqu'il arriva ; il vécut encore trois cent cinquante ans après, en sorte que tout le temps que vécut ce saint homme fut de neuf cent cinquante ans. Adam avait vécu neuf cent trente ans. Abraham vécut cent soixante-quinze ans. Le premier âge du monde, depuis la création jusqu'au déluge, dura mille six cent cinquante-six ans ; le second âge, depuis le déluge jusqu'à la vocation d'Abraham, dura quatre cent quarante-neuf ans. Le troisième âge, depuis la vocation jusqu'à la sortie du peuple hébreu, dura quatre cent trente-huit ans.

Depuis la sortie d'Egypte jusqu'à la fondation du temple de Salomon, il s'écoula un espace de neuf cent dix-sept ans. Depuis la fondation du temple jusqu'à la captivité, qui dura environ soixante-dix ans, il s'est écoulé un espace d'environ quatre cent vingt-quatre ans ; et depuis le retour de la captivité jusqu'à la naissance de Jésus-Christ, qui vécut trente-trois ans et quelques mois, il y a eu un intervalle d'environ six cent sept ans. David mourut âgé de soixante-dix ans ; il en avait régné quarante-deux. Salomon, qui lui succéda, vécut soixante ans, et en régna quarante.

QUESTION A QUO TEMPORE?

Tertium annum régnat.

QUAND on veut marquer depuis quel temps une chose se fait, c'est la question *à quo tempore?* le nom de temps se met à l'ablatif, et l'on se sert du nombre ordinal ou cardinal. Mais si le temps est passé et qu'il ne dure plus, on le met à l'accusatif ou à l'ablatif, avec *abhinc*, et l'on se sert du nombre cardinal.

Exemples :

Il y a trois ans qu'il règne, *Tertium annum regnat* (on dit aussi *à tribus annis.*)

Depuis quel temps êtes-vous malade ? *A quo tempore ægrotas ?* depuis six mois, *sextum mensem*, ou *à sextis mensibus ægroto.*

Il y a (1) plusieurs années que je suis lié avec votre père, *Multos annos utor familiariter patre tuo.*

______

(1) *Il y a, il y avait, il y eut*, etc., se tournent par le verbe *être, esse ;* mais en pareille circonstance, on n'exprime ni l'un ni l'autre. *Ex.* : Il y a deux heures qu'il parle, ou il parle depuis deux heures, *Secundâ jam horâ loquitur.* On peut cependant exprimer le verbe *sum* si l'on veut. *Ex.* : Il y a six jours qu'il est arrivé, *Sex sunt dies cùm*, ou *ex quo advenit*, ou *sextus est dies.*

Il y a trois ans qu'il est mort, *Tribus abhino annis*, ou (*ante*) *tres abhinc annos mortuus est.*

·THÉMES.

Il y avait six ans et six mois que vous habitiez dans ce pays, lorsque je vins au monde. J'ai vécu vingt-cinq ans quatre mois et quinze jours : donc il y a trente-un ans dix mois et quinze jours que vous demeurez dans ces contrées. Vous étiez resté huit ans et trois mois avec votre père ; il y avait six ans et huit jours qu'il était mort, lorsque vous vîntes : vous avez donc vécu quarante-six ans un mois et vingt-trois jours ; ou, si vous aimez mieux, il y a quarante-six ans un mois et vingt-trois jours que vous avez vu la lumière.

<center>~~~~~~</center>

Il y a cinq mille huit cent vingt-huit ans que le monde existe. Il y avait trois mille ans que le monde avait été créé, lorsque Salomon jeta les premiers fondemens du temple de Jérusalem. Il y a deux mille huit cent vingt-huit ans que ce temple fût bâti. L'an dix huit cent douze, il y a eu trois mille deux cent quatre-vingt-dix-neuf ans que les Hébreux furent délivrés de la servitude des Égyptiens. L'an dix-huit cents, il y a eu deux cent dix-neuf ans que le calendrier Julien fut réformé par Grégoire XIII. Il y a sept ans que j'habite la ville de Lyon.

QUESTION QUANTO TEMPORE?

Deus mundum creavit *intra sex dies.*

Quand on veut marquer en quel espace de temps une chose se fait ou se fera, c'est la question *quanto tempore?* Le nom de temps se met à l'accusatif, avec *intra.*

Exemples :

Dieu a créé le monde en six jours, *Deus mundum creavit intra sex dies.*

Je partirai dans (1) trois jours (*c'est-à-dire, après trois jours*) ; *post tres dies proficiscar.*

En combien de temps avez-vous fait cet ouvrage ? *Quanto tempore opus perfecisti illud ?* en trois jours, *intra tres dies.*

THÈMES.

Ce marchand a fait un voyage de cent dix lieues, en vingt-quatre heures. Il a vendu en cinquante jours tout ce qu'il avait emporté. Il a parcouru la France en six mois. En revenant, il a fait deux cent cinquante lieues, en quarante-huit heures. Nous avons perdu en trois mois tous les avantages dont nous jouissions. J'ai composé cet ouvrage en vingt jours, il ne sera pas vendu en cinq ans. En combien de temps as-tu appris la langue grecque ? en six mois. Je verrai dans deux ans la ville de Paris, que je ne connais pas. Cet hôtel magnifique a été construit en deux ans.

— — —

Dans un mois j'ai fait ce voyage qui se fait ordinairement en six semaines. J'apprendrai la musique dans trois ans. Dans six mois, nous avons ressenti déjà les bienfaits d'un règne plus doux. Les hirondelles reviendront dans trois semaines, elles rameneront le printemps qui dure environ deux mois. Dans combien de jours terminerez-vous cet ouvrage ? il sera terminé dans vingt mois. Dans trois ou quatre ans, nous serons encore plus heureux que nous ne sommes. L'empereur de Russie est resté deux ou trois mois avec nous ; il a opéré des

______

(1) *Dans*, suivi d'un nom de temps, s'exprime par *post* avec l'accusatif.

*13

merveilles, en faisant dans trois mois ce qu'un autre n'aurait pas fait dans vingt.

RÉCAPITULATION,

Depuis le n.º 81, jusqu'au n.º 87.

THÈMES.

L'AN de Rome trois cent soixante-dix, Marcus Manlius, surnommé Capitolinus, fut précipité du haut de la roche Tarpéienne, qu'il avait si bien défendue quelque temps auparavant. L'an trois cent soixante-dix-sept, il y eut une grande dispute entre les patriciens et les plébéiens ; elle se termina l'an trois cent quatre-vingt-sept, et l'année suivante Lucius Sextus fut fait consul. L'an quatre cent onze, les Romains, à la prière des Campaniens, entreprirent la guerre contre les Samnites. Elle dura soixante-dix ans, pendant lesquels les Samnites furent souvent battus. Les Latins prirent les armes contre les Romains l'an quatre cent treize ; l'année suivante ils furent vaincus par les consuls Torquatus et Décius. S'étant révoltés peu après, ils furent entièrement subjugués, en quatre cent seize,

---

Dix ans après, les Samnites firent avec les Romains une paix qu'ils observèrent trente ans : mais environ l'an quatre cent cinquante, les Gaulois Cisalpins et Transalpins avec les Toscans, ravagèrent les terres des Romains. Quatre ans après, les Cisalpins s'étant joints aux Samnites, tombèrent sur l'armée romaine. Les douze nations des Toscans s'étant liguées pour la ruine totale des Romains, en quatre cent quarante-deux, furent défaites dans une grande bataille, par le consul Fa-

bius, l'an de Rome quatre cent quarante-quatre.
Elles perdirent soixante mille hommes tués ou
blessés.

LXXXIX.

QUESTIONS DE LIEU.

On peut faire quatre questions sur les noms de
lieu : 1.° *où est-on ?* c'est la question *ubi*; 2.° *où
va-t-on ?* c'est la question *quò*; 3.° *d'où vient-
on ?* c'est la question *undè*; 4.° enfin, *par où
passe-t-on ?* c'est la question *quà*.

QUESTION ubi?

Sum *in Galliâ, in urbe.*

A la question *ubi*, les noms communs de lieu se
mettent à l'ablatif, avec *in*. On sous-entend cette
préposition devant les noms propres de ville, village, bourg, etc., lorsqu'ils sont de la troisième
déclinaison, ou du pluriel des deux premières ;
parce que si ces noms propres étaient au singulier
de la première ou de la seconde déclinaison, on
les mettrait au génitif; *domus* et *humus* se mettent
au génitif (1). On dit aussi *militiœ, belli*, en
temps de guerre ; *domi* et *togœ*, en temps de paix,
sous-entendu *tempore*. Le nom de la chose auprès
de laquelle on en fait une autre, le nom de la personne chez laquelle on est, le nom de l'auteur
dans lequel on lit, etc., se mettent à l'accusatif,
avec *apud* (2). *Rus*, la campagne, se met à l'a-
blatif, sans préposition.

____

(1) Cicéron a dit : *Domo me contineo* ou *me teneo*, Je
me tiens chez moi. Ovid. *Terrœ procumbere*, Tomber par
terre.

(2) On trouve souvent *ad* au lieu d'*apud*. *Ex.*: Nous étions
auprès de la ville, *Ad urbem eramus*. Il a des jardins auprès
du Tibre, ou sur le Tibre, *Hortos habet ad Tibrim.*

Exemples :

Je suis en France, *Sum in Galliâ.*

Dans la ville, *In urbe.*

Il se promène dans le jardin , *Ambulat in horto* (on met *horto* à l'ablatif, parce qu'il ne sort pas du jardin.)

Il est dangereux de courir dans la rue, *Periculosum est currere in viâ.*

Il est né à Avignon, à Athènes, *Natus est Avenione, Athenis.*

Il demeure à Lyon, à Rome , *Habitat Lugduni, Romæ* (sous-entendu , *intra mœnia Romæ* (1).

Il était à la maison, *Erat domi.*

Il était couché par terre, *Jacebat humi.*

Il rendait de grands services à la patrie, en temps de paix et en temps de guerre ; *Egregiam reipublicæ navabat operam sive domi, sive belli.*

Cimon mit en fuite auprès du Strymon une armée nombreuse de Thraces, *Apud flumen Strymona, magnas opes Thracum fugavit Cimon.*

Nous lisons dans Cicéron , *Legimus apud Ciceronem.*

Je soupais chez mon père, *Cœnabam apud patrem.*

Mon frère est à la campagne , *Frater meus est ruri* ou *rure* (2).

THÈMES.

Mon père n'est pas dans cette ville ; il est en Italie, à Venise. Il a demeuré quelques jours à

---

(1) Dans Alexandrie, *In Alexandriâ.* Cic. Il fit faire des vaisseaux à Séville, *Naves in Hispali faciendas curavit.* Cæs. Il raconte ses actions à Rome et en Numidie, *Romæ Numidiæque facinora ejus commemorat.* Sall. Lorsque j'étais en Sicile, *Siciliæ quùm essem.* (Cic.)

(2) *Ruri* n'est plus d'usage qu'à la question *ubi. Ambulare, convenire, currere* passent pour des verbes de repos, pourvu qu'ils ne signifient pas mouvement pour sortir de l'endroit où la chose se passe.

Turin, chez un grand capitaine qui a bien mérité de sa patrie, soit en paix, soit en guerre. Il reviendra le premier jour du mois prochain, et restera à la maison pendant quelque temps; parce que notre commerce ne va pas en temps de guerre comme en temps de paix. Il a vu dans ce pays un champ de bataille qui était jonché de cadavres: un grand nombre de soldats étaient étendus morts par terre. C'est ce grand combat qui se donna dernièrement auprès du Pô, selon ce que nous avons lu dans les journaux.

Je n'ai pas vu mon frère depuis deux mois; il est en Portugal, dans quelque ville dont j'ignore le nom; peut-être est-il à Lisbonne, ou à Porto; peut-être même dans la Castille, ou à Madrid en Espagne. En revenant il demeurera quelques jours à Tolède, chez mon cousin qui reste dans cette ville, qui est située sur la rivière du Tage. Il y a quelques jours qu'il m'écrivit: j'étais à la campagne, chez ma tante. Mais il ne fait pas ses affaires en temps de guerre comme il les faisait en temps de paix : il aurait mieux valu qu'il eût resté à la maison, auprès de mon père.

Je reste toujours seul chez moi. Nous avons plusieurs maisons de commerce établies dans différens royaumes et dans différentes villes, soit en France, en Italie, en Espagne, en Portugal, en Allemagne, en Hollande, et dans plusieurs autres parties de l'Europe : les plus riches sont dans les villes capitales, comme à Paris, à Lyon, à Marseille, à Gênes, à Venise, à Livourne, à Rome, à Constantinople en Turquie, à Vienne en Autriche, à Amsterdam en Hollande, à Londres en Angleterre, à Stockholm en Suède, à Kœnisberg en Prusse, à Pétersbourg

et à Moscou en Russie. Plusieurs marchands étrangers logent chez nous, et achètent dans notre maison beaucoup de marchandises.

QUESTION quo?

Eo *in Galliam*, *in urbem*.

A la question *quò*, le nom du lieu où l'on va....
se met à l'accusatif, avec *in*, quand on entre dans
le lieu, et avec *ad* quand on ne va qu'auprès. Les
noms propres de villes et bourgs, ainsi que *rus* et
domus, se mettent à l'accusatif sans exprimer la
préposition. Le nom de la personne et celui de la
chose, se mettent à l'accusatif avec *ad*. Si l'on se
sert du verbe *petere*, pour exprimer *aller*, on met
toujours l'accusatif sans préposition (1).

Exemples :

Je vais en France, *Eo in Galliam* ; à la ville,
in urbem.

Ils vinrent au même ruisseau, *Venerunt ad
eumdem rivum.*

J'irai à Paris, *Ibo Lutetiam* ; à Lyon, *Lugdunum.*

Je vais à la campagne, *Eo rus* ; à la maison,
domum.

Je vais au collége, *Peto collegium* ; à la ville,
urbem ; à Paris, *Lutetiam.*

Je vais chez mon père, *Eo ad patrem* ; au ser-
mon, *ad sacram concionem.*

THÊMES.

Nous irons en Italie, dans une ville qui est située
auprès de la mer Adriatique, à Venise. Ensuite

---

(1) Dans les auteurs, on trouve quelquefois les noms de
provinces et de royaumes à l'accusatif sans préposition,
tandis que les noms propres de villes sont avec la préposition.
Ex. : Il vint en Sardaigne, *Sardiniam venit.* Cic. Il fit en-

nous irons à Rome, chez notre oncle, et à Naples, chez notre ami et chez notre cousin , et dans plusieurs autres provinces et villes d'Italie. Nous partirons le premier du mois de septembre , pour revenir en France, dans notre ville , à la maison. L'année prochaine, au mois d'août, nous irons à la campagne, où nous resterons jusqu'à la fin de septembre; alors nous reviendrons à la maison. Pendant l'hiver, nous irons dans plusieurs provinces et dans plusieurs villes de France, comme à Lyon, à Marseille , à Paris, à Rouen, à Toulouse et à Bordeaux ; au mois d'avril , nous reviendrons à notre maison.

Nous partons pour l'Espagne et pour le Portugal; nous irons dans plusieurs villes de ces deux royaumes. D'abord nous irons à Madrid , à Séville, à Carthagène, à Cadix, à Lisbonne, chez notre frère ; à Porto , chez notre associé. Lorsque nous aurons terminé toutes nos affaires dans ces royaumes, nous reviendrons en France, dans notre ville , chez nos parens. Nous resterons à la maison deux ou trois mois, et ensuite nous irons à la campagne , où nous passerons une partie de l'été. A la fin du mois de septembre , nous reviendrons à l'assemblée des marchands , qui se tiendra dans cette ville.

Le marchand qui est venu chez vous, voyage dans tous les pays, en France, en Angleterre, en Allemagne, en Italie; il est allé dans toutes les principales villes de l'Europe, à Vienne en Autriche, à Moscou et à St. - Pétersbourg en Russie, à Stockholm en Suède, à Londres et à Douvres en Angleterre, à Constantinople en Turquie, et à

---

trer une armée en Egypte , *Ægyptum induxit exercitum.* Tite-Live. Il est venu à Messène, *In Messenam venit.* Cic. Il avait apporté de l'argent à Sicyone, *In Sicyoniam pecuniam attulerat.* Cic.

Rome en Italie. Il va chez tous les plus grands marchands, il porte en France toutes sortes de marchandises, il en envoie dans toutes les provinces de l'empire et dans les autres royaumes de l'Europe.

QUESTION UNDE?

Redeo *ex Galliâ, ex urbe.*

A la question *undè*, les noms du lieu d'où l'on part, d'où l'on vient, se mettent à l'ablatif avec *è* ou *ex*. Quand c'est un nom propre de ville, on sous-entend la préposition : on la sous-entend aussi devant *rure* et *domo*; le nom de la personne et celui de la chose se mettent à l'ablatif avec *à* ou *ab*, ainsi que le nom du lieu d'auprès duquel on vient.

Exemples :

Je reviens de la France, *Redeo ex Galliâ*; de la ville, *ex urbe.*

Il est sorti de sa chambre, *Egressus est è cubiculo.*

Je reviens de Lyon, *Redeo Lugduno*; de Rome, *Româ;* d'Athènes, *Athenis;* de la maison, *domo;* de la campagne, *rure;* de chez mon père, *à patre meo;* de la chasse, *à venatione ;* d'auprès de Rome, *ab Româ.*

THÈMES.

Mon oncle est parti pour l'Italie ; il est sorti de la maison ce matin, à quatre heures; il attendra le courrier qui ne part de cette ville qu'à neuf heures. Il partira de Lyon lundi prochain, et arrivera à Turin le jeudi; il partira de cette dernière ville le dimanche, et il se rendra à Milan chez son frère, qui sera de retour de la campagne ; il restera quelques jours dans cette ville pour s'acquitter de plusieurs commissions dont il est chargé. Il partira de Milan, de chez son frère, vers la fin du mois, il ira dans le royaume de Naples et dans plusieurs villes considérables, et reviendra de ce voyage à la fin de l'été.

———

Mon frère revient d'Angleterre, de chez son oncle : il a resté deux ans dans cette île. Lorsqu'il partit de la maison et de cette ville pour aller dans ce royaume, je revenais de la campagne, de chez ma sœur. Vous reveniez de Londres lorsque je vous rencontrai en partant de Boulogne ; il y avait déjà quinze jours que j'étais arrivé de cette ville. J'arrivais ce jour-là de la campagne, et mon frère revenait des environs d'Amsterdam. Aujourd'hui je ne suis pas sorti de la maison ni même de ma chambre. Hier, lorsque je vous ai rencontré, je venais de la promenade d'auprès de ce grand village que nous voyons.

———

Hier, lorsque je sortis de la comédie, vous veniez de chez ce nouveau marchand de draps qui est venu d'Espagne. Votre ami arrivera d'Italie à la fin du mois prochain, ou au commencement de l'autre. Il est parti hier de Milan ; dimanche prochain il sortira du Piémont. Il doit arriver à Lyon le vingt-quatre du mois, et en partir le vint-sept. Vous serez arrivé de votre campagne lorsqu'il arrivera de ce long voyage ; et vous, vous serez aussi de retour de chez votre cousin. Mon cousin n'est pas chez lui, il n'est pas encore arrivé du collége ; il en sortira seulement le dernier jour du mois d'août, ou le premier septembre.

═══════════

QUESTION qua?

Iter feci *per Galliam, per Lugdunum.*

A la question *quà*, tous les noms des lieux par où l'on passe se mettent à l'accusatif avec *per*, excepté lorsqu'on se sert du verbe *transire*, qui est composé de *ire*, aller, *trans*, au-delà ; alors on met l'accusatif sans la préposition *per*. *Par chez* avec un nom de personne, se tourne, *par la maison de*, et s'exprime en latin par *per domum*.

Exemples :

J'ai passé par la France, *Iter feci per Galliam ;* par Lyon, *per Lugdunum* ; par la campagne, *per rus* ; par chez mon oncle, *per domum avunculi mei.*

Il passa par la ville, *Transiit urbem ;* par la province, *provinciam ;* par Paris, *Lutetiam ;* par la campagne, *rus ;* par la maison de ma sœur, *per domum sororis meæ* (1).

THÈMES.

En revenant de l'Amérique, nous avons traversé l'Océan. Nous sommes descendus à Cadix ; nous avons traversé cette ville, et avons passé par l'Andalousie, par Séville, par la nouvelle et par la Vieille Castille, par Madrid, par Tolède et par plusieurs autres villes de ce royaume. Nous avons traversé la Navarre, les montagnes des Pyrénées, et nous sommes arrivés à Bayonne le quinze du mois dernier. Nous avons resté quelques jours dans cette ville ; nous avons passé par chez tous nos parens et amis. Ensuite nous avons passé la Gironde, la Dordogne, et nous avons traversé plusieurs villes, provinces et campagnes, pour nous rendre chez nous.

---

(1) On trouve dans les auteurs : Je passais par, *ou* dans la rue sacrée, *Ibam viâ sacrâ* ; par, *ou* dans les chemins détournés, *itineribus deviis.* On court par... *ou* dans toute la ville, *Totâ discurritur urbe* ; sur mer et sur terre, *terrâ marique.* Ces exemples ne sont point contraires à la règle ; parce qu'on sous-entend *in* devant tous les ablatifs à la question *ubi :* ils marquent le lieu où se sont passées les actions dont il s'agit.

Le voyageur dont vous parlez a parcouru l'Afrique, l'Asie, et une grande partie de l'Europe. Il a traversé les déserts de l'Arabie, la mer Rouge, l'Egypte et la Barbarie. Il a passé par Tunis, par Alger, par Tripoli : il a parcouru tout le royaume de Maroc ; il a traversé la Méditerranée, les îles de Sardaigne, de Corse et d'Italie ; il a passé chez tous les plus grands princes de ces pays, et il a été bien reçu de tous. En revenant il a traversé Rome, Florence, Venise, Milan et les Alpes. Il a passé chez tous ses parens et amis qui habitent à Lyon, où il a resté environ trois semaines.

~~~~~

Dans le premier voyage, il passa à Genève ; il traversa les montagnes de la Suisse, et la Hongrie ; il suivit long-temps le Danube, il passa par Belgrade qui est située sur le bord de ce fleuve, et en parcourant toutes les provinces qu'il traverse, il alla jusqu'à la mer Noire. Ensuite il descendit par la Bulgarie et la Romanie, et se rendit à Andrinople, chez un homme qu'il connaissait ; en partant de cette ville, il traversa Constantinople, le détroit des Dardanelles, et passant par la Natolie il se rendit sur les bords de la Méditerranée qu'il suivit jusqu'à Alep. Il traversa cette ville et les provinces voisines, pour aller dans l'ancienne Palestine (1).

———

(1) On trouve dans les bons auteurs des noms propres de villes à l'ablatif, qui paraissent être à la question *quâ*, mais qui vraisemblablement, sont à la question *undè* ; tels sont les suivans : *Laodiceâ iter faciebam.* Cic. *Mileto transicrant.* Curt. Ces exemples signifient : Je partais de Laodicée pour..... Ils avaient passé de Milet à..... Ainsi, c'est la question *undè.*
~~~~~

XC.

REMARQUE
SUR LES QUESTIONS DE LIEU.

Constiterunt *Corinthi, in loco nobili*, etc.

QUAND, après un nom propre de ville, se trouve le nom commun, *ville, endroit*, on met d'abord le nom propre au cas marqué dans chaque question ; mais on exprime la préposition devant le nom commun. Si, au contraire, le nom commun *ville* est devant le nom propre, il faut exprimer la préposition devant le nom commun, et mettre le nom propre au cas de la préposition.

Exemples :

Ils s'arrêtèrent à Corinthe, lieu célèbre ; *Constiterunt Corinthi, in loco nobili*.

Je vais à Rome, ville d'Italie ; *Eo Romam, in urbem Italiæ*.

Je reviens de Lyon, ville de France ; *Redeo Lugduno, ex urbe Galliæ*.

Il demeure dans la ville de Lyon ; *Habitat in urbe Lugduno*.

Je vais à la ville de Rome ; *Eo in urbem Romam*.

Je reviens de la ville de Paris ; *Redeo ex urbe Lutetiâ*. (1)

THÈMES.

J'ai demeuré six ans à Paris, ville capitale du royaume de France. Votre frère vient de Londres, ville grande et ancienne. Nous irons tous deux à Lyon, ville riche et marchande, située au confluent du Rhône et de la Saône. Votre oncle a

(1) La question *quà* n'est pas comprise dans ces exemples, parce qu'à la question *quà* on exprime la préposition devant tous les noms, excepté quand on se sert du verbe *transire*.

habité plusieurs années dans la ville de Rome et
dans la ville de Naples. Notre ambassadeur est
parti pour Constantinople, ville capitale de la Turquie. L'ambassadeur d'Allemagne doit partir pour
Madrid, célèbre ville d'Espagne. Plusieurs personnes ont péri dans la ville de Lisbonne, qui a été
secouée par un tremblement de terre horrible.

~~~~~~

Nous revenons de Dublin, ville grande et célèbre ; nous avons passé par Amsterdam, capitale de la
Hollande. Votre oncle demeure à Venise, ville
très-riche, située sur le bord de la mer Adriatique.
Ce voyageur vient d'Athènes, ville ancienne et célèbre. Il est parti hier pour Berlin, ville grande
et agréable, résidence du roi de Prusse. Il a demeuré deux ans à Ispahan, capitale du royaume
de Perse. Votre oncle arrivera aujourd'hui de la
ville de Metz. Il parcourra plusieurs villes et plusieurs provinces belles et agréables. Les anciens
rois de France avaient habité dans la ville de Moulins en Bourbonnais.

XCI.

REMARQUE SUR DOMUS ET RUS.

Habitat *in domo* Cæsaris, *in rure amœno.*

Domus et *rus*, accompagnés des adjectifs possessifs, *meus*, *tuus*, etc., suivent ou la règle des
noms propres de villes, ou celle des noms communs
indifféremment. Mais lorsqu'ils sont ou suivis d'un
génitif de personne, d'un adjectif non possessif,
ou d'un de ces pronoms *hic*, *is*, *ille*, *iste*, *ipse*,
idem, *qui*, etc., ils suivent la règle des noms
communs, c'est-à-dire, qu'ils prennent la préposition.
~~~~~~

Exemples :

Il demeure dans notre maison ; *In domo nostrâ,* ou *domi nostræ habitat.*

Ni l'or ni les lambris dorés ne brillent dans ma maison , *Non ebur neque lacunar aureum meâ renidet in domo.*

Il revient de votre maison, de votre campagne ; *Domo tuâ,* ou *è domo tuâ redit ; rure tuo* ou *è rure tuo redit.*

Nous irons dans sa maison ; *Domum ejus,* ou *in domum ejus ibimus.*

Il habite dans la maison de César, dans une campagne agréable ; *Habitat in domo Cæsaris, in rure amœno.*

Je revenais de la campagne, *ou* de la maison de César ; *E Cæsaris rure,* ou *domo redibam.*

Nous irons à la maison de César, à la campagne fertile de Paul ; *Ibimus in domum Cæsaris, in rure fecundo Pauli.*

Il était dans une maison neuve, dans une campagne très-agréable ; *Erat in novâ domo, in rure amœnissimo.*

Vous viendrez dans cette nouvelle maison, dans cette campagne agréable ; *In hanc domum recentem, in rus illud amœnissimum venies.*

Nous sortons de la même maison, de la campagne que j'ai achetée ; *Egredimur ex eâdem domo, è rure quod emi,* etc. (1).

THÈMES.

Vos parens resteront long-temps dans cette belle maison, dans cette campagne fertile. Ils iront habiter quelques jours la maison neuve qu'ils ont achetée à la ville. Nous revenions de cette belle maison, de cette vaste campagne, lorsque nous

____

(1) Ces règles ne sont pas sans exception , même dans les meilleurs auteurs.

avons-rencontré votre mère qui revenait de la maison de ma sœur. J'ai habité quelque temps la vieille maison où vous restez aujourd'hui. Votre père avait resté deux ans dans la campagne agréable et fertile de laquelle vous venez. L'ambassadeur d'Allemagne avait habité long-temps dans le beau palais qu'habite aujourd'hui l'ambassadeur de Russie.

~~~~~

Allez à votre maison, à votre campagne. Nous irons à notre maison, à notre campagne. J'irai aussi à ma maison, à ma campagne. Votre oncle veut habiter, l'année prochaine, dans sa maison et dans sa campagne. Je n'ai jamais habité dans une maison étrangère ; j'ai toujours habité dans la mienne. Viendrez-vous, à la fin du mois, de votre maison, de votre campagne ? oui, je viendrai, à la fin du mois, de ma maison et de ma campagne, et en revenant je demeurerai quelques jours à la campagne de mon frère. Nous avons passé dernièrement chez mon oncle et chez ma tante, ils ont été très-contens de nous voir.

~~~~~

Les poëtes ont habité le palais et la campagne des empereurs romains. J'irai à la maison et à la campagne de mon père. Vos petits frères sont revenus de la maison et de la campagne de votre sœur ; ils partiront demain pour la maison et pour la campagne de votre mère. Ces voyageurs qui ont parcouru d'immenses royaumes, qui sont entrés dans le palais des princes et des rois, ont vu les abus qui accompagnent la couronne.

XCII.

ADVERBES DE LIEU.

Ubi, Quò, Undè, Quà.

Ou avez-vous resté toute la semaine ? ici où je suis. Où est allé votre frère ? nulle part. Où est-il donc ? il est en quelque part, dans la ville. D'où venait-il hier ? de là où reste mon oncle. Par où a-t-il passé ? par ici où nous sommes. Il a mieux aimé passer par quelque autre part. Si nous y allons, nous passerons tous deux par le même endroit, ou par quelque autre endroit que ce soit. Par où avez-vous passé la dernière fois que vous y êtes allé ? par où nous passons aujourd'hui. Par quelque endroit que je passe, j'y arriverai avant vous. Où croyez-vous que je passerai ? où vous voudrez.

En quelque part que je sois, je vous écrirai. Mes lettres vous trouveront en quelque part que vous soyez. Partout où je serai je me souviendrai de vous et de vos bienfaits envers moi. Je me rappellerai toujours les faveurs que vous m'avez faites ici et ailleurs. Les jeunes-gens ne sont jamais tranquilles, soit qu'ils soient dehors ou dedans. Je ne suis allé nulle part, où j'aie trouvé des enfans moins studieux et moins assidus au travail. Où irez-vous demain ? là où nous sommes ? non. Où donc ? là où est votre ami ! oui. J'irai aussi en quelque autre endroit, pas bien loin de là.

D'où vient votre petit frère ? de là où nous étions hier. Où ira-t-il aujourd'hui ? chez ma sœur. Par où passera-t-il ? par où nous avons passé la dernière fois. Et vous, d'où venez-vous? de là où nous étions allés ce matin. Y avez-vous resté depuis? oui. Et vous, où avez-vous resté? à ma maison. Et votre sœur, d'où vient-elle? de la promenade. Elle se tient fort mal, soit qu'elle aille dehors ou qu'elle reste dedans; je la vois toujours malpropre. De quelque endroit qu'elle aille, soit dehors soit dedans, elle est toujours triste. Voilà deux enfans qui s'aimaient beaucoup; c'est parce qu'ils sont du même endroit, qu'ils restent dans le même endroit, et qu'ils vont étudier au même endroit.

XCIII.

REMARQUE SUR CERTAINS VERBES.

Nous avons déjà dit que les verbes *ambulare, convenire, currere*, etc., passaient pour des verbes de repos. Cependant, lorsqu'ils signifient *aller d'un endroit à un autre, passer d'un endroit à un autre*, ils rentrent dans la classe des verbes de mouvement. Les verbes *mitto, fero*, etc., rentrent dans la même classe, lorsqu'ils signifient *porter d'un endroit à un autre*. Les verbes *scribo, do, nuntio*, etc., quoiqu'ils soient par eux-mêmes des verbes de repos, signifient quelquefois mouvement. comme, *lorsqu'on écrit à quelque endroit, ou d'un endroit à un autre*.

Exemples :

Il passait du jardin à la cour, *Ambulabat ex horto in aream.*

Les enfans s'assemblent en classe, *Pueri in scholam conveniunt.*

Il courait du jardin à la maison. *Domum ex horto currebat.*

Il a envoyé son domestique à la ville, *In urbem servum misit suum.*

Mon frère m'écrivit de Rome à Paris, *Frater meus Româ Lutetiam mihi scripsit.*

Il m'a donné des lettres pour Lyon, *Lugdunum mihi litteras dedit.*

On a mandé dans ce pays la mort du Prince, *Principis mors hûc nuntiata est.*

THÈMES.

Mon frère m'a écrit de Naples à Paris ; je lui ai fait réponse de Versailles à Rome. L'année dernière, lorsqu'il partit, je lui avais donné des lettres pour Milan, Venise, Livourne et Rome. Je n'ai reçu aucune nouvelle de toutes ces correspondances. Deux soldats qui passèrent hier dans cette ville, nous annoncèrent la défaite de l'armée ennemie : le général nous mandera bientôt cette nouvelle, qui lui fait honneur. Un grand nombre de peuples s'assemblèrent à Rome, sous le règne du meilleur des princes. Les jeunes-gens ne sont jamais tranquilles ; ils courent sans cesse d'un endroit à un autre.

Le courrier porte des affaires très-sérieuses au prince. Un autre a été envoyé hier de Paris à Constantinople. Lundi dernier, nous en avons vu passer un dans cette ville qui portait des dépêches à Pétersbourg ou à Moscou, en Russie. Un soldat nous a mandé ce qui se passait à l'armée ; il nous a écrit plusieurs choses fort intéressantes : je veux lui faire réponse, et le prier de m'écrire souvent. Les troupes françaises et espagnoles se rassemblent en Hollande ; tandis que les armées russes et bavaroises se rassemblent en Italie. Nous avons plusieurs mille hommes en Espagne et en Portugal.

XCIV.

SYNTAXE DES CONJONCTIONS.

PARMI les conjonctions, les unes gouvernent le subjonctif, les autres l'indicatif. Voici celles dont l'usage est le plus fréquent : *Cùm*, *quum*, *dùm*, *si*, *ut*, etc.

THÊMES.

Lorsque les armées romaines entrèrent dans les Gaules, la terreur et la mort les précédaient. Puisque les Gaulois nous ont provoqués, s'écria César, nous acceptons le défi. Puisque nous avons vaincu les nations les plus courageuses, nous pouvons vaincre les plus faibles. Tandis que nos ennemis se disposeront à marcher contre nous, nos troupes entreront chez eux. Tandis que les Gaulois espéraient la victoire, César se réjouissait : il était content, pourvu qu'il vît marcher ses soldats victorieux. Si les soldats romains supportaient la fatigue et les rigueurs de l'hiver pour l'amour de César, ce prince avait souffert et souffrait tout cela pour l'amour des soldats.

***

Soldats, disait César, tâchez de remporter la victoire; car si vous la remportez, je vous récompenserai. Si nous taillons nos ennemis en pièces, comme je l'espère, nous jouirons tous des avantages que ce succès nous procurera. Afin que notre ennemi apprenne à nous respecter, allons le chercher dans la ville où il réside; afin qu'il connaisse notre bravoure, allons jusqu'en Franche-Comté. Dès que les Gaulois apprirent l'arrivée de l'armée romaine, ils se mirent en marche, mais trop tard.

***

Lorsque les soldats romains revenaient des Gaules, ils étaient joyeux et contens. Puisque l'ennemi a voulu nous provoquer, disaient-ils ; nous avons su (1) nous défendre. Tandis qu'il chantait l'hymne de la victoire, nous entrions chez lui. Pourvu que l'ennemi nous fournisse toujours l'occasion de vaincre, nous la saisirons librement. S'il nous la fournissait, ou s'il nous l'avait fournie pour l'amour de nous, nous devrions lui en rendre grâce ; mais il n'en est pas ainsi. S'il nous procure encore l'occasion, comme nous n'en doutons pas, de nous mesurer avec lui, nous lui en saurons bon gré ; et afin de lui témoigner notre reconnaisance, dès que nous aurons vaincu, nous triompherons en son honneur.

XCV.

SYNTAXE DES INTERJECTIONS.

Parmi les interjections, les unes veulent le nominatif, l'accusatif ou le vocatif indifféremment, comme : *O ! proh* et *heu !* Cependant cette dernière veut le datif quand elle est jointe à un pronom personnel. *Hei ! væ !* veulent le datif.

Exemples :

O quelle douleur ! *O quantus dolor ! heu dolor !*
O que je suis malheureux ! *O me infelicem* ou *infelix.*
O race maudite ! *Heu stirpem invisam !*
Malheur à moi ! *Heu mihi !*
O Dieux immortels ! *Proh dii immortales !*
Malheur à toi ! *væ tibi !*
Que je suis malheureux ! *Hei misero mihi.*

---

(1) *Savoir,* devant un infinitif, ne s'exprime pas en latin,

THÊMES.

O quelles douces paroles! O quelle consolation! O mon fils! O grands dieux! Hélas! Infortuné que je suis! mes persécuteurs m'insultent dans ma misère..... O mon père! O père digne de la gloire de ses ancêtres! O mort, que tu es barbare! O rivages! O rochers! O promontoire de cette île! Hélas! tu ne réponds rien! Oh contrée, disais-je, jamais je ne te quitterai! tu seras mon tombeau! Ah séjour affreux de ma douleur! O Grecs inhumains! O terre! laisse-moi périr ici! Ah funeste victoire! Oh louanges que je ne puis souffrir, et qui sont de cruels reproches de ma folie!

———

Ah! voilà donc les maux que la guerre entraîne après elle! Quelle fureur aveugle pousse les malheureux mortels....! O mère! O chère mère! je ne vous verrai donc plus! O dieux cruels! vous prolongez encore ma vie! O chère ombre! que le Styx ne t'arrête point! Que Caron te reçoive dans sa barque! Que les Champs-Elysées te soient ouverts! Que la renommée conserve ton nom dans tous les siècles! Que tes cendres reposent en paix! Oh demeure des ombres, reçois ces mânes chéris! Oh terre de ma patrie, je ne te reverrai donc plus! Ah perfides présens que vous m'avez faits! O divinités de l'Olympe et du Styx!

———

O heureux enfant! les dieux t'aiment et te préparent une gloire égale à celle de ton père. Oh heureux moi-même de te revoir! Oh insensé celui qui cherche à régner! Heureux celui qui se borne à une condition privée et paisible, où la vertu lui est moins difficile! O vous! qui que vous soyez, mortelle ou déesse ! O heureux le fils d'Ulysse d'avoir conservé une vie si (1) précieuse ! Mais plus heureux encore s'il pouvait la passer auprès de moi ! Tous les vieillards levaient les yeux au ciel et s'écriaient : Bénissez, ô grand Jupiter, le roi qui vous ressemble ! Oh, qu'un roi est malheureux d'être exposé aux artifices des méchans !

RÉCAPITULATION,

Depuis le n.° 84 jusqu'au n.° 95.

Vas *ex* auro.

THÈMES.

LES premiers héros des Romains mangeaient dans des écuelles de bois. Aujourd'hui la vaisselle d'or et d'argent est très-commune ; celle d'étain ne l'était pas davantage autrefois. L'Amérique découverte a produit cette abondance. Les marchands européens y portent des ouvrages de bois, de fer, d'étain, d'airain et de verre, qu'ils échangent contre des lingots d'or et d'argent. Mais plus de richesses nous rendent-elles plus heureux ? Les écuelles de terre et de bois des Anciens, avec la vertu et la justice, valaient mieux que nos écuelles d'argent, avec notre mauvaise foi.

Le Colosse de Rhodes était compté parmi les sept Merveilles du monde. Cette énorme statue était d'airain, et représentait le soleil sous une figure humaine. Elle était placée à l'entrée du port, sur une base de pierre proportionnée à sa grandeur. Elle étendait ses jambes d'un bord à l'autre ; les vaisseaux passaient par-dessous à pleines voiles,

---

(1) *Si*, devant un adjectif, s'exprime par *tàm*.

fort commodément. Quoique fait d'un métal bien solide, ce colosse fut abattu par un tremblement de terre, et les débris suffirent pour charger neuf cents chameaux.

~~~~

Babylone était la plus belle ville que les hommes aient bâtie. Ses remparts n'étaient que de briques, mais ils n'en étaient pas moins solides : leur épaisseur était telle que douze chars pouvaient y passer de front. Sur de grandes arches de pierre, s'élevaient ces jardins si renommés, qui paraissaient suspendus dans les airs. Nabuchodonosor avait enrichi cette ville des dépouilles de plusieurs nations, et y avait transporté les vases d'or et d'argent dont les prêtres se servaient dans le temple de Jérusalem, lorsqu'ils offraient des sacrifices au vrai Dieu.

Velum longum tres ulnas, ou tribus ulnis.

THÈMES.

LE disque de la lune nous paraît large seulement d'un pied ; cependant cette planète est plus grande que toute l'Europe, qui s'étend à neuf cents lieues d'un côté, et à onze cents de l'autre. Sa distance produit ce phénomène, car elle est éloignée de la terre d'environ cent mille lieues : et la terre elle-même est un million de fois moins grande que le soleil, qui est éloigné de nous de trente-trois millions de lieues. Les autres planètes sont, pour la plupart, éloignées de la terre de plus de quarante millions de lieues, et leur circonférence est aussi de plusieurs millions.

~~~~

Rien n'est difficile à l'homme. Noé construisit une arche longue de quatre cent cinquante pieds,

large de soixante-quinze, et haute de trente coudées; il y fit une fenêtre haute d'une coudée, et
large d'un pied. Salomon fit bâtir un temple car-
ré, dont l'enceinte s'étendait à trois mille pieds :
sa largeur et sa hauteur étaient de plusieurs cents
pieds. Rome a vu élever sur les ruines des anciens
temples des dieux, l'église de saint Pierre, longue
de six cents pieds, large de trois cent quatre-
vingt-seize, et haute de cent quarante-quatre.

Cecidit *decimo abhinc passu,* ou *ad decimum abhinc passum.*

THÈMES.

Les Anciens, avant l'usage de l'étrier, plaçaient
sur les grands chemins de grosses pierres à une
petite distance les unes des autres, pour la commodité de ceux qui voulaient monter à cheval.
Les Romains imaginèrent de placer ces mêmes
pierres à mille pas les unes des autres, et de les nu-
méroter. Par-là, un voyageur égaré voyait tout de
suite, en rentrant dans la voie publique, à quelle
distance il était de Rome. De là vient que les Gaulois campaient quelquefois à quatre milles, quelquefois à dix, quelquefois à quinze de la ville,
selon Tite-Live et les autres historiens.

Pourquoi parlons-nous avec admiration des
choses qui sont éloignées de mille lieues de nous,
et que nous ne voulons pas regarder les merveilles
qui ne sont qu'à quelques pas? Parce que le mont
Vésuve est à trois cents lieues d'ici, nous écou-
tons avec avidité le récit de ses embrasemens. A
quinze lieues de Lyon, il y a des carrières qui
s'enflamment, et qui peut-être un jour deviendront
de terribles volcans, et nous n'en parlons pas. Le

mont Etna, qui est à six cents lieues de France, est célèbre dans ce pays, tandis qu'en Sicile on n'en parle pas.

Ferire *gladio.* *Fame* interire.

THÉMES.

Une petite figure en bronze, découverte à Herculanum, tenant une grappe de raisin à la main droite, et de la gauche un lierre, représente l'automne. Dans un autre endroit, elle est représentée couverte d'habits plus légers que ceux d'hiver, tenant une chèvre par un des pieds de devant, et portant des fruits dans une corbeille. Les Anciens la désignaient encore par une chasse aux tigres; ils lui donnaient une tunique couleur de feuilles de vigne qui commencent à se faner, avec une draperie couleur de sang, par allusion au vin nouveau.

Les Modernes figurent cette saison par une femme que la richesse de son habillement et son embonpoint rendent remarquable; car, selon les poëtes, l'automne est l'âge viril de l'année. Elle est couronnée de pampres, tient d'une main une belle grappe de raisin, et de l'autre une corne d'abondance pleine de toutes sortes de fruits. Ils représentent encore cette saison sous l'emblême d'un jeune homme tenant d'une main une corbeille pleine de fruits, et caressant un chien de l'autre. Elle est représentée sous beaucoup d'autres figures différentes.

Dans le commencement, l'ange et l'homme péchèrent, mais d'une manière différente: l'ange

* 13

pécha par orgueil, et l'homme par faiblesse. Ils furent condamnés à une peine éternelle. Toutefois, dans cet affreux malheur, l'homme fut regardé avec des yeux de miséricorde. Le Seigneur, en prononçant sa sentence, lui promit un libérateur. Tous ceux qui ne sont pas tourmentés dans l'enfer, d'esprit et de corps, doivent leur délivrance à ce libérateur. L'ange fut frappé d'un anathème irrémissible : les chaînes dont il fut lié, sont indissolubles ; le cachot dans lequel il gémit, est fermé par la colère du Tout-puissant.

La fournaise dans laquelle Nabuchodonosor prétendait punir par le feu la désobeissance des trois jeunes Hébreux, n'avait pas été préparée à la manière ordinaire ; elle avait été chauffée avec du bois très-sec. Les satellites du tyran exécutaient ses ordres avec cruauté et exactitude. Ils avaient embrasé cette fournaise sept fois plus qu'à l'ordinaire. Les jeunes hommes y furent jetés les pieds et les mains liés d'une chaîne de fer. Cependant aussitôt ils se promenèrent d'un air tranquille, au milieu des flammes qui ne leur firent aucun mal.

Le pillage du temple de Jérusalem, par l'impie Antiochus, fut annoncé aux habitans de cette ville d'une manière bien effrayante. Tout-à-coup, au grand étonnement de tout le monde, parut dans les airs une troupe de cavaliers armés de toutes pièces. Les yeux étaient éblouis de l'éclat de leurs habillemens, et des armes redoutables dont ils semblaient menacer cette ville consternée. A la vue d'un si funeste présage, chacun tremblait de tous ses membres, et personne ne pensait à fléchir le Seigneur par ses prières et ses supplications.

Hic liber constat viginti assibus.

THÊME.

Aujourd'hui tout est bien cher. Mon oncle a acheté une maison qui lui coûte vingt-deux mille francs ; les réparations qu'il a été obligé de faire, pour la rendre habitable, lui ont coûté six mille francs. Hier il acheta encore un lit qui lui coûta cent quarante francs ; une table, dix écus ; un coffre-fort, quarante livres dix sous ; un buffet, vint-cinq livres quinze sous ; trois casseroles, trente-trois livres cinq sous ; une paire de chenets, ving-quatre livres dix-huit sous ; une douzaine de couverts d'argent, quatre cent cinquante-six francs ; une armoire de bois d'acajou, cent dix francs soixante centimes ; une douzaine de chaises de bois de cérisier, soixante-douze francs quinze centimes.

***

RÉCAPITULATION.

THÊMES.

L'Histoire sainte nous fait la description d'un géant nommé Goliath, qui était d'une hauteur et d'une force prodigieuses. Sa hauteur (la hauteur *de lui*) était de six coudées et une palme, ce qui faisait près de dix pieds. Ce géant qui, selon la remarque de l'Ecriture, était bâtard, avait en tête un casque d'airain ; son corps était revêtu d'une cuirasse d'écailles, qui pesait cinq mille sicles d'airain ; ses bottes étaient de la même matière, ainsi qu'un large bouclier qui lui couvrait les épaules ; le manche de sa lance était de bois, et ce bois était semblable à celui autour duquel les tisserands roulent leur fil, et le fer qui le terminait était du poids de six cents sicles.

Ce géant, précédé de son écuyer, vint se présenter avec audace devant les bataillons d'Israël, et leur dit : A quoi bon, serviteurs de Saül, en venir aux mains et livrer une bataille ? Choisissez un homme parmi vous, et qu'il vienne se battre contre moi : s'il l'emporte sur moi en m'ôtant la vie, nous serons vos esclaves ; mais si je suis vainqueur et si je le tue, nous deviendrons vos maîtres, et vous nous serez assujettis. Soldats d'Israël, couvrez-vous de votre bouclier et de votre cuirasse, armez-vous de vos lances, et venez combattre contre moi.

* * *

Les Turcs admettent plusieurs paradis, d'or, d'argent, d'ivoire et d'autre matière. L'ange Gabriel, disent-ils, tient les clefs du plus délicieux, et plusieurs légions d'anges en défendent l'entrée. La terrasse de celui-ci est de musc, ou de la plus pure farine mêlée de safran ; les pierres sont des rubis, des jaspes et des perles ; les murailles sont d'argent, et le tronc des arbres est d'or massif. Celui qui se trouve au milieu de ce jardin est appelé *Tuba*, ou l'arbre de vie. De ses racines sortent tous les ruisseaux de lait et de miel qui arrosent ce lieu délicieux. Les justes, où les vrais croyans seront tous de la taille la plus avantageuse, et de la beauté la plus charmante.

* * *

Mahomet, comme étant le premier prophète chéri de Dieu, les prendra par la main et les fera asseoir dans des chaises de repos éternel, revêtus d'habits de drap d'or fond vert, enrichis de pierreries. Les anges leur serviront, sur une table de diamant de plusieurs toises de longeur, les mets les plus exquis, et des fruits dont l'excellence sera au-dessus de tout ce qu'un mortel peut imaginer. Mais avant tout, les justes se rafraîchiront à l'étang

de Mahomet, et à deux fontaines dont l'une doit
les purifier de tout ce qui pourrait rester d'excré-
mens dans leurs intestins, et l'autre servira à les
baigner pour paraître avec plus d'éclat dans ce lieu
de félicité, qui est ombragé de feuillages entre le
vert et le jaune.

Veniet *die dominica*.

THÈMES.

L'ÉPOQUE est un point, dans la succession des
temps, auquel sont arrivés quelques événemens
remarquables. Il est bon de commencer, dans les
premières années, à connaître les principales épo-
ques. Quand Dieu a-t-il créé le monde ? il l'a créé,
selon l'opinion la plus commune, cinq mille huit
cent vingt-huit ans avant l'année mil huit cent vingt-
neuf, dans laquelle nous vivons. Quand est-ce que
Dieu envoya le déluge ? l'an du monde mille six cent
cinquante-six. Quand est-ce qu'il fit alliance avec
Abraham ? l'an du monde deux mille cent sept.
Quand donna-t-il sa loi à Moïse ? quatre cent six
ans après son alliance avec son peuple. Quand est-
ce que la ville de Troie fut prise ? au commencement du vingt-huitième siècle.

Quand est-ce que le temple de Salomon fut bâti ?
trois mille ans après la création du monde. Quand
est-ce que Rome fut fondée ? deux cent cinquante
ans plus tard. Quand Jésus-Christ est-il né ?
l'an quatre mille du monde, au mois de décembre,
sept jours avant les calendes de janvier. Quand cessèrent les persécutions contre les Chrétiens ? au
commencement du quatrième siècle depuis la naissance de Jésus-Christ, sous le règne de Constantin-
le-Grand. Quand commença la monarchie fran-

çaise? cent ans après. Quand est-ce que Mahomet fonda l'empire des Turcs et leur religion? l'an six cent vingt-deux. Quand est-ce que Charlemagne fut empereur? à la fin du septième siècle.

Regnavit *tres annos*, ou *tribus annis*.

THÊMES.

Tout le temps qui s'est écoulé depuis la fondation de Carthage jusqu'à sa ruine, est de sept cents ans, et peut se diviser en deux parties. La première, qui s'étend jusqu'à la première guerre punique, renferme cinq cent quatre-vingt-deux ans. La seconde, qui se termine à la destruction de Carthage, n'est que de cent dix-huit ans. Cette dernière partie peut encore se diviser en cinq. La première guerre punique dura vingt-quatre ans. L'intervalle entre la première et la seconde guerre punique, est aussi de vingt-quatre ans. La seconde guerre punique dura dix-sept ans. L'intervalle entre la seconde et la troisième, est de quarante-neuf ans. La dernière guerre punique, terminée par la destruction de Carthage, dura quarante ans et quelques mois.

Autrefois les hommes vivaient beaucoup plus long-temps qu'aujourd'hui: Adam a vécu neuf cent trente ans; Énoch a vécu environ trois cents ans; Mathusalem, son fils, (*fils de lui*), était âgé de soixante-cinq ans, lorsqu'il engendra Lamech, et mourut peu de jours avant le déluge, âgé de neuf cent soixante-neuf ans. Lamech était dans sa cent quatre-vingt-deuxième année lorsqu'il eut Noé. Celui-ci apprit de son père, durant l'espace de cinq cent quatre-vingt-quinze ans qu'il vécut avec lui, ce qu'il devait à Dieu, et reçut de lui ce qu'il devait savoir au sujet du Messie promis. Il avait environ cinq cent deux ans, lorsque le Seigneur lui donna Sem, Cham et Japhet : il employa cent ans à construire l'arche qui sauva le reste des humains du déluge universel.

Tertium annum regnat.

THÈMES.

Il y a deux mois que j'ai vu votre frère dans cette ville, et j'en ai eu beaucoup de plaisir, car il y a plusieurs années que je le connais : c'était mon ami intime lorsque nous étions au collége ensemble. Il n'y avait que deux ans que je l'avais vu, et cependant j'ai été fort content de le voir : c'est le meilleur caractère que j'aie vu. Il y a plus de dix ans que nous étions ensemble dans cette ville, et depuis il n'a pu m'oublier. Il n'y avait pas plus de trois mois qu'il m'avait écrit, lorsque je l'ai trouvé cette dernière fois.

Est-ce qu'il n'y a que trois ans que tu habites dans ce pays ? non. Il en a plus de quatre : tu étais dans l'Espagne lorsque j'y allai, et il y avait un an et trois mois que j'étais arrivé lorsque tu vins. As-tu resté plusieurs années dans ce royaume ? j'y ai resté dix ans et sept mois. Il y avait six ans que mon père était mort, lorsque mon oncle me manda. J'ai resté deux ans avec lui ; j'ai voyagé deux ans, et j'ai exercé l'état de marchand pendant quatre ans. J'ai resté deux mois en Portugal. La famille de Bragance régnait depuis plusieurs années dans ce royaume.

Id fecit intra tres dies.

Post tres dies proficiscar.

Dans l'espace de seize cent cinquante-cinq ans, les hommes devinrent si méchans, que Dieu résolut de les détruire tous, à l'exception de Noé et sa famille (*la famille de lui.*) Il ordonna donc à cet homme juste de construire une arche. Noé y employa cent ans. Pendant ce long espace, il ne cessa d'exhorter les hommes à la pénitence ; mais personne ne l'écouta. En quarante jours et quarante nuits, les eaux de la pluie eurent couvert toute la surface de la terre. Ce fut pendant cet espace de quarante jours, que tous les habitans de la terre périrent, à la réserve de ce qui était renfermé dans l'arche.

Après ces tristes jours, les pluies cessèrent de tomber du ciel. Dans peu de temps, le vent commença à diminuer les eaux qui couvraient la terre depuis cent cinquante jours, ce qui faisait un espace de cinq mois. Dans huit jours l'arche se reposa sur le mont *Ararat*, montagne d'Arménie. Trois mois après, Noé commença à découvrir les sommets des plus hautes montagnes. Quarante jours après, il ouvrit la fenêtre qu'il avait faite à l'arche, et laissa aller le corbeau, qui ne revint point ; il laissa aussi sortir une colombe, mais celle-ci revint, portant à son bec une branche d'olivier chargée de feuilles vertes : ce qui signifiait la fin du déluge.

QUESTION ubi?

THÊMES.

J'ai demeuré six ans en Italie, à Rome. J'ai étudié six ans les mathématiques à Milan, un an à Naples, et deux à Bologne. L'année suivante, je vins demeurer à Avignon, chez un de mes oncles, qui demeurait depuis long-temps dans cette ville, mais qui avait habité plusieurs années à Paris pour y faire ses études, sous le règne de Louis quatorze; il avait même été très-utile à ce monarque, soit pendant la paix, soit pendant la guerre. Nous passâmes l'été à la campagne, dans une maison qu'il avait achetée, près d'un petit village dont les habitans étaient fort doux et fort complaisans.

⁓⁓⁓⁓⁓

Platon, le plus illustre des anciens philosophes, naquit à Athènes, ville féconde en grands hommes. Il se distingua dans la poësie, la musique et la peinture. Il étudia aussi la philosophie, et fit de grands progrès dans l'école de Socrate, qui était alors l'homme le plus célèbre qu'il y eût dans la Grèce. Platon, après la mort de son maître, habita Mégare, logea dans la maison d'Euclide, et y étudia les mathématiques. Il crut ensuite pouvoir perfectionner ses connaissances en Egypte, auprès des prêtres; et il alla habiter dans ce royaume.

⁓⁓⁓⁓⁓

Notre philosophe vint encore étudier en Italie, et admirer en Sicile les embrasemens du mont Etna. Rempli de toutes sortes de connaissances, il fixa sa demeure dans un faubourg d'Athènes. Bientôt il vit accourir dans sa maison toute la jeunesse Athénienne, qui venait pour l'entendre. Sa réputation ne resta pas enfermée dans l'Académie : il était aussi célèbre à Syracuse qu'à Athènes. Denis voulut voir et entendre ce philosophe dans son palais. Platon vint habiter quelque temps chez Denis, et trouva dans ce tyran le plus heureux caractère. Il lui inspira aisément les vertus d'un bon prince; mais l'adulation, qui gâte le cœur des rois, détruisit son ouvrage.

QUESTION Quò?

THÊMES.

Je suis allé dans plusieurs royaumes, dans plusieurs villes; j'ai été même à Constantinople, à Jérusalem et au Grand-Caire. Mais en quelque pays qu'aille un voyageur curieux, il ne trouvera rien qui soit plus digne de son admiration que les antiquités qu'on voit en Italie. Qu'il entre dans Rome, cette ville autrefois capitale de l'univers; qu'il s'avance dans les différentes places; qu'il aille au Cirque, à l'Amphithéâtre; qu'il monte au Capitole, qu'il passe d'une rue à une autre; qu'il aille même à la campagne : partout il est frappé d'étonnement. Lorsque j'y fus arrivé, j'allai chez un de mes oncles, qui y demeure; il me conduisit dans les différens monumens de cette ville : mais je n'ai jamais rien vu de plus beau.

⸺⸺⸺

Thalès de Milet acquit, en voyageant dans diverses contrées, des connaissances pour lesquelles il fut mis au nombre des sept Sages de la Grèce. Il alla d'abord à Athènes, ville florissante, qui était alors le centre des beaux-arts; ensuite il partit pour l'Egypte. Quand il fut arrivé dans ce royaume, il alla à Memphis, ville capitale et célèbre par le profond savoir de ses prêtres, et se rendit au temple d'Osiris, où ceux-ci lui apprirent la géométrie, l'astronomie et la morale. Ensuite il revint dans sa patrie et chez ses parens, où il s'appliqua à perfectionner les connaissances qu'il avait acquises dans son voyage.

⸺⸺⸺

Pour bien savoir la géographie, il faudrait voyager dans les lieux qu'il nous importe de connaître.

Quelqu'un qui sera allé en Espagne, en Portugal, en Angleterre, en France, en Italie, en Turquie, en Moscovie, en Pologne, en Suède, en Danemarck et en Allemagne, connaîtra mieux l'Europe que nous ne connaissons notre province, si nous n'avons voyagé dans les villes, dans les bourgs et dans les villages. Celui qui est allé à Paris, à Rome et à Constantinople, qui a parcouru les rues de ces villes, les connaît mieux que celui qui les aura vues toute sa vie sur une carte géographique.

⚬⚬⚬⚬⚬⚬

L'intérêt retient les hommes dans les villes; mais un penchant naturel les entraîne à la campagne. Les honneurs dont Rome comblait ses plus illustres citoyens, ne faisaient pas leur félicité. Leur plaisir le plus pur était d'aller à la campagne, dans leurs maisons solitaires, jouir d'un peu de liberté. Avec quelle ardeur un dictateur victorieux retournait à sa charrue et à sa cabane : Quintus Cincinnatus, à son champ; Cicéron, à Tusculanum; Pline le jeune, à Laurentium, bourgs, où l'un et l'autre avaient des maisons de campagne ! Ils venaient à Rome et aux assemblées du peuple, pour aider la patrie de leurs conseils ; mais ils retournaient aussitôt à la campagne.

QUESTION unde?

THÊMES.

Mon frère qui partit de la maison l'année dernière, au mois de mars, sortit de France quatre jours après. Il arriva à Milan le quinze avril. Il partit de Florence le vingt-cinq du même mois. Il a demeuré à Rome pendant le reste de l'année. Il me marquait dans sa dernière lettre, qu'il partirait de cette ville dans quinze jours, et qu'il sortirait de l'Italie à la fin de janvier. Je partirai de chez mon oncle vendredi, et j'irai l'attendre à Lyon, où nous passerons quelques jours. Je vous marquerai le jour que nous partirons de Lyon, et quel jour nous pouvons arriver ici, afin que vous veniez de votre campagne à la ville, où nous aurons le (1) plaisir de vous voir.

***

Saint-Louis entreprit la guerre des croisades pour faire sortir les Chrétiens de l'esclavage où ils gémissaient dans la Palestine, et pour ôter aux Sarrasins cette contrée sanctifiée par le mystère de notre rédemption. Animé d'un saint zèle, il partit de Paris et alla en Languedoc ; sa flotte étant prête, il partit de France : son voyage fut assez heureux. Un an après son départ, il prit Damiette. Ensuite il s'élança des bords du Nil sur les infidèles, et remporta sur eux deux grandes victoires ; mais des fléaux, qu'il ne put écarter de son camp, arrêtèrent ses prospérités.

***

La famine et la peste ravagèrent son armée ; il fut lui-même fait prisonnier avec une grande partie de ses troupes. Pour les racheter, il fallut payer huit cent mille pesans d'argent, et sortir de Damiette. Il revint de l'Orient cinq ans après son départ de France, et il aurait dû ne plus sortir de son royaume ; mais après avoir levé des troupes de toutes les provinces, il partit de France pour la seconde fois. La peste se mit dans son armée aussitôt qu'elle fut sortie des vaisseaux. Ce fléau terrible ne tarda pas à passer de la tente des soldats dans celle du roi. Le prince se sentant bien malade, voulut sortir de son lit pour coucher sur la cendre, sur laquelle il expira bientôt après.

______

(1) *Avoir le plaisir*, *l'honneur*, *l'agrément*, etc., ne s'expriment pas en latin.

QUESTION QUA?

THÊMES.

Le voyage de Provence à Paris se fait par deux routes différentes. Ceux qui choisissent la plus courte, passent par le Dauphiné, par le Lyonnais, par la Bourgogne, par la Champagne, et par plusieurs villes considérables, comme par Avignon, par Vienne, par Lyon, par Mâcon, par Châlons et par Auxerre : ceux qui choisissent la plus longue, passent par le Languedoc, par la Guienne, par le Poitou et par l'Orléanais ; ils passent aussi par plusieurs belles villes, comme par Montpellier, Toulouse, Tulle, Poitiers, Orléans et plusieurs autres ; ils passent encore par de belles campagnes, telles que les plaines du Languedoc et du Limousin.

***

En revenant de l'Amérique, je passai par le Portugal, par Lisbonne, par l'Espagne et par Madrid ; je passai aussi par Tarragone, ville célèbre et commerçante, où je restai quelques jours. De là, je passai par les montagnes des Pyrénées, et j'entrai en France ; je passai ensuite par Bordeaux, par Toulouse et par chez mon frère qui restait dans cette dernière ville ; de là, je passai par chez mes parens, où je restai environ un mois. Je me rendis ensuite à Paris, en passant par l'Auvergne, le Bourbonnais, par Moulins, Nevers, Côsne, Nemours et Fontainebleau.

***

Voulez-vous savoir quelle fut la fin de Néron ? Les plaintes contre les cruautés et les folies de ce prince, s'étaient répandues par tout l'empire romain, et la révolte contre lui s'avançait par des routes secrètes. Bientôt ses fidèles prétoriens s'en

allèrent par toùs les coins de Rome annoncer leur
désertion. Vers le milieu de la nuit, Néron apprend cette nouvelle, et se levant avec précipitation, il envoie par toute la ville ordre à ses amis
de s'assembler; mais aucun ne voulut venir. En
ce moment, l'ennemi traversant les campagnes,
s'avançait vers Rome.

―――――

Le prince voyant que ses amis ne s'assemblaient
pas, court lui-même par toutes les rues et par toutes
les maisons, pour les rassembler; chacun ferma
sa porte. Désespéré, il fuit par les champs accom-
-pagné de quatre amis; il s'ouvre un chemin par le
milieu d'un marais, et entre par un trou dans la
maison de Phaon. Des soldats le poursuivent. Néron les entendant venir, s'enfonça un poignard
dans le sein. Voilà quelle fut la fin de cet empereur, qui avait joui de tous les plaisirs, et qui s'é-
tait vautré dans tous les crimes.

―――――

Mon oncle, qui a resté deux ans à Rome, ville
ancienne et célèbre, viendra l'année prochaine à
Paris, ville capitale de France. Nous passerons tout
le mois de septembre à la maison de campague de
mon père, qui est située dans une contrée fertile et agréable. Mon oncle me promit, lorsqu'il
partit de chez nous, que lorsqu'il reviendrait de
Rome, il passerait par Florence, ville belle et commerçante; que de là il viendrait à Turin, où il
resterait quelque temps : il logera sans doute dans
la maison de son frère le marchand. Il doit passer
aussi par Milan, ville grande et belle; de là, par
la ville de Lyon, où j'irai l'attendre avec mon
frère.

―――――

Un courrier venant de Constantinople, ville de
Turquie, a passé par la ville de Vienne en Au-

triche, le vingt-deux février ; il est arrivé à la ville
de Berlin en Allemagne, le vingt-cinq du même
mois. De là, il passera par Amsterdam, ville capitale de la Hollande, pour se rendre auprès du roi
d'Angleterre, qui fait sa résidence ordinaire dans
la ville de Londres. Lorsqu'il partira de cette ville,
il passera par Boulogne, ville riche et marchande ;
de là il se rendra à Amiens, ville capitale de la
Picardie ; et ensuite à Paris, auprès du roi, qui
habite au palais de Saint-Cloud, situé dans une
campagne fertile et agréable.

ADVERBES.

THÊMES.

Voici le récit du voyage que je fis l'année dernière, deux jours après les ides de mars, lorsque
je fus au-devant de mon oncle, qui venait d'Italie.
J'arrivai à Lyon, trois jours avant les calendes d'a-
vril ; mon oncle n'y était pas encore arrivé. Le
lendemain de mon arrivée, je me promenai dans
cette ville pour voir les manufactures ; mais j'avoue
qu'il ne peut y avoir plus d'industrie en aucun
lieu du monde. Je n'ai vu nulle part tant (1)
d'adresse ni tant d'activité. J'y vis des enfans qui
avaient à peine quinze ans, et qui cependant avaient
assez de force et assez d'adresse pour travailler dans
ces magasins.

Le lendemain je me promenai sur les quais du
Rhône : j'étais étonné de voir de si belles maisons.
Il y en a quelques-unes qui sont comme des palais,
et il y a même des palais qui ont moins de gran-

____

(1) *Tant*, devant un nom, s'exprime par *tantùm* avec
le génitif, ou par *tantus, a, um*, que l'on fait accorder
avec le nom.

deur et moins de magnificence que la plupart de ces maisons. Je voyais arriver continuellement des vaisseaux chargés, les uns plus, les autres moins; il y en avait qui étaient chargés de charbon, de foin ou de paille, qui étaient hauts comme des maisons. Mon oncle arriva trois jours avant les nones d'avril. Nous restâmes encore quelques jours dans cette ville. Lorsque nous en partîmes, il faisait beaucoup de vent et assez de froid.

CONJONCTIONS.

THÈMES.

Si vous veniez demain matin, et que vous m'apportiez le livre que je vous ai demandé, vous me rendriez un grand service. Si vous voulez, je viendrai vous attendre en chemin, pourvu que le temps soit doux et serein. Si vous vous donniez la peine de venir m'attendre, je ne viendrais pas; mais ne venez pas, je vous prie, si vous voulez me faire plaisir. Pourvu que je m'éveille assez matin, je viendrai et je vous porterai ce livre, puisque vous désirez de le voir; et si vous le lisez attentivement, vous en serez content : il est à peu près comme celui que je vous avais prêté dernièrement.

J'ai vu un beau livre, hier en passant par la place publique, et je l'aurais acheté si j'avais eu de l'argent; mais tandis que j'ai été en demander à mon oncle, un autre est venu et l'a acheté. Dès que je suis arrivé, le marchand m'a reconnu, et comme je lui donnais mon argent pour prendre le livre, il m'a répondu *qu'*un (1) autre l'avait acheté aussi-

(1) Ce *que* ne s'exprime pas; on met l'adjectif *autre* à l'accusatif, et le verbe suivant à l'infinitif.

tôt que j'avais été parti pour aller chercher mon argent. Puisque vous le vouliez, m'a-t-il dit, il fallait me le dire lorsque vous le regardiez, et je vous l'aurais gardé; mais, comme je n'en savais rien, je l'ai vendu au premier venu. Il m'a promis cependant de *m'en* (1) procurer un autre exemplaire.

RÉCAPITULATION.

THÊMES.

Esdras, fils du souverain pontife Saraïas, naquit à Babylone, durant la captivité. Les historiens n'ont point marqué en quelle année il était venu au monde. Il fut élevé par ses parens dans les principes de la piété et de la religion; il apprit à craindre le Seigneur et à regarder la captivité dans laquelle il était né, comme le châtiment de l'idolâtrie dont les Juifs avaient souillé leur religion. La captivité des Juifs, qui dura soixante-dix ans, commença la onzième année du règne de Sédécias, dernier roi de Juda, et la dix-huitième de celui de Nabuchodonosor, roi de Babylone, l'an du monde trois mil quatre cent quarante-six, avant Jésus-Christ six cent huit; elle finit l'an du monde trois mil cinq cent seize.

Cyrus, après avoir régné vingt-sept ans sur les Perses et les Mèdes, vint mettre le siége devant Babylone, et se rendit maître de cette grande ville, un jour que les Babyloniens célébraient une grande fête, l'an du monde trois mil cinq cent quinze, de Rome deux cent quinze, avant Jésus-Christ cinq cent trente-neuf. Les Juifs y étaient captifs lorsqu'il y entra, et leur captivité durait depuis

_____

(1) *Qu'il m'en procurerait un.*

soixante-dix ans. Jérémie l'avait bornée à ce temps-là, lorsqu'il annonçait qu'après que les soixante-dix ans seraient passés, le Seigneur visiterait dans sa colère le roi de Babylone.

⁂

Cyrus permit à tous les Juifs de sortir de Babylone et de ses états, et de retourner en Judée pour rebâtir le temple et la ville de Jérusalem, et pour qu'ils pussent faire ce voyage en sûreté, il mit Zorobabel à leur tête. Soixante-dix-huit ans après, Artaxerxès-longue-main, qui régnait seul depuis cinq ans en Perse, envoya dans la Judée et à Jérusalem, Esdras pour gouverner et instruire le peuple juif, l'an du monde trois mil cinq cent quatre-vingt-quatorze, avant Jésus-Christ quatre cent soixante. Comme tous ceux qui avaient été transférés à Babylone par Nabuchodonosor, n'avaient point profité de la permission que Cyrus leur avait donnée de se retirer à Jérusalem avec Zorobabel, Esdras en ramena un grand nombre en Judée, où tout commençait à respirer.

⁂

Le voyage des Juifs dura cinq mois révolus, et cela ne doit pas paraître surprenant, vu le grand nombre de femmes, d'enfans, de bagages qui ne se transportent que fort lentement. Avant leur départ, Artaxerxès leur permit d'emporter, en partant de la ville de Babylone, tout l'or et tout l'argent qui leur serait donné par les Juifs qui restaient encore dans les villes de Syrie et dans toute l'étendue de ses états, ainsi que les vases du temple qui n'avaient pas été emportés sous le règne de Cyrus; et il ordonna à tous les trésoriers de son épargne qui étaient au-delà de l'Euphrate, de donner à Zorobabel tout ce qu'il leur demanderait, jusqu'à cent talens d'argent, du froment, du vin, de l'huile et du sel.

Nous avons quatre livres d'Esdras. Le premier renferme l'histoire de la fin de la captivité, et le retour des Juifs à Jérusalem, depuis la première année du règne de Cyrus jusqu'à la vingtième du règne d'Artaxerxès, ce qui forme un espace de quatre-vingt quatre ans. Le second ne renferme que vingt ans, depuis la vingtième année du règne d'Artaxerxès jusqu'à la quarantième. Nous voyons dans cet intervalle, que Néhémie fit un voyage de Judée à Babylone, et qu'à son retour il remédia à plusieurs désordres qui s'étaient introduits dans Jérusalem et dans la Judée. Le père Labbé prétend *que* Néhémie fit ce voyage la trente-deuxième année du règne d'Artaxerxès, et *qu'il* revint en Judée huit ans après.

Les historiens rapportent une chose remarquable, qui arriva dans la ville de Gomphi. Vingt vieillards nobles furent trouvés dans la maison d'un médecin, étendus par terre avec des coupes dans leurs mains, sans aucune blessure, semblables à des gens ivres. Un qui ressemblait à un médecin, était assis sur une chaise, et tenait une seringue à la main pour donner la médecine aux autres ; un autre tenait un livre entre ses mains, dans lequel il lisait de quelle manière il fallait procéder pour bien donner un clystère.

Les Anciens appelaient la mère des Dieux Bérécynthe. Ce nom avait été pris de la montagne de Bérécynthe en Phrygie, où elle était née, et où elle avait un temple. Le culte de Bérécynthe était fort célèbre dans les Gaules, et, selon Grégoire de Tours, il subsistait encore au quatrième siècle. Les Gaulois promenaient cette déesse à travers les champs et les vignes, sur un char traîné par des bœufs, pour la conservation des biens de la terre.

Tout le peuple suivait en foule, chantant et dansant devant la statue. Les endroits par où elle devait passer, étaient jonchés de fleurs.

⁓⁓⁓

Il y avait autrefois, dans les Indes, un saint personnage nommé *Cidambaran*. Voulant se distinguer par une austérité extraordinaire, il s'enfonça dans le pied une alène, et s'obstina plusieurs années à la laisser dans la plaie, jurant *que* si Dieu ne consentait à danser en sa présence, il ne la retirerait point. Dieu prenant sans doute pitié de l'entêtement de ce saint homme, voulut bien descendre du ciel pour faire un tour de danse avec l'Indien. Celui-ci pria encore le soleil, la lune et les étoiles de venir au bal. Ils formèrent tous ensemble une danse telle qu'on n'en verra jamais, pendant laquelle Dieu laissa tomber de sa jambe une chaîne d'or qui lui servait de jarretière : ce qui fit donner le nom de *Cidambaran* à celui qui la ramassa, et au lieu où le bal se passa.

⁓⁓⁓

Si Rome a produit de grands hommes, elle a produit aussi des hommes bien vils et bien corrompus. En effet, en quel lieu du monde fut jamais un homme plus vil et plus corrompu qu'Antoine ? Après beaucoup de lâchetés, de bassesses et de cruautés, il s'empara, comme un brigand, des biens du grand Pompée. Il fut humilié par César, et condamné à en payer le prix. Cependant, avant les calendes de janvier, lorsque César revenait d'Espagne, il alla au-devant de lui, afin, dit Cicéron, de passer, sinon pour brave, du moins pour diligent. Quelle (1) impudence ! une telle

______

(1) Si *quel, quelle*, devant un nom, peut se tourner par *quel grand, quelle grande*, on l'exprime par *quantus, quanta, quantum*.

conduite méritait le mépris, et cependant elle lui valut le consulat.

· · · · · ·

Julie, fille d'Auguste, eut de bonne heure des cheveux gris, qu'elle arrachait secrètement. Un jour, tandis qu'elle faisait cette opération, Auguste arriva : dès qu'elle le vit, elle cessa. Quelque temps après, l'empereur demanda à sa fille si (1) elle aimerait mieux, dans quelques années, devenir grise ou chauve : j'aimerais mieux devenir grise, répondit Julie. Puisque vous pensez ainsi, répliqua Auguste, il ne faut pas vous arracher les cheveux; car, si vous continuez de vous les arracher, vous deviendrez chauve, et dans peu de temps.

RÉCAPITULATION GÉNÉRALE.

MŒURS DES SCYTHES.

THÊMES.

Dans les relations que les historiens nous ont laissées des mœurs et du caractère des Scythes, nous voyons des choses tout-à-fait opposées. Tantôt ils représentent les Scythes comme les peuples du monde les plus justes et les plus modérés ; tantôt comme une nation féroce et barbare, qui porte la cruauté jusqu'à l'extrémité : preuve évidente de la ressemblance du nom, et de la différence des mœurs et des contrées où ils habitaient. Des auteurs cités par Strabon, parlent des Scythes qui habitaient sur les bords du Pont-Euxin, qui égorgeaient tous les étrangers qui arrivaient chez eux, se nourrissaient de chair humaine, et se servaient des cranes pour boire.

––––––––

(1) *Si* s'exprime par *an*.

Hérodote, en décrivant les sacrifices que les Scythes offraient au dieu Mars, parle des victimes humaines qu'ils lui immolaient. Il rapporte aussi la coutume bizarre dont ils faisaient usage, lorsqu'ils faisaient quelque traité : il versaient, dit-il, du vin dans un grand vase de terre, et les deux parties contractantes, s'étant découpé les bras, mêlaient leur sang avec ce vin, y teignaient leurs armes, et en buvaient avec tous les assistans, en faisant de grandes imprécations contre celui qui violerait le traité. Cette coutume subsistait encore parmi les Ibériens, peuple Scythe d'origine, du temps de Tacite, qui en fait mention dans le douzième livre des Annales, chapitre quarante-septième.

〜〜〜〜〜

Ce que le même Hérodote raconte des cérémonies observées dans les obsèques des rois des Scythes, est bien plus bizarre que ce que nous avons dit. Le roi étant mort, dit-il, ils l'embaumaient, l'enduisaient de cire, le promenaient sur un chariot de ville en ville, et le montraient à tous ses sujets. L'ayant ainsi promené, ils le déposaient dans le lieu destiné à sa sépulture, où ils faisaient une large fosse, dans laquelle ils enterraient le roi, et avec lui plusieurs personnes de la cour ; ils y mettaient aussi plusieurs chevaux, un grand nombre de coupes d'or, et une petite partie de chacun des meubles du défunt. Le jour de l'anniversaire, ils égorgeaient encore cinquante des officiers du roi et cinquante chevaux. Ayant embaumé le tout, ils plaçaient autour du tombeau les officiers à cheval pour servir de garde au prince.

AMOUR FILIAL.

La victoire de Leuctres avait attiré sur Epaminondas les yeux et l'admiration de tous les peu-

ples voisins, qui le regardaient comme l'appui
et le restaurateur de Thèbes; comme le vainqueur
et le triomphateur de Sparte, et comme le libérateur de toute la Grèce. Au milieu de ces applaudissemens universels, Epaminondas dit : La
joie que causera à mon père et à ma mère la nouvelle de ma victoire, me fait plus de plaisir que
tous les éloges que je puis recevoir des peuples de
la Grèce.

AMOUR DE LA PATRIE.

Aristide ayant traversé avec un grand danger la
flotte des Perses, et étant arrivé à la tente de Thémistocle, le tira à part et lui parla ainsi : Thémistocle, si nous sommes sages, nous renonce-
rons désormais à ces dissensions qui nous ont di-
visés jusqu'ici, et nous combattrons à l'envi pour
la patrie : vous, en commandant, et en faisant le
devoir d'un bon et sage capitaine; et moi, en
vous obéissant, et en vous aidant de ma personne
et de mes conseils. Thémistocle, touché de cette
grandeur d'âme, voulut l'imiter et la surpasser
s'il était possible.

CORRECTION.

Pyrrhus, roi d'Epire, marchait avec une armée
formidable contre les Lacédémoniens, et leur
faisait de grandes menaces. Cercillide, un des sénateurs de Sparte, se leva dans l'assemblée, et
dit: Si c'est un Dieu qui nous menace, nous n'a-
vons rien à craindre, puisque tout ce que nous
avons fait, et tout ce que nous faisons est juste;
si c'est un homme, qu'il sache que ceux qu'il menace sont des hommes.

CONSTANCE.

Le fils de Crassus ayant été tué dans une bataille, les Carthaginois mirent sa tête au bout

d'une lance, et s'approchant du camp des Romains, ils leur montraient avec insulte ce trophée. Ce funeste monument n'abattit point le courage du père. Ce général allait de rang en rang et exhortait les soldats, en leur disant : Romains, la mort de mon fils est le malheur d'un particulier; cette perte me regarde seul : je m'en console, pourvu que vous sauviez la république par votre courage.

EXCUSE.

Aristophon, capitaine athénien, accusa Iphicrate d'avoir trahi et vendu la flotte qu'il commandait. Iphicrate, avec la confiance qu'inspire une réputation établie, lui demanda pour toute justification : Auriez-vous fait une pareille trahison? Non, répondit Aristophon; je suis homme d'honneur, je n'aurais pas voulu me couvrir d'une telle infamie. Quoi! répartit alors Iphicrate, ce qu'Aristophon n'aurait pu faire, Iphicrate l'aurait fait? Cette excuse fut suffisante : le peuple renvoya l'accusé absous.

GÉNÉROSITÉ.

Antiochus-le-Grand assiégeait Jérusalem ; les Juifs lui demandèrent une suspension d'armes de sept jours, pour célébrer une fête solennelle. Non seulement le monarque leur accorda ce qu'ils demandaient, mais encore il leur envoya un grand nombre de taureaux dont les cornes étaient dorées, et une grande quantité de parfums exquis, pour les sacrifices. Les assiégés touchés de cette pieuse générosité, lui ouvrirent les portes de la ville, et se rendirent à lui.

HÉROÏSME.

Marius, centurion de l'armée d'Auguste, fut pris et conduit à Antoine, qui lui dit, d'un ton terrible : Que veux-tu que je fasse de toi? Fais-moi mourir, répondit-il; car ni la crainte, ni la reconnaissance ne pourront jamais m'engager à quitter le parti d'Auguste pour le tien. — Un citoyen romain, nommé Flavius, ayant été condamné injustement à être décapité, le bourreau lui dit de tendre le cou avec courage : Frappe de même, répondit-il.

JOIE.

Epaminondas paraissait toujours en public avec un visage serein et content. Cependant le lendemain de la fameuse bataille de Leuctres, il montra un extérieur triste et négligé qui annonçait quelque chose de sinistre. Quelqu'un lui ayant demandé d'où lui venait cette tristesse : Hier, dit-il, je me suis livré à la joie avec une espèce d'excès, je veux m'en repentir aujourd'hui.

SANG-FROID.

L'armée de Pélopidas fut surprise par les ennemis. Un soldat courant de toutes ses forces à son général, lui dit : nous sommes tombés entre les mains des ennemis. Pourquoi ne dis-tu pas plutôt, répondit Pélopidas : les ennemis sont tombés entre nos mains ? En effet, ayant aussitôt rangé son armée en bataille, il fit un grand carnage des ennemis, et le reste effrayé s'enfuit en désordre.

ASSURANCE.

Lorsque Louis XII, roi de France, marchait à la tête d'une armée contre les Vénitiens, un courrier se présenta à lui, et lui dit : Sire, les ennemis se sont emparés du poste que vous aviez dessein d'occuper : où camperez-vous maintenant ? Sur le ventre des Vénitiens, répondit-il.

ASSURANCE.

Le maréchal de Lesdiguières ayant formé le siége de Garry, un officier s'approcha de lui, et lui dit : Monseigneur, Barberousse assiégea cette ville sous le règne de François I.ᵉʳ, mais il ne put jamais la prendre. Lesdiguières, qui avait alors plus de quatre-vingts ans, répondit ; Eh bien! Garry n'a pu être pris par Barberousse; mais, Dieu aidant, *Barbe-grise* le prendra. En effet il se rendit maître de la ville et du château en très-peu de temps.

ESPRIT.

Un officier gascon demandant ses appointemens au ministre de la guerre, lui représentait l'extrême misère où il était réduit, et le priait de lui payer sur-le-champ ce qui lui était dû. Le ministre lui voyant un visage plein et vermeil, lui dit : Vous avez raison, car votre physionomie montre la misère. Ne vous y trompez pas, Monseigneur, répondit le gascon, ce visage n'est pas à moi; je le dois à mon hôtesse qui me fait crédit depuis long-temps. Cette répartie ingénieuse lui valut une avance considérable.

JUGEMENT.

Il s'éleva une dispute entre deux dames de qualité : elles voulaient savoir laquelle des deux occuperait la première place à l'église. L'affaire fut portée au tribunal de Charles-Quint. Les raisons ayant été expliquées et examinées de part et d'autre, le prince prononça cette sentence : La plus folle prendra la première place, et la plus sensée la dernière. Ce jugement termina les prétentions des deux rivales, et la première place fut toujours vacante.

VRAIE GLOIRE.

Jean I.ᵉʳ, roi de France, sollicité de violer un traité : Si la bonne-foi et la vérité, dit-il, étaient bannies de tout le reste de la terre, elles devraient

se trouver dans le cœur et dans la bouche des rois.
La véritable grandeur et la solide gloire ne consis-
tent pas dans l'étendue du pouvoir dont les rois
jouissent, mais dans le bon ou le mauvais usage
qu'ils en font.

PENSÉE INGÉNIEUSE.

Un des derniers roi d'Espagne, qui avait été
vaincu plusieurs fois par ses ennemis, et avait
perdu plusieurs places considérables, recevait cependant de ses courtisans le surnom de Grand.
Cette grandeur que vous vantez tant, dit un Espagnol, ressemble à la grandeur d'une fosse qui
devient plus grande à proportion de la terre qu'on
en tire.

FIN DE LA SECONDE PARTIE.

VOCABULAIRE

DE TOUS LES NOMS PROPRES

QUI SONT CONTENUS DANS CE VOLUME, ET QUI NE SE TROUVENT PAS DANS LES DICTIONNAIRES.

AMP

Abias. Abias, æ, *m.*

Abraham. Abrahamus, i, *masc.*

Adam. Adamus, i. *m.*

Adriatique (mer). Adrianum, i, *n.*

Æstius. Æstius, ii, *m.*

Africain. Africus, a, um. *adjectif.*

Africain (Scipion). Africanus, i, *adj.*

Agis. Agis, idis, *m.*

Albain. Albanus, i, *m.*

Albinus. Albinus, i, *m.*

Alep. Alepum, i, *n.*

Alger. Algerium, ii, *n.*

Alpes. Alpes, Alpium, *fém. pl.*

Allemagne. Germania, æ, *féminin.*

Allemand. Germanus, a, um, *adj.*

Alexandre - le - Grand. Alexander, dri. Magnus, i, *masc.*

Allier. Elaver, eris, *m.*

Amasias. Amasias, æ, *m.*

Amilcar. Amilcar, is, *m.*

Amazone. Amazon, is, *f.*

Amérique. America, æ. *f.*

Amiens. Ambianum, i, *n.*

Amphithéâtre. Amphithearum, i, *n.*

ART

Amsterdam. Amstelodamum, i, *n.*

Anaxagore. Anaxagoras, æ, *masc.*

Andalousie. Andalousia, æ, *fém.*

Andrinople. Andrinopolis, is, *f.*

Anglais. Anglus, a, um, *adjectif.*

Angleterre. Major Britannia, æ, *f.*

Antioche. Antiochia, æ, *f.*

Antiochus. Antiochus, i, *masc.*

Antisthènes. Antisthenes, is, *masc.*

Antoine. Antonius, ii, *m.*

Apelle. Apelles, is, *m.*

Apennin. Apenninus, i, *m.*

Apollon. Apollo, inis, *m.*

Arabie. Arabia, æ, *f.*

Ararat. (montagne). Indéclinable.

Archiduchesse. Archiducissa, æ, *f.*

Aristide. Aristides, is, *m.*

Aristophon. Aristophon, tis, *m.*

Aristote. Aristoteles, is, *m.*

Artaban. Artabanus, i, *m.*

Artaxerxès. Artaxerxes, is, *masc.*

Artémise. Artemisia, æ, *f.*
Asa. Asa, æ, *m.*
Asdrubal. Asdrubal, is, *m.*
Assignat. Syngrapha pigneratitia, æ, *f.*
Athènes. Athenæ, arum, *féminin.*
Attique. Attica, æ, *f.*
Augias. Augias, æ, *m.*
Autriche. Austria, æ, *f.*
Autrichien. Austriacus, a, um, *adj.*
Avignon. Avenio, nis, *f.*

B

Babylone. Babylon, onis, *fém.*
Bacchus. Bacchus, i, *m.*
Barbarie. Barbaria, æ, *fém.*
Barbe-grise. Barbacinerus, i, *masc.*
Barberousse. Barbarufus, i, *masc.*
Bayonne. Baiona, æ, *f.*
Bérécynthe. Berecynthia, æ, *fém.*
Berlin. Berlinum, i, *n.*
Berne. Berna, æ, *f.*
Bizance. Bizantium, i, *neut.*
Bologne. Bononia, æ, *f.*
Boulogne. Bononia, æ, *f.*
Bourbonnais. Ager Borbonius, i, *m.*
Bragance (de). Brigantinus, a, um, *adj.*
Brennus. Brennus, i, *m.*
Brutus. Brutus, i, *m.*
Busiris. Busiris, idis, *masc.*

C

Cadix. Gades, ium, *f. pl.*
Caire (grand). Cairus, i, *masc.*

Calendes. Calendæ, arum, *fém. pl.*
Calendrier. Calendarium ii, *neut.*
Cambrai. Cameracum, i, *neut.*
Camille. Camillus, i, *m.*
Campanien. Campanus, a, um, *adj.*
Cantal. Cantalis, is, *m.*
Capitole. Capitolium, i, *n.*
Capitolinus. Capitolinus, i, *masc.*
Carthage. Carthago, inis, *fém.*
Carthagène. Carthago, inis, *fém. (Ajoutez)* Nova, æ, *fém.*
Carthaginois. Carthaginensis, is, e, *adj.*
Castille. Castilia, æ, *f.*
Cassius. Cassius, i, *m.*
Caton. Cato, onis, *m.*
Centime. Centimum, i, *n.*
Centimètre. Centimetrum, i, *neut.*
Cercillide. Cercillidus, i, *masc.*
Cérès. Ceres, eris, *f.*
César. Cæsar, ris, *m.*
Châlons. Cabillo, onis, *f.*
Cham. Chamus, i, *m.*
Champagne. Campania, æ, *fém.*
Champs-Elysées. Campus-Elyseus, Campi-Elysei, *m.*
Chantilly. Chantilliacum, i, *neut.*
Charles. Carolus, i, *m.*
Charlemagne. Carolus Magnus, Caroli Magni, *m.*
Charles-Quint. Carolus-Quintus, Caroli-Quinti, *m.*
Chine. Sinarum imperium, i, *n.*
Chinois. Sinensis, is, *adj.*
Cicéron. Cicero, onis, *m.*

Cidambaran. Indéclinable.

Cirque. Circus, i, *m.*

Cisalpin. Cisalpinus, a, um , *adj.*

Claudius-Albinus. Claudius-Albinus, Claudii-Albini, *m.*

Cloud (St.). Sancti Clodoaldi fanum, i , *n.*

Commode. Commodus, i, *masc.*

Confucius. Confucius, i, *masc.*

Constantinople. Constantinopolis, is, *m.*

Constantin. Constantinus, i , *m.*

Coriolan. Coriolanus, i, *masc.*

Cosne. Cosnium, i, *n.*

Cornélius-Népos. Cornelius-Nepos, Cornelii-Nepotis, *m.*

Corse. Corsica, æ, *f.*

Crassus. Crassus, i, *m.*

Crésus. Crœsus, i, *m.*

Cybèle. Cybele, es, *f.*

Cyrus. Cyrus, i, *m.*

D

Damiette. Damietta, æ, *f.*

Danaïdes. Danaïdæ, arum , *f.*

Danemarck. Dania, æ, *f.*

Dauphiné. Delphinatus, ûs, *m.*

Danube. Danubius, ii, *m.*

Darius. Darius, i, *m.*

David. David , is, *m.*

Décius. Decius, i, *m.*

Délos. Delum, i , *n.*

Démocrite. Democrites , is, *m.*

Démosthène. Demosthenes, is , *m.*

Denis. Dionysius , ii , *m.*

Diomède. Diomedes, is, *m.*

Diogène. Diogenes , is , *m.*

Domitien. Domitianus , i , *masc.*

Dordogne. Duranius , ii , *masc.*

Douvres. Dubris , is , *f.*

Dublin. Dublinium , ii , *neut.*

E

Edouard. Eduardus , i , *masc.*

Elide. Elis , idis , *f.*

Egypte. Ægyptus , i , *f.*

Enée. Æneas , æ, *m.*

Encelade. Enceladus , i , *masc.*

Enoch. Enochus , i , *m.*

Epaminondas. Epaminondas, æ , *m.*

Epire. Epirus , i , *m.*

Esdras. Æsdras , æ , *m.*

Esope. Æsopus , i , *m.*

Espagne. Hispania , æ, *f.*

Espagnol. Hispanus , a , um , *adj.*

Euclide. Euclides , is , *m.*

Euphrate. Euphrates , is , *masc*

Europe. Europa , æ , *f.*

F

Fabius. Fabius , i , *m.*

Faible. Debilis , e. *adj.*

Fénélon. Fenelon, is, *m.*

Firminius. Firminius , i , *masc.*

Florence. Florentia. æ, *f.*

Fontainebleau. Fons , tis , Bellaqueus , i , *m.*

France. Gallia , æ , *f.*

Français. Gallus, a , um , *adj.*

François. Franciscus , i , *masc.*

G

Gabriel. Gabriel, is, *m.*
Gange. Ganges, is, *m.*
Garry. Garrium, i, *n.*
Gaule. Gallia, æ, *f.*
Gaulois. Gallus, a, um.
Gétulie. Getulia, æ, *f.*
Gibraltar. Fretum, i, Gaditanum, i, *n.*
Gironde. Girumna, æ, *f.*
Goliath. Goliathus, i, *m.*
Gomphi. Gomphium, i, *n.*
Grand-Caire. Magnus-Cairus, i, *m.*
Grec. Græcus, a, um, *adj.*
Grèce. Græcia, æ, *f.*
Grégoire. Gregorius, i, *m.*

H

Hébreu. Hebræus, a, um, *adj.*
Hector. Hector, ris, *m.*
Henri. Henricus, i, *m.*
Héraclite. Heraclitus, i, *masc.*
Herculanum. Herculanum, i, *n.*
Hercule. Hercules, is, *m.*
Hérodote. Herodotus, i, *masc.*
Hespérides. Hesperidæ, arum, *f. pl.*
Hollande. Batavia, æ, *f.*
Homère. Homerus, i, *m.*
Hongrie. Hungaria, æ, *f.*
Horace. Horatius, i, *m.*
Horatius - Coclès. Horatius, ii, Cocles, itis, *m.*
Hortense - Eugénie. Hortentia - Eugenia, Hortentiæ-Eugeniæ, *f.*
Hun. Hunnus, i, *m.*
Hyacinthe. Hyacinthus, i, *masc.*

I

Ibérien. Iber, i, *m.*
Inde. India, æ, *f.*
Ispahan. Ispahanum, i, *neut.*
Israël. Israel, is, *m.*
Israélites. Israelitæ, arum, *masc.*
Iphicrate. Iphicrates, is, *masc.*
Italien. Italus, a, um, *adj.*
Ithaque. Ithaca, æ, *f.*
Ixion. Ixion, nis, *m.*

J

Jacob. Jacobus, i, *m.*
Jacques. Jacobus, i, *m.*
Jean. Joannes, is, *m.*
Jérusalem. Hierosolyma, æ, *f.*
Jésus-Christ Jesus-Christus, Jesu-Christi, *m.*
Joas. Joas, æ, *m.*
Jonathas Jonathas, æ, *m.*
Joseph. Josephus, i, *m.*
Joséphine. Josephina, æ, *f.*
Juda. Juda, æ, *f.*
Juif. Judæus, a, um, *adj.*
Jules-César. Julius-Cæsar, Julii-Cæsaris, *m.*
Julianus. Julianus, i, *m.*
Julie. Julia, æ, *f.*
Julien. Julius, ii, *m.*
Junon. Juno, onis, *f.*
Jupiter. Jupiter, Jovis, *masc.*
Justinien. Justinianus, i, *masc.*

K

Kilogramme. Kilogrammium, i, *n.*
Kilomètre. Kilometrum, i, *neut.*

Kœnisberg. Kœnisberga, æ, *f.*

L

Lacédémonien. Spartanus, i. *m.*

Lamech. Lamechus, i, *m.*

Languedoc. Occitania , æ, *fém.*

Latium. Latium , i, *n.*

Laurentium. Laurentium, i, *neut.*

Léarte. Leartus, i, *m.*

Léonidas. Leonidas , æ, *masc.*

Lesdiguieres. Lesdiguierus , i, *m.*

Leuctres. Leuctra, æ, *f.*

Leuctres (de), Leuctricus, a, um, *adj.*

Lévius, Levius, i, *m.*

Libye. Libya , æ, *f.*

Limoges. Lemovicum , i, *neut.*

Limousin. Lemovicensis , is, ager , ri , *m.*

Lisbonne. Ulyssipo , onis, *fém.*

Livourne. Liburnus , i, *f.*

Londres. Londinum , i, *neut.*

Louis. Ludovicus , i , *m.*

Louvre. Lupara , æ, *f.*

Lucius. Lucius , i , *m.*

Lucrèce. Lucretia , æ , *f.*

Lusitanie. Lusitania, æ, *f.*

Luther. Lutherus , i , *m.*

Luthérien. Lutherianus , a, um, *adj.*

Lycaonie. Lycaonia , æ, *f.*

Lycurgue. Lycurgus , i, *m.*

Lydie. Lydia , æ, *f.*

Lyon. Lugdunum , i , *n.*

Lyonnais. Lugdunensis , is, ager, ri , *m.*

M

Macédoine, Macedonia , æ, *fém.*

Madianites. Madianitæ , arum , *m. pl.*

Madère. Madera , æ, *f.*

Madrid. Madritum , i , *n.*

Mahomet. Mahumetes , is, *masc.*

Mahométan. Mahumeticus, a, um, *adj.*

Magon. Magon, is , *m.*

Malte. Melita , æ, *f.*

Manlius. Manlius , i , *m.*

Maron. Maro , nis, *m.*

Marcus. Marcus , i, *m.*

Marie-Julie. Maria-Julia , Mariæ-Juliæ, *f.*

Marius. Marius , i , *m.*

Mars. Mars , tis , *m.*

Marseille. Massilia , æ, *fém.*

Martial. Martialis , is, *m.*

Martin. Martinus , i , *m.*

Martinique. Martinica, æ, *fém.*

Matusalem. Matusala , æ , *masc.*

Maximin. Maximinus , i , *masc.*

Mède. Medus, a, um, *adj.*

Méditerranée. Mediterraneum, i, Mare, is, *n.*

Mégare. Megara , æ, *f.*

Mégarien. Megarensis, is.

Memphis. Memphis , is , *masc.*

Mer rouge. Mare rubrum, i , *neut.*

Mer noire. Mare ponticum, Maris , i , *neut.*

Mètre. Metrum , i , *n.*

Métz. Metæ , arum , *f. pl.*

Milan. Mediolanum , i , *n.*

Milet Miletum, i, *n.*

Milet (de). Miletus, a, um.

Millimètre. Millimetrum, i, *neut.*

Miltiade. Miltiades, is, *masc.*

Minerve. Minerva, æ, *f.*

Minos. Minos, ois, *m.*

Minutius. Minutius, ii, *masc.*

Moïse. Moses, is, *m.*

Moscou. Mosca, æ, *f.*

Moscovie. Moscovia, æ, *f.*

Montpellier. Mons Pessulanus, *g.* Montis Pessulani, *masc.*

Moulins. Molinum, i, *neut.*

Muséum. Museum, i, *n.*

Musulman. Musulmanus, a, um, *adj.*

Mutius-Scévola. Mutius-Scævola, Mutii-Scævolæ, *m.*

Myriamètre. Myriametrum, i, *n.*

N

Nabuchodonosor. Nabuchodonosor, is, *m.*

Nankin. Nankinum, i, *n.*

Naples. Neapolis, is, *f.*

Navarre Navarra, æ, *f.*

Néhémie. Nehemias, æ, *masc.*

Némée. Nemea, æ, *f.*

Nemrod. Nemrodus, i, *masc.*

Nemours. Nemorosium, ii, *n.*

Neptune. Neptunus, i, *m.*

Néron. Nero, nis, *m.*

Nestor. Nestor, is, *m.*

Nevers. Nivernum, i, *m.*

Niger. Niger, i, *m.*

Nil. Nilus, i, *m.*

Noé. Noëmus, i, *m.*

Numa. Numa, æ, *m.*

Numide. Numidus, i, *m.*

O

Océan. Oceanum, i, *n.*

Orléans. Aurelia, æ, *f.*

Orléanais. Aurelianensis, ager, ri, *m.*

Orphée. Orpheus, i, *m.*

Osiris. Osiris, is, *m.*

Ovide. Ovidius, i, *m.*

P

Palestine. Palestina, æ, *fém*

Palladium. Palladium, i, *neut.*

Pallas. Pallas, adis, *f.*

Panthéon. Pantheon, nis, *neut.*

Paris. Lutetia, æ, *f.*

Parthe. Parthus, a, um.

Partisan. Pars, tis, *ou* Fautor, oris, *m.*

Paul-Emile. Paulus, i, Emilius, ii, *m.*

Paul. Paulus, i, *m.*

Pénélope. Penelope, es, *f.*

Pélopidas. Pelopidas, æ, asc.

Perse (la). Persis, idis, *fém.*

Perses. Persæ, arum, *m. plur.*

Périclès. Pericles, is, *masc.*

Persan. Persicus, a, um.

Persée. Perseus, i, *m.*

Pétersbourg (St.). Sancti Petri Fanum, i, *n.*

Phaéton. Phaëton, nis, *m.*

Phaon. Phaon, onis, *m.*

Pharamond. Pharamundus, i, *m.*

Pharaon. Pharaon , onis , masc.

Pharsale (de). Pharsalicus , a , um , *adj.*

Philippe. Philippus , i, *m.*

Phocion. Phocion , onis , masc.

Phrygie. Phrygia , æ , *f.*

Phrygien. Phryx , Phrygis , masc.

Piémont. Pedemontium , ii , *n.*

Pierre. Petrus , i , *m.*

Platon. Plato , onis , *m.*

Pline. Plinius , i, *m.*

Plutarque. Plutarcus , i , masc.

Pó, Padum , i , *n.*

Poitiers. Pictavium , ii , neut.

Poitou. Pictonicus ager , ri , *m.*

Pompée. Pompeius , ii , *m.*

Pompilius. Pompilius, ii , masc.

Pont Euxin.   Pontus-Euxinus , i , *m.*

Porto. Portucales , is , *f.*

Portugal. Lusitania , æ , fém.

Polyphème. Polyphemus , i, masc.

Pouille. Apulia , æ , *f.*

Prétoire. Prætorium , ii , neut.

Prétorien, enne. Prætorianus , a , um , *adj.*

Procas. Procas , æ , *m.*

Prolixène. Prolixenes , is, masc.

Prométhée. Prometheus , i , *m.*

Provence. Provincia, æ , *f.*

Prusse. Prussia, æ, *f.*

Prussien. Prussius, a, um.

Puy. Anicium, ii , *n.*

Pyrénées. Pyrenæi Montes , tium , *m. pl.*

Pyrrhus. Pyrrhus , i, *m.*

Pythie. Pythia , æ, *f.*

Q

Quintus – Cincinnatus. Quintus, i, Cincinnatus, i, masc.

Quintus – Fabius – Maximus. Quintus, i , Fabius, ii, Maximus , i, *m.*

Quintus-Minutius-Rufus. Quintus, i , Minutius , ii , Rufus , i , *m.*

R

Rémus. Remus , i , *m.*

Rhéa-Sylvia. Rhea , æ , Sylvia , æ , *f.*

Rhin. Rhenus , i , *m.*

Rhodes. Rhodum , i, *n.*

Rhône. Rhodanus , i , *m.*

Robin. Robinus , i , *m.*

Romain. Romanus, a, um.

Romanie. Romania , æ, *f.*

Rome. Roma , æ, *f.*

Romulus Romulus , i , *m.*

Rotonde. Rotónda , æ, *f.*

Rouen. Rothomagus, i, *m.*

Russe. Russus, a, um, *adj.*

Russie. Russorum imperium , ii , *n.*

S

Saint-Cloud. Sancti – Clodoaldi Fanum , i , *n.*

Salluste. Sallustius, ii, *m.*

Salomon. Salomon, is, *m.*

Sagonte. Saguntum , i, *n.*

Sagontin. Saguntinus , a , um, *adj.*

Samnite. Samnites , is , *m.*

Samon. Samon , is , *m.*

Samson. Samson, is , *m.*

Samuel. Samuel , is, *m.*

Sarias. Sarias , æ , *m.*

Sardaigne. Sardinia, æ, *f.*
Sarrasins. Saraceni, orum,
Saturne. Saturnus, i, *m.*
Savoie. Sabaudia, æ, *f.*
Scévola (*Mutius*). Scævola, æ, *m.*
Scipion. Scipio, onis, *m.*
Scythe. Scytha, æ, *m.*
Sédécias. Sedecias, æ, *m.*
Sem. Semus, i, *m.*
Sempronius. Sempronius, ii, *masc.*
Septimus. Septimus, i, *masc.*
Sévère. Severus, i, *m.*
Séville. Hispalis, i, *m.*
Sextius. Sextius, ii, *m.*
Sicile Sicilia, æ, *f.*
Sinaï (*mont*). Sina, æ, *m.*
Sisyphe. Sisyphus, i, *m.*
Socrate. Socrates, is, *m.*
Solon. Solon, is, *m.*
Sophie. Sophia, æ, *f.*
Sparte Sparta, æ, *f.*
Spartiate. Spartanus, a, um, *adj.*
Stockholm. Holmia, æ, *f.*
Strabon. Strabon, is, *m.*
Suède. Suecia, æ, *f.*
Suisse. Helvetia, æ, *f.*
Sulpice-Sévère. Sulpicius, ii, Severus, i, *m.*
Sylla. Sylla, æ, *m.*
Syracuse. Syracusæ, arum, *f. pl.*
Syrie. Syria, æ, *f.*

T

Tacite. Tacitus, i, *m.*
Tage. Tagum, i, *n.*
Tantale. Tantalus, i, *m.*
Tarpéien. Tarpeius, a, um, *adj.*
Tarragone. Tarragona, æ, *f.*
Télémaque. Telemacus, i. *masc.*

Tésin. Ticinum, i, *n.*
Thémistocle. Themistocles, is, *m.*
Thermodon. Thermodon, tis, *m.*
Thalès. Thales, is, *m.*
Théophile. Theophilus, i, *masc.*
Thermopyles. Thermopylæ, arum, *f.*
Thésée. Theseus, i, *m.*
Tibre. Tibris, is, *m.*
Timoléon. Timoleon, nis, *masc.*
Tigre. Tigris, is, *m.*
Tite-Live. Titus-Livius, Titi-Livii, *m.*
Titus. Titus, i, *m.*
Tobie. Tobias, æ, *m.*
Torquatus. Torquatus, i, *masc.*
Tolède. Toletum, i, *n.*
Toscan. Tuscus, a, um.
Toscane. Tuscia, æ, *f.*
Toulouse. Tolosa, æ, *f.*
Tours. Turones, num, *m. plur.*
Trajan. Trajanus, i, *m.*
Transalpin. Transalpinus, a, um, *adj.*
Trasimène. Trasimenus, i, *masc.*
Trébie. Trebia, æ, *f.*
Tripoli. Tripolis, is. (*ajoutez*) Nova, æ, *f.*
Trissotin. Trissotinus, i, *masc.*
Troie. Troja, æ, *f.*
Troyen. Trojanus, a, um, *adj.*
Tuba. Indéclinable.
Tulle. Tutela, æ, *f.*
Tullius. Tullius, ii, *m.*
Tunis. Tunetum, ti, *n.*
Tusculanum. Tusculanum, i, *n.*
Turc, cque. Turca, æ.
Turin. Taurinum, i, *n.*

Turquie. Turcarum imperium, ii, *n.*

U

Ulysse, Ulysses , is', *m.*

V

Vadius. Vadius, ii, *m.*

Venise. Venetiæ, arum, *fèm. pl.*

Vénitiens. Veneti, orum, *masc. pl.*

Versailles. Versaliæ, arum, *fém. pl.*

Vésuve. Vesuvius, ii , *m.*

Vesta. Vesta, æ, *f.*

Vespasien. Vespasianus , i, *m.*

Véturie. Veturia, æ , *f.*

Victor. Victor, is, *m.*

Vienne. (v. d'Autriche). Vindobona, æ, *f.*

Vienne (v. de France), Vienna, æ, *f.*

Visigoth. Visigotus , i, *m.*

Virgile-Maron. Virgilius, ii, Maro , nis, *m.*

Virginius. Virginius , ii , *masc.*

X

Xerxès Xerxes , is , *m.*

Z

Zorobabel. Zorobabel , is, *masc.*

TABLE

DES RÈGLES

CONTENUES DANS LE PREMIER VOLUME.

PREMIÈRE PARTIE.

SECONDE PARTIE.

FIN DE LA TABLE DU PREMIER VOLUME.